암호화폐와 블록체인 기술 규제

암호화폐와 블록체인 기술 규제
글로벌 현황과 전망

로사리오 기라사 지음
이규옥 옮김

i!i
에이콘

 에이콘출판의 기틀을 마련하신 故 정완재 선생님 (1935-2004)

최고로 멋진 가족
조르지오, 콘세타, 리타, 주세페 알레시오에게

─── 지은이 소개 ───

로사리오 기라사 Rosario Girasa

뉴욕 플레전트빌에 위치한 페이스대학교 루빈 경영대학의 저명한 법학 교수다. 사이버 법, 금융법, 그림자 금융에 관한 4권의 저서를 출간했다. 또한 미국 및 해외 저널에 약 130건의 논문을 게재했다.

이규옥 (kyuok.lee@hotmail.com)

성균관대학교 법학과를 졸업하고 이화여자대학교에서 법학석사, 성균관대학교 법학전문대학원에서 법학박사 학위를 받았다. 자본시장, 전자금융거래, 전자상거래, 블록체인, 디지털자산 자금세탁방지 분야에 관심이 많다. 청와대와 국회 여러 곳에서 사회 초년의 경험을 두루 쌓았다. 2016년 Global Ph.D Fellowship에 선정되면서 '블록체인'에 관한 법적 연구에 더욱 전념했으며 국내 최초로 블록체인 ICO에 관한 법학 논문을 학술지에 게재하기도 했다. 현재 경희대학교 법무대학원에서 '블록체인과 스마트컨트랙트' 강의를 맡고 있다. 역서로는 『디지털 포렌식과 사고 대응』(에이콘, 2018), 『암호화폐 수사』(에이콘, 2019), 저서(공저)로는 『블록체인과 법』(박영사, 2019) 등이 있다.

블록체인 정글의 어린 맹수들

2017년 2월, 프랑스 파리에서 이틀 간 열린 이더리움 개발자 콘퍼런스^{EDCON}에는 개발자뿐만 아니라 세계 각국의 사업가와 투자자, 스타트업, 컨설팅 업체, 평론가 등 수백여 명이 참여했다. 블록체인이 새로운 시대를 열 것임을 믿어 의심치 않는 이들이 강당의 점차 달궈지는 공기를 숨죽여 들이마셨다. 단상 위에 선 젊은 연사들은 저마다 분산화 세상에 걸맞은 신상 아이디어를 봇짐 풀 듯 풀어놓았다. 삼삼오오 낯선 타국인 사이에 자리를 잡고 앉은 나는 곰곰이 생각했다. 기술의 불가역성, 탈중앙화 기술의 이데올로기와 거대 변환점에 선 시대, 신기술이 가져올 크고 작은 공동체의 내홍과 밀림의 왕으로 등극하게 될 누군가들을 말이다. 여하튼 오늘 입던 옷을 내일 또 입고 밤낮 코딩에만 몰두할 것만 같던 이 젊은이들은 마치 자기의 때가 오기만을 기다리는 밀림의 어린 맹수들 같아 보였다.

이더리움은 탈중앙화된 애플리케이션 플랫폼이다. 이더리움의 창시자 비탈릭 부테린^{Vitalik Buterin}은 2013년, 가치 이전에 관한 거래 기록만을 보여주는 비트코인 블록체인의 한계를 보완하고자 가치 이전뿐만 아니라 블록체인상에서 자동화된 컴퓨터 프로그램이 실행될 수 있는 기술을 구현했다. 이더리움 플랫폼의 가상머신 위에서 동작하는 스마트 컨트랙트를 통해 다양한 분산형 애플리케이션이 동작하도록 한 것이다. 2014년 11월, 부테린은 약관의 나이에 신기술 분야의 노벨상이라고 일컫는 '월드 테크놀로지 어워드'에서 페이스북 창업자 마크 저커버그를 제치고 IT 소프트웨어 수상자로 선정됐다. EDCON은 이 이더리움 플랫폼을 기반으로 분산형 애플리케이션을 개발 중에 있거나 또다른 블록체인 메인넷을 만들려는 스타트업 개발자들의 기술 콘퍼런스인 셈이었다.

당시 EDCON을 통해 새로운 블록체인 기술 솔루션을 막 선보인 스타트업들은 대체로 2017년 ICO를 성공적으로 진행하고 어거^{Augur}, 체인링크^{Chainlink}, ATOM, QTUM, SNT 등의 토큰을 발행했다. 2017년은 여러 의미에서 소위 '코인' 광풍의 해로 기억될 터였다. 이후 암호화폐 시장의 기세는 한 풀 꺾인 것 같지만 2020년 현재 체인링크의 시가총액은 한화로 약 5조 원, 코스모스^{Cosmos}는 약 1조 2천억 원에 이른다. 한편 2014년 7월 ICO를 진행한 이더리움의 현재 시가총액은 약 46조 원으로, 국내 코스피 9위에 상장된 주식회사 카카오의 시가총액인 34조 원을 훌쩍 뛰어넘는다.

블록체인계의 'BTS' 탄생 전략

그렇다면 우리의 현실은 어떨까? 블록체인계의 BTS를 탄생시키려면 떡잎부터 푸른 스타트업과 벤처기업에 투자가 진행돼야 한다. 무엇보다 중요한 것은 블록체인 플레이어들이 마음껏 기량을 펼쳐 보일 수 있는 안정된 환경을 조성하는 것이다. 그러기 위해서는 블록체인 산업 관련 예산 확보, 기술 활성화 정책과 규제 개선, 인재 양성을 위한 교육 프로그램, 나아가 블록체인에 대한 사회적 인식의 재고가 필요하다.

이런 맥락에서 우리 정부는 암호화폐 투기와 불법행위에 대해서는 강력히 대응하되 기반 기술인 블록체인에 대해서는 연구개발 투자를 지원하고 육성한다는 정책 기조를 취하고 있다. 과학기술정보통신부는 2020년 6월 관계부처 공동으로 대통령 직속 4차산업혁명위원회 전체회의에서 「블록체인 기술 확산 전략」을 발표하고 온라인 투표, 기부, 사회복지, 신재생에너지, 금융, 부동산 거래, 우정^{우편에 관한 행정} 등 블록체인 7대 분야를 선정해 전면 도입한다고 발표했다. 2018년부터 본격적으로 시작된 우리 정부의 블록체인 육성 정책은 2020년에는 공공 선도 시범사업 10개 과제에 총 70억 원, 민간 주도 국민 프로젝트 3개 과제에 총 48억 원, 연구개발 사업 24건에 총 160억 원, 블록체인 전문기업 육성 사업에 총 57억 원 등 약 340여억 원의 예산을 투입하기로 했다.

그럼에도 최근 카카오 블록체인 기술 자회사인 그라운드엑스의 한재선 대표는 국내 한 블록체인 포럼에서 블록체인 개발자들을 찾아보기 어려워진 한국 사회의 현실을 지적했다. 다시 말하면 미래 블록체인계의 'BTS'와 '블랙핑크'가 될 연습생 모집이 잘 되고 있지 않다는 것이다. 한재선 대표는 개발자들이 블록체인 분야를 선택하지 않는 이유에 대해서 가장 밑에서 받쳐주는 '개발 생태계'가 약해졌다고 진단했다. 사전적 의미에서 생태계란 어느 환경 안에서 사는 생물군과 그 생물들을 제어하는 제반 요인을 포함한 복합체계를 말한다. 그렇다. 아무리 훌륭한 개발자가 있다 한들 여러 제반 환경이 받쳐주지 않는다면 그 빛은 금세 사그라들 것이다. 정부는 블록체인 기술 육성을 위해 몹시 애쓰는 모습인데 개발자들의 씨가 말라가는 상황이라니 안타까울 뿐이다.

빅 캣 무리의 생태계

얼마 전 대형 고양이과 동물의 멸종 위기의 문제를 다룬 〈빅 캣(Big Cat)〉이라는 다큐멘터리가 재방영됐다. 빅 캣이란 대형 고양이과 동물을 일컫는 말로 사자, 호랑이, 치타, 표범, 재규어 등을 통칭하는 용어다. 이러한 빅 캣이 인간의 무분별한 사냥과 서식지 파괴, 먹잇감 감소로 멸종 위기에 처했다는 것이었다. 나는 이 멸종 위기에 놓인 맹수들의 무거운 걸음을 눈으로 따라가면서 마음 한 켠 블록체인 정글에서 탄생하고 자랄 다양한 토종 빅 캣들의 미래를 그려봤다. 과연 한국은 이들을 길러낼 수 있는 지속 가능한 생태계를 구현할 수 있을까.

한편 생각해보면 개발 생태계의 기반이 약해진 데는 그간 정부가 암호화폐에 보낸 차가운 시선이 한몫했다. 2017년 9월 금융위원회는 지분증권·채무증권 등 증권 발행 형식으로 암호화폐를 이용해 자금을 조달하면 자본시장법 위반으로 처벌하는 것은 물론 기술·용어 등에 관계없이 모든 형태의 ICO를 전면 금지한다고 했다. ICO를 앞세워 투자를 유도하는 유사 수신 등 사기 위험 증가, 투기 수요 증가로 인한 시장 과열 및 소비자 피해 확대 등 부작용이 우려되는 상황이라고 했다. 그리고 그해 말 「가상통화 투기 근절을 위한 특별 대책 마련」을 통해 금융회사의 가상계좌 서비스 제공을 금지하고, 은행의 자금세탁방지 의무를 강화한다고 밝혔다. 금융회사들은 정부 눈치를 보느라 암호화폐 시장에 선을 그으려는 듯한 태도를 보이기 시작했다. 설상가상으로 법무부는 암호화폐 거래소 폐쇄를 위한 특별법 제정을 건의하기도 했다. 식지 않을 것만 같았던 투자 열기는 단숨에 김이 빠져버렸다. 그렇게 블록체인 기술에 대한 비즈니스 차원의 기세도 한풀 꺾여버렸던 것이다. 암호화폐 투기를 막기 위한 최선의 정책적 판단이었다고는 하나 이 책에 등장한 해외 여러 나라의 암호화폐에 정책과 비교해보면 한국은 그 규제 강도가 지나친 면도 없진 않았다고 생각된다. 이 책의 저자는 암호화폐가 주로 불법행위를 저지르는 데 사용된다는 견해가 확산되고 암호화폐 유용성에 대한 의문이 제기되면 신기술의 성장이 저해될 수 있다고 짚었다. 어쨌든 당시 암호화폐로 투자를 받았던 많은 블록체인 스타트업들이 존폐 위기에 몰렸으니 이후 개발자들 분위기가 어땠을지 대강 짐작할 만하다.

암호경제라는 푯대

이더리움의 창시자 비탈릭 부테린은 작업증명, 해시와 같은 암호화 기술이 인센티브와 특권과 같은 경제적 측면과 조화를 이룰 수 있는 엔지니어링 공법이 필요하다는 것을 강조하면서, 소위 암호경제^{cryptoeconomics}라는 큰 그림을 제시한 바 있다. 간단히 풀어 말하자면 이렇다. 분산화된 환경, 즉 블록체인 생태계를 유지하려면 블록의 유효성을 검증하는 검증자들이 필요한데, 이 검증자가 블록체인 네트워크에서 계속 일하게 하려면 유인책이 있어야 한다는 것이다. 꽃밭에 벌과 나비가 모이는 것과 같은 이치다. 블록체인 산업 육성이라는 거대한 목표를 이루려면 부테린이 말한 암호경제, 즉 블록체인이 가진 사상을 먼저 이해할 필요가 있다. 그리고 다양한 성향의 블록체인 비즈니스 플레이어를 모을 안정된 공간을 마련한다면 점차 커져 가는 블록체인 플레이그라운드에서 우리의 미래를 발견할 수 있게 될 것이다.

기술 변화에 못지않게 각국의 정책도 점차 빠르고 공격적인 변화의 양상을 보이는 것이 현실이다. 따라서 이 책에서 다 담아내지 못한 부분에 대한 보완적 연구와 지속적인 모니터링이 필요하다. 이 책은 미국 연방정부와 주정부의 암호화폐 정책을 중심으로 서술하면서 세계 각국의 암호화폐 규제의 방향을 간략하게 정리했다. 블록체인 기술을 수용한 비즈니스 사례를 소개하는 것은 물론, 미국에서 진행됐던 암호화폐 관련 소송도 상세히 다뤘다. 스마트 컨트랙트와 과세 문제 등 암호화폐와 블록체인 기술의 법률적 이슈에 관한 물음도 던진다. 미국 정부의 암호화폐와 블록체인 정책에 대한 부처별 차이와 흐름을 한눈에 볼 수 있으므로 관심 있는 독자에게 일독을 권한다.

이 책이 출간되기까지 오랜 기간 인내해준 에이콘출판사 분들과 정재은 편집자님에게 깊이 감사드린다.

차례

1장   디지털 전환   21

2장   암호화폐 기반 기술과 암호화폐 종류   55

비트코인과 이를 흉내 낸 수없이 많은 코인을 접한 사람들은 대체로 이러한 화폐들이 가져온 믿기 힘든 가치 상승을 두고 "비트코인이 도대체 뭔가?", "어째서 사람들은 비트코인을 사고 비트코인의 근본 기술에 참여하려는 광기에 빠지는가?", "만든 이의 정체는?"과 같은 질문을 쏟아냈다. 금융법을 주제로 여러 권의 책을 쓴 나로서는 정부가 지원하는 통화를 부정하는 것은 물론, 기존 시스템과 안전망의 결합에서 이익을 챙기려는 범법자들을 애초에 저지하려는 규칙과 규제가 가진 거의 모든 안전 기준을 부정하는, 완전히 새로운 방식의 금융 거래를 접하게 된 것이 당혹스러웠다.

비트코인을 이야기했던 학부생들 덕분에 이에 어느 정도 흥미를 갖게 된 것은 사실이지만, 다양한 디지털 코인과 토큰에 대한 투자와 구매로 즉각 얻은 상당한 수익도 내 주의를 환기시키는 데 도움을 줬다. 수십 년 동안 교단에 섰지만 학생들이 암호화폐라는 주제에 관심을 표하고 투자하는 일은 처음이었다. 따라서 이 새로운 현상에 관해 배우는 것은 물론, 이 주제에 관심이 있는 사람들을 돕는 것 외에 선택의 여지가 없었다.

비트코인과 기타 암호화폐의 특성과 투사 방법에 관해 독자의 이헤를 돕는 많은 글이 나와 있으므로 이미 잘 알려진 사실을 반복할 필요는 없을 것이다. 이전 책에서 나는 투자자와 소비자를 보호하는 정부의 역할을 관심 있게 다뤘다. 따라서 이 책은 금융 세계에 필연적으로 수반되는 부정과 불법 행위로부터 이 새로운 화폐의 구매자를 보호하는 데 초점을 둘 것이다. 이 책은 미국이 취했거나 취할 규제에 집중했지만 타국의 조치 역시 검토했으며, 각국이 비트코인과 이것이 낳은 소산에 대해 어떻게 씨름하고 있는지 충분히 이해하고자 했다. 정부가 인터넷 사용을 통제할 수 없듯이 더 이상 막을 수 없는 암호화폐의 필연적 사용에 대해서 금지 또는 통제 정책을 펴거나 아니면 용인하기도 하는 각국 정부의 노력을 살펴볼 것이다. 비트코인과 그 밖의 코인과 토큰이 시장에서 어떻게 되든지간에 이들의 근본 기술은 다양한 분야의 비즈니스 거래와 사회 활동이 생겨나는 방식에 심대한 영향을 미치리라는 점에 의심의 여지가 없다.

이 책에 명시된 모든 자료는 내가 단독으로 조사한 내용이므로, 이에 따른 어떠한 오류도 나 혼자만의 것이다. 표현된 아이디어가 유일무이한 것은 아니지만 전 세계의 여러 웹사이트에서 다운로드한 수백 가지의 기사와 출처를 기반으로 하고 있다. 이 책이 경험이 풍부한 기업가와 일반 독자 모두가 이해할 방법으로 총체적인 프로젝트를 한데 모은 것이길 희망한다.

출판에 도움을 준 팔그레이브 맥밀란Palgrave Macmillan 출판사의 모든 분들께 감사드린다. 특히 앨리슨 누버거Alison Neuberger는 조언을 아끼지 않았고, 많은 연락을 했던 툴라 웨이스Tula Weis는 끝까지 나를 지켜봐줬으며, 루스 노블Ruth Noble은 행정적 세부 사항이 마무리되도록 도왔다. 더불어 생산 공정을 감독한 에스피아이 글로벌SPi Global의 파비트라 무랄리크리슈나D. Pavithra Muralikrishna에게도 감사드린다.

일러두기: 본서는 법률 자문을 제공하기 위한 책이 아니다. 오히려 새로운 기술에 관해 이해하고자 하는 독자와 이 주제에 관심이 있는 학생과 그 밖의 모든 독자들에게 읽기 쉬운 형태의 교재를 제공하기 위한 책으로 기사, 논평, 연설문, 규정 등 읽은 수많은 자료를 바탕으로 한 저자의 분석과 견

해임을 밝힌다. 사적인 법률 문제는 전문 지식을 갖춘 변호사에게 문의하
길 바란다.

미국 뉴욕주 플레전트빌

로사리오 기라사

— 1 —

디지털 전환

소개

인터넷의 출현과 더불어 관련 기술의 발전은 여타 역사적 발명이나 발견을 뛰어넘어 인간의 사고와 행동 방식에 적지 않은 변화를 가져왔다. 우리는 상호 즉각적으로 "대화"하고, 스마트폰과 컴퓨터를 이용해 끊임없이 시간을 소비하며 완전히 새로운 방식으로 소통한다. 산업계는 비즈니스 실패를 막기 위한 방편으로 현대화, 업그레이드 그리고 혁신에 있어서 마지못한 노력을 기울여 가며 디지털적 전환과 혼란을 겪어왔다. 산업계는 기술 업데이트의 실패로 혁신을 일궈내지 못해 결국 파산을 맞이한 코닥^{Kodak}과 폴라로이드^{Polaroid}를 교훈으로 삼았다.[1] 디지털 전환은 벤처 캐피탈과 금전 투자로부터 양분을 공급받아 인류 역사상 유례없는 속도로 신규 혁신의 급격한 증대를 일으키고 있다. 이러한 증진이 완전히 새로운 노동력을 창출하고 있긴 하지만 이는 신기술에 적응하지 못한 근로자 이탈의 동인이 되기도 한다. 10억 달러를 상회하는 신규 기업의 가치는 많은 나라들의 전체 경제와 경쟁하면서 말 그대로 거의 하룻밤 사이에 생성됐다. 애플(7,980억 달러), 구글의 모회사 알파벳(6,670억 달러), 마이크로소프트(5,710억 달러)처럼 말이다.[2]

성공 가도를 달리는 기업은 기술 혁명을 달성하기 위해 새로운 비즈니스 모델을 이미 채택했거나 현재 채택하고 있다. IBM은 메인프레임 비즈니스를 기술과 비즈니스 컨설팅 서비스로 전환했으며 마이크로소프트 역시 PC 로열터에서 광고 및 구독 기반 모델로 메인프레임 비즈니스를 전환했다. 심지어 거의 파산 지경에 이른 레고^{LEGO}조차 레고 디지털 디자이너$^{Lego\ Digital}$ ^{Designer} 및 레고 마인드스톰$^{Lego\ Mindstorms}$ 같은 신규 디지털 비즈니스로 구조조정을 단행했다.[3] '빅 4$^{Big\ 4}$' 회계 법인은 감사 및 관련 서비스에 블록체인 기술을 접목하고 있다. 특히 딜로이트^{Deloitte}는 전 세계 고객을 대상으로 자문 서비스를 제공하고 분산 애플리케이션을 설계하는 블록체인 루빅스^{Rubix}를 출시했다.[4] 법률 서비스도 판례 인용에서부터 법률 소견서에 이르는 법률 정보를 제공하기 위해 밴더빌트 로$^{Vanderbilt\ Law}$ 및 몇몇 로펌과 협력 관계를 맺고 있는 로스 인텔리전스$^{Ross\ Intelligence}$ 같은 회사와 함께 디지털 무대로 진입 중이다.[5] 가령 블록체인은 타임 스탬핑되고 보안성 및 확장성을 갖는 기록을 보여줌으로써 상표가 처음으로 사용된 시점을 증명하는 것은 물론 고객의 거래를 디지털 지갑으로 관리하고 금융 부문의 신기술이 가져온 현안에 대해 고객 자문을 제공한다.[6]

특히 은행은 밀레니엄 세대가 개인 금융의 중추로 자리 잡게 될 때 현금이 퇴행하는 식의 디지털적 전환이 일어날 수 있다는 사실을 감지하고 있다.[7] 캐나다 왕립은행은 인공지능과 데이터 분석을 통합해 온라인 뱅킹의 효율성은 높이고 오프라인 지점의 필요성은 줄였을 뿐만 아니라 각 지점 직원들은 복잡한 문제 해결과 재정 자문에 집중하게 함으로써 주어진 임무를 강화해 나가고 있다.[8] 연방준비제도이사회는 지급, 청산 및 결제 과정에 적용할 수 있는 분산원장기술$^{DLT,\ Distributed\ Ledger\ Technology}$에 깊은 관심을 보여왔다. 이들은 분산원장 시스템이 12조 6천억 달러가 족히 되는, 약 6억 건의 트랜잭션을 하루만에 처리한다는 점에 주목한다. DLT는 정보가 변경 불가하고 안전하게 저장될 수 있도록 전에 없던 방식을 창조해내며, 신원 관리를 제공하는 것은 물론 국가 간 지급 결제 외에도 극히 중요한 곳에 활용될 잠재력을 지니고 있다.[9] 상호운용성, 편재성 및 접근성에 대한 도전 과제에도 디지털 화폐와 분산원장기술의 사용은 더욱 빠른 지급 결제 솔루션을 제공할 뿐만 아니라 적시성適時性과 비용의 효율성, 해외 결제의 편의성을 향상시킬 것으로 예상한다.[10]

전통적인 행동 양식을 교체하려는 최근의 혁신은 새로운 형태의 화폐에서 나타난다. 은행과 금융기관은 수년 동안 수표와 관련 금융상품을 현대 기술로 대체하고자 노력해왔지만, 앞으로의 돈은 '암호화폐'로 알려진 가상화폐의 형식으로 대체되거나 추가됨으로써 현재의 모습 그 자체는 약화될 가능성이 높아 보인다. 본 연구에서는 디지털 화폐의 성격, 특히 비트코인 같은 암호화폐의 성격과 기반 기술, 연방정부와 주 정부에 의해 입법이 제안됐거나 기旣제정된 법규에 관해 이야기한다.

비신용화폐의 정의와 유형

돈

기본으로 돌아가기. 돈이란 무엇인가?

내 사무실 책상에는 2008년 짐바브웨 중앙은행이 보급한 '100조 달러'짜리 지폐가 놓여 있다. 이 지폐는 1990년대 말부터 2011년까지의 초인플레이션 기간 동안 등장했는데, 짐바브웨 정부의 사유지 압류 정책과 국가 차원의 콩고 내전 개입이 발행의 원인이 됐다. 현재 이 지폐가 유일하게 갖는 가치라면 정부의 실패와 통화 보유자의 총체적 신뢰 결여를 분명히 보여주는 기념품이나 골동품으로서의 가치일 것이다.[11] 인간은 수천 년 동안 재화와 서비스의 대체품으로 돈을 사용해왔다. 비록 배관 공사나 법률 및 의료 서비스 등을 또 다른 재화나 서비스로 물물교환할 수 있다고 해도, 양 당사자 간의 필요와 그에 대한 가치 평가를 매칭하기란 쉽지 않다. 대체품이 쓰이기 시작하면서 흔히 수용할 수 없거나 불편을 느꼈던 물물교환 시스템 대신 폭넓은 사람들이 원하는 방식을 받아들일 수 있는 다양한 수단이 허용됐다.

원시 사회에서 보이는 초창기 교환은 아프리카 문화권에서 사용된 조개 껍데기, 특히 기원전 1200년경의 개오지 조개껍데기를 통해 이뤄졌다. 또한 소금, 씨앗, 소, 그 외에도 가치가 부여된 자산을 교환에 이용했다. 기원전 3000년경 이집트와 메소포타미아에서는 점차로 금속 물체, 특히 금괴를 사용하기 시작했고 이는 훗날 금속 화폐로 변형됐다. 금 가락지와 귀금속 등의 금속성 자산도 생겨났다. 기원전 1000년경 중국에는 금속 화폐가 등장했고, 기원전 7세기에서 3세기에는 청동 동전이, 기원전 2세기에는 가죽조차 화폐로 사용됐다. 금속 동전은 기원전 7세기 터키의 에베소에 소개돼 곧이어 그리스와 로마에서 널리 사용됐다.[12] 그렇다고 해도 물물교환이 역사의 뒤안길로 완전히 사라져버린 적은 결코 없었으며 오늘날까지도 어떠한 형태로든 심지어 국가 사이에서도 계속 이용되고 있다.

20세기에 들어 광범위하게 사용된 물물교환은 연계무역countertrade의 형태를 띠었다. 국가와 기업은 국가 통화가 신뢰를 잃어버린 경우 재화와 서비스를 대규모로 교환하는 연계무역에 관여했다. 제2차세계대전과 그 이후 산업 공장이 전쟁으로 폐허가 되자 각국은 연계무역의 이로움을 알아차렸다. 신뢰할 수 있는 통화를 보유한 국가에 속한 기업과 개인은 교환된 상품이나 서비스에 대한 세금 부과를 면하기 위해 연계무역을 선택했다. 국가 역시 무역 불균형을 상쇄하고 지역 산업을 보호하기 위해 연계무역에 참여했다. 일반적으로 이러한 무역은 사하라 이남 아프리카와 인도 대륙의 일부 국가처럼 경화hard currency를 사용하지 않거나 그 사용이 엄격히 제한된 지역으로 물품을 운송하려는 판매자들과 관련이 있다.

연계무역의 유형에는 대표적 형태인 바터barter(재화나 서비스의 교환)를 비롯해, 대응구매counter purchase(재화나 서비스를 판매한 일방 당사자가 그 답례로 장래에 상대방의 특정 물품을 되사기로 하는 합의), 구상무역compensation(지급 결제의 일부가 경화로 이뤄짐), 바이백buyback(통상 회사가 공장이나 시설 건설에 투자하고 해당 시설에서 생산된 제품을 구매하기로 하는 합의), 청산협정clearing arrangement(독일 통일 전 서독과 동독 사이의 무역의 예로. 양국 기업이 재화와 서비스를 판매하고 해당 판매를 각기 국가의 청산 은행에 등록해 지정된 기간이 종료됐을 때 각국의 청산 은행으로 하여금 정산하도록 하는 것으로. 잔금은 채무국의 의무가 된다), 스위치 무역(구매국의 상품을 구입하기 위한 대가로 일방 당사자가 재화나 서비스를 제공하는 것) 및 오프셋(공급자에게 지불해야 할 비용을 줄이기 위해 회사가 타국에 공장을 건설하거나 서비스를 제공하는 일) 등 다양한 형태가 존재한다.[13]

돈의 여러 산물이 나타난 가운데 돈은 상품 및 서비스의 교환이나 바터를 대신하게 됐다. 이는 돈이 어떤 물품에 상응 가치를 지닌다는 화폐 이용자의 인식에 기초한 것이다. 국제통화기금IMF은 "돈money"이란 (a) 소지가 가능하고 차후 사용이 가능하도록 가치가 저장되고 (b) 가격에 대한 공통의 기준을 제공하는 회계의 단위로써 (c) 사람들이 상호 사용하고 교환하는 교환의 매체 역할을 하는 것으로 정의한다.[14] IMF는 국제준비자산으로 1969년 조성된 "특별인출권SDRs, Special Drawing Rights"을 만들어 배포했는데 이는 일종의 디지털 형태의 화폐로, 회원국의 공식 외환 보유를 보충했으며 사용 가능한 화폐와의 교환에 이용돼 왔다. IMF는 특별인출권은 화폐가 아니라고 주장하지만 그럼에도 각 회원국은 이 특별인출권을 기존 화폐의 자발적 교환에 이용하고 있을 뿐만 아니라 IMF와 그 밖의 국제기구 간 회계 단위로 사용한다. 특별인출권은 회원국 쿼터quota에 따라 발급된다. 즉, IMF는 국가 재정 상태에 따라 필요 예치금을 각국에 할당한다. 이러한 보유 쿼터에 따른 자산의 차입에는 이자가 매겨지거나 부과된다.[15]

가상화폐가 떠오르는 이유

암호화폐 형태의 가상화폐가 뜨겁게 이슈로 떠오르는 데는 여러 요인이 있다.

- **제삼자 서비스 비용:** 지급, 정산, 결제 및 기타 서비스에 활용되는 화폐류의 혁명은 불가피하다. 「이코노미스트」에서 지적했듯 디지털 기술의 혁신은 과거 금융 취약 지역, 특히 사하라 이남 아프리카 지역의 금융 서비스 제공에 있어 상당한 진전을 가져왔다.[16] 선진국의 금융 서비스 비용은 믿기 어려울 정도로 높다. 2015년 미국인이 지불한 수수료와 이자 비용은 1,410억 달러로 대부분은 서비스론과 신용카드, 기타 서비스에서 발생했다.

- **허술한 보안:** 현금과 신용카드, 현금자동인출기[ATM]에 의한 현재의 지급 결제 체계 및 상품과 서비스 관련 지급 결제 방식의 문제는 수도 없이 많다. 과거에 여러 차례 경험했듯이 신용카드와 현금자동인출기에 관한 해킹은 사이버보안 시스템이 부당 변경의 주요한 대상이 되고 있는 만큼 지속적인 문제다. 사이버범죄자들이 약 1억 4,300만 미국인의 이름과 사회보장번호, 생년월일, 주소, 심지어 운전면허 등 고도의 개인정보에 접근한 사실을 목도해왔다.[17] 이외에도 "당신들에게 사생활이란 없다. 그저 견뎌내라"라고 말한 썬마이크로시스템[Sun Microsystems]의 스콧 맥닐리[Scott McNealy]의 말을 떠올리게 하는 여러 위반 사례도 보고된 바 있다.[18]

- **빈곤국 자금의 태환성 부족과 비가용성:** 신용이 불량한 사람들, 특히 제삼

세계 국가의 빈곤층은 신용카드 접근 비용과 이자 비용에 영향을 받는다. 아울러 국가 통화의 태환성 부족(가령 최근의 베네수엘라), 금융 거래 참여력에 영향을 미치는 문맹, 상인들이 소액권으로만 현금을 수령하는 데서 오는 어려움, 종종 상당히 높은 수수료에 비해 형편없이 낮은 환율에 의한 지불 이외에는 초국가적인 통화 교환을 하기 어려운 점, 은행과 관계 기관이 특정 신용카드와 직불카드 사용에 대해 과금한 금액에 더해 여러 다른 서비스에 대해서도 부과한 금액, 심지어 일부 상인들의 현금 거절 역시 이들 신용이 좋지 않은 이들에게 영향을 미친다. 그렇다 보니 블록체인 기반의 비트코인과 후속 디지털 통화는 현재의 금융 시스템이 갖는 부정적 측면에 부분적이나마 응답하고 있다. 세계 빈곤층의 상당수는 전통적인 은행 서비스를 이용할 수 없고 계좌를 갖고 있지 않다는 점을 고려한다면 다가올 디지털 기술은 이들에게 가능성 있는 대안을 제공하는 셈이다.

- **익명성 또는 가명성:** 익명성과 가명성은 정부의 사생활 침해를 불신하는 많은 이용자는 물론이고 범죄 행위와 테러에 가담하거나 납세를 회피하려는 범법자들까지도 엄호한다.
- **특정 암호화폐의 보편성:** 화폐 거래소나 제삼자 개입이 필요 없는 비트코인 같은 암호화폐는 이들을 수용하는 곳이라면 어디서든지 교환 가능하고 금지되지 않는다.
- **지급 결제의 불가피한 현대화:** 스마트폰과 컴퓨터 기술을 활용하며 사는 밀레니얼 세대는 신용화폐$^{fiat\ currencies}$의 불편함과 비용 문제, 그 밖에 번잡스러움으로 인해 이 화폐를 비판적 시각으로 바라보리라는 점이 자못 분명하다.
- **수익 동기:** 암호화폐의 가치 상승은 많은 사람 심지어 수완이 적은 사람들에게까지도 신기술에 돈을 투자해 상당한 수익을 건질 가능성이

있다고 설득했다.

- **신뢰 요인:** 앞서 소개했듯이 화폐의 핵심은 보유자가 화폐의 가치와 그 사용에 대해 갖는 신뢰에 있다. 많은 사람이 화폐에 대한 믿음을 저버린다면 화폐 가치는 떨어지게 마련이다. 미국과 유럽연합[EU]에서 신용화폐에 대한 신뢰가 존재하는 이유는 각 중앙은행이 지급을 보증하기 때문이다. 비록 중앙은행의 지원이 비트코인과 여타 암호화폐에는 없다고는 하지만 암호화폐의 기반 기술은 해킹에 대한 면역성, 트랜잭션의 투명성, 안정성, 단순성, 신속성, 사기와 사이버범죄에 관한 보안성 등을 거의 다 보장함으로써 높은 수준의 신뢰를 주고 있다.[19]

디지털 서비스는 금융기관과 고객 모두가 비용을 크게 절감할 수 있는 수단이자 대응책이다. 디지털 기술은 예금과 증권, 기타 거래에 있어서 스마트폰과 컴퓨터가 활용되도록 확장돼 왔으며, ATM과 결합해 창구 직원과 그 밖의 금융 인력의 필요성을 감소시켰다.[20] 다가올 혁신은 극히 향상된 디지털 기술로 치환돼 거의 상상할 수 없는 방식으로 변환될 것이다. 가까운 미래에 현금은 마치 오늘날 연구 논문을 준비하는 학생이 구식 언더우드 타자기를 보는 것처럼 원시적인 느낌으로 다가올 것이다. 이미 신용카드는 경쟁적으로 소비자들의 욕구를 충족시켜왔으나 현재는 하락세에 있기 때문에 가맹점과 소비자가 감당해야 할 비용을 큰 폭으로 할인해주고 있다. 이 책은 최신의 현대화와 이에 대한 규제 이슈에 초점을 둔다.

화폐의 종류

화폐[currency](실질화폐 또는 신용화폐)란 "미국 또는 여타의 국가에서 법화로 지정돼 유통되며, 국가가 발행한 교환의 수단으로써 관례적으로 사용되는 주화 및 지폐"로 정의된다.[21] 여기에는 미국 은행권, 은 증권[silver certificates], 연방준비은행권 및 공식적인 외국 은행권이 포함된다. 전자화폐e-money란 "발행자에게 청구할 수 있는 금전적 가치로, 전자적 장치에 저장되며 지급 거래를 목적으로 자금을 수령하는 경우 발행되고 발행자가 아닌 자연인 또는 법인에 의해 지급 수단으로 인정받은 것"으로 정의할 수 있다.[22] 칩 카드에 저장되거나 개인용 컴퓨터의 하드 드라이브에 저장된 돈 등이 그 예다. 일반적으로 중앙은행이나 상업은행의 돈과 동일한 화폐로 표시되며 액면가나 현금으로 상환할 수 있다.[23] 디지털 화폐digital currency는 교환의 매개체로, 경우에 따라 화폐로 작용할 수도 있지만 실물화폐의 속성은 결여돼 있다. 디지털 화폐는 국가 통화와 직접적으로 관련되기보다는 오히려 자체적인 가치 단위로 표시된다. 디지털 화폐와 가상화폐, 암호화폐 간의 특이점은 종종 다른 해석을 도출해낸다. IMF 연구자들은 이 세 가지 종류의 화폐에 관해 일반적이고 구체적인 연속적 분류 체계를 다음과 같이 매우 논리 정연하게 제시하고 있다.

- **디지털 화폐**: 페이팔PayPal 같은 전자화폐처럼 법정화폐legal tender로 표기된 가치를 나타낸다. 그렇지 않으면 국가 화폐나 기타 정부의 화폐가 아닌 공급과 수요의 법칙, 다시 말해 사람들이 이 화폐를 소유한 값이나 실제 사용으로 귀속되는 가치 혹은 현재 공시된 값에 근거하는 자체적인 가치 기반을 가질 수 있다.
- **가상화폐**virtual currencies: 신용화폐와 경쟁하고 종국에는 이를 능가할지도 모를 새로운 자산으로 분류된다. 법정화폐로는 표기되지 않으며, 아마도 다음 중 하나에 속하게 될 것이다.
  - **전환형**(공개형): 현실 세계의 상품, 서비스, 돈(예를 들어 비트코인)으로 교환할 수 있고, 다음과 같이 중앙집중형이거나 분권석 형태를 띨 수 있다.
    - **중앙집중형**centralized: 웹머니WebMoney처럼 신용화폐로 전환이 가능

하고 중앙 감독기관이나 신뢰할 수 있는 제삼자를 가진다.[24]

- ● **분권형**decentralized : 중앙 감독기관이나 신뢰할 수 있는 제삼자의 원장ledger이 존재하지 않는 피어 투 피어peer-to-peer 방식이다.
- – **비전환형**(폐쇄형) : 게임용 코인을 예로 들 수 있으며, 신용화폐로는 교환이 불가능하다.

● **암호화폐**cryptocurrencies : 가상화폐의 부분집합을 이루며 암호화 기술을 통해 거래 전송의 유효성을 검사한다. 비트코인, 이더리움 및 블록체인을 기반 기술로 하는 수백 가지 형태의 화폐가 여기 포함된다.[25]

디지털 화폐

디지털 화폐는 (컴퓨터, 인터넷, 스마트폰 등) 현재의 기술을 통해 당사자 간 지급 결제가 이뤄지게 하는 전자적이고 무형적 형태의 화폐 가운데 하나다. 이는 개인 간의 지급 결제에서 사용되거나 국내외적인 재화 및 서비스의 공동구매를 위한 기업의 지급 결제에서 사용되며, 게임이나 소셜네트워크에서 한정적으로 사용될 수 있다. 디지털 화폐는 (전자화폐 같은) 신용(실질)화폐이거나 (가상화폐 같은) 비신용화폐non-fiat currency일 수 있다. 디지털 화폐는 국경이 없으며 이메일 소통처럼 즉각적이고 신속하게 발생하지만, 각국의 정부 규제와 접근 방식에 따라 차이가 날 수 있다. "디지털 화폐"라는 용어는 많은 경우 가상화폐와 동의어로 사용되지만 전자적 형식을 가진 모든 종류의 화폐가 여기에 속한다.

가상화폐

가상화폐는 정부나 중앙은행이 발행하지 않는 가치의 디지털적 표현으로 디지털적으로 교환이 가능하며 (1) 교환의 매개 (2) 회계의 단위 또는 (3)

가치의 저장 수단으로 기능한다.[27] 가상화폐는 신용화폐인 법정통화, 예를 들어 물리적 실체를 갖는 주화나 지폐와 같은 지위를 갖지 않으며, 일반적으로 광범위하게 사용되거나 유통되지 않을 뿐만 아니라 정부에 의한 지원도 없다. 전자적 수단을 통해 가치를 이전하지만 법정통화의 특성을 갖는 신용화폐인 전자화폐와는 다르다. 가상화폐는 소위 "실질" 통화처럼 작용할 수도 있지만 미국에서는 그 법적 지위가 결여돼 있다. 가상화폐의 가치는 이용자 또는 거래자가 정한다.[28]

전환형 (또는 공개형) 가상화폐란 신용화폐, 재산 또는 그 밖의 형태의 가치로의 교환이 참여자에 의해 제안되고 수용되는 비공식적인 전환 가능성 혹은 교환 가능성을 일컫는다. 비트코인은 전환형 가상화폐의 대표적인 예다. 비트코인은 정부 보증이 없다는 이해를 바탕으로 동등한 가치의 교환을 수락한 당사자 사이에서 재화, 부동산 또는 서비스 구입에 사용된다. 전환이 불가능한 가상화폐는 중앙 당국이나 관리자가 오로지 특정한 용도로 특정 당사자에 대해 발행하는 중앙화된 화폐의 일종으로, 주로 게임용으로 이용되거나 아마존닷컴Amazon.com 같은 사이트에서 활용된다. 이외에도 큐Q 코인, 프로젝트 엔트로피아 달러Project Entropia Dollars 등이 전환형 가상화폐에 속한다.[29]

전환형 가상화폐는 중앙집중적이거나 탈중앙적일 수 있다. 중앙집중식 가상화폐는 중앙 당국이나 관리자가 화폐의 규칙을 정하고 이를 발행하며 중앙의 지급 결제원장을 관리하는 것은 물론 통화를 상환하거나 인출할 수 있다. 이러한 가상화폐는 환율이 "변동"되거나 "고정"될 수 있다. 전자는 시장의 수급需給에 근거하며 후자는 중앙관리자에 의해 결정된다. 일반적으로는 금, 통화 바스켓 또는 기타 현실 세계의 가치에 기준을 둔다. 웹머니, 월드 오브 워크래프트 골드World of Warcraft Gold, 퍼펙트머니PerfectMoney가 그 예다. 비트코인으로 대표되는 탈중앙적 가상화폐는 중앙 관리자나 감독기

관이 없는 P2P(개인 대 개인)이며, 거래를 체결한 당사자들에 의해 화폐 가치가 결정된다.[30]

비전환형 (또는 폐쇄형) 가상화폐는 중앙적이다. 다른 말로 하자면 이들은 관리자의 역할을 할 중앙의 권한을 필요로 한다. 이런 화폐들은 마치 게임 이용자들이 온라인 상점 관리자의 규칙을 따라야 하는 것처럼, 가상 도메인 특유의 폐쇄적 환경에서 작동한다. 게임 규칙을 회피하고자 한다면 이용자 접근 중단이나 벌칙을 초래할 수 있다. 온라인 게임에서 이런 화폐의 보유자는 이를 게임 속 온라인 도구나 화폐와 교환할 수 있다. 비전환형 가상화폐의 또 다른 예로, 매장에서만 교환 가능한 신용카드나 기프트카드, 항공 마일리지, 전자 오락실 토큰, 그 밖에 용도가 한정적인 화폐를 떠올려 볼 수 있다. 기프트카드처럼 용도에 제한이 있는 화폐는 (대부분의 선물이 그렇듯) 이론상으론 자유롭게 수여될 수 있고, 용도의 한정성을 기꺼이 받아들이고자 하는 타인에게 판매도 될 수 있다. 전환형 화폐와는 다르게 수적인 제한이 있고 유동성이 없으며 남용이나 절도로 소실되기도 쉽다.

암호화폐

암호화[crypto]라는 말은 명사 혹은 형용사로 쓰이는가에 따라 다른 의미를 갖는다. 특정 연구 방식과 관련해서도 그 의미가 다양하다. 화폐에 연계해 적용해보면 우리는 그것을 암호화폐[cryptocurrency]로 칭하며, 이를 "암호 기술을 사용해 교환을 검증하고 위조를 방지하는 탈중앙의 전환형 디지털 화폐 또는 교환의 매체"로 정의한다.[31] 암호화폐는 수학적으로 한정된 비율로 채굴되고, 익명성을 가지며, P2P 기반의 가치 교환을 공개 키와 개인 키에 의지할 뿐만 아니라 화폐의 공급은 자유 시장의 수요를 바탕으로 이뤄진다.[32] 암호화폐는 종종 전환형, 탈중앙형의 가상화폐와 상호 교환적으로 사용된다. 비트코인과 이더리움은 암호화폐의 대표주자다. 암호화폐와 가상화폐는 이론상 구분돼야 마땅하지만 대부분 문맥상 이 둘을 동일한 뜻으로 쓰고 있다.

다음 절에서는 가상화폐와 암호화폐 그리고 이들 규제에 대한 일반적인 조건에 중점을 둔다.

디지털 기술의 핵심 주역[33]

디지털 형태로서 신용화폐가 아닌 통화가 지난 수십 년 동안 활용돼 왔지만, 그럼에도 현재의 산물은 사실상 이보다 훨씬 우수하고 복잡하기까지 하다. 최근 금융의 혁신적 진화의 주역은 다음과 같다.

- **발명자**(창조자): 분산원장기술, 약어로 DLT 혁명을 최초로 불러일으킨 주요 인물은 사토시 나카모토[Satoshi Nakamoto]라는 미스터리의 인물(들)로, 블록체인 기술을 기반으로 하는 비트코인을 창조한 장본인이다. 이후 비트코인과는 별개로 블록체인이 진화해 오면서 거의 무한 다수의 플레이어가 (예를 들어 정부기관, 금융기관, 민간기업, 전문기업 및 개인) 해킹에 아무런 영향이 없다고 하는 DLT의 긍정적 이점을 활용할 수 있게 됐다. 블록체인에서 진화된 산물 가운데는 스마트 컨트랙트[smart contract], "지분증명[proof of stake]"에 따른 보안("채굴자" 단체는 의사 결정과 "작업증명[proof of work]"을 위해 컴퓨팅 능력을 사용할 수 있다), "블록체인 확장[blockchain scaling]"(블록체인 트랜잭션의 가속) 같은 것들이 있다.[34] 또 한 명의 중요한 발명자로는 (이후 더 깊게 논하겠지만) 트랜잭션 시간, 배포된 이더[Ether]의 수량, 트랜잭션 비용 산정 방법 그리고 여타의 측면에서 비트코인과는 상이한 이더리움[Ethereum] 블록체인을 고안한 비탈릭 부테

린^{Vitalik Buterin}이 있다. 한편 월트 디즈니사는 또 다른 형태의 블록체인인 드래곤체인^{Dragonchain}을 만듦으로써 과거 디즈니의 애니메트로닉스^{animatronics}와 디지털 애니메이션 창작에 진보를 가져왔다.[35]

- **발행자 또는 관리자:** 비트코인의 아찔한 성공에 뒤이어 수많은 개인과 기업은 다양한 가상화폐와 그 밖의 혁신을 일궈내고 후원을 아끼지 않고 있다. 원장을 유지 관리하고 가상화폐의 보완을 시도 중인데, 이러한 행위는 금융과 사회가 작동하는 방식을 변화시키게 될 것이다.

- **채굴자:** 채굴자들은 ASIC 중심의 기계를 탑재한 특수한 컴퓨터 하드웨어를 활용해 암호(수학) 문제를 풀고 그 대가로 비트코인이나 이더, 암호토큰 또는 상금과 같은 형태의 새로운 가상화폐를 만들어낸다.[36] "채굴자"라는 말은 다이아몬드처럼 가치 있는 광물을 캐내기 위해 광산을 파던 전통적 의미의 광부라는 단어에서 유래했다. 요즘 말로 "채굴자"는 소위 "블록^{block}"이라고 하는 트랜잭션 묶음을 집단적으로 검증한다.

- **프로세싱 서비스 공급자:** 한 이용자로부터 다른 이용자에게 가상화폐의 이전 수단을 제공하는 업체다. 현재 이러한 서비스를 제공하기 위한 수많은 회사들이 설립되고 있다(디씨 포스^{DC POS}, 코인파이^{Coinfy}, 코인코너^{CoinCorner}, 코인베이스^{Coinbase} 등).[37]

- **이용자:** 기술이 맹위를 떨치는 만큼, 기술 애플리케이션이 매일 기하급수적으로 생겨났으며 기술 이용자 수도 무한에 가까워졌다. 이 기술이 활용되는 주요 영역은 국제 결제 등의 금융 서비스를 포함해 증권 거래, 자본시장 개선, 스마트 컨트랙트, 온라인 신원 관리 개선, 규제 준수, 자금세탁 및 자산도용 방지, 환자 정보 및 기록물의 개인정보보호 필요성을 고려한 의료 서비스, 부동산 거래, 기록 관리, 사이버보안, 회계 등 수도 없이 많다.[38]

- **지갑:** 가상화폐 "지갑^{wallet}"은 비트코인 같은 디지털 화폐를 저장하고

송수신하는 보안 매체다. 발행된 대부분의 코인이 특정한 지갑을 사용해 소정의 암호화폐를 보관한다. 사실상 지갑이란 코인의 송수신에 사용되는 공개 키와 이에 덧붙여진 암호화폐 소유자만이 아는 안전한 디지털 코드가 담긴 개인 키라고 할 수 있다.[39] 2014년 설립된 암호화폐 채굴 시장인 나이스해시[NiceHash]가 2017년 12월 6일 약 7,830만 달러에 달하는 4736.42 BTC를 도난당한 사건은 채굴에 관여하는 개인과 기업이 이 같은 위험에서 완전히 자유로울 순 없다는 점을 상기시킨다. 이 절도 행각에 어떤 방법이 사용됐는지는 아직까지 밝혀진 바가 없었으며, 회사 측과 정부 당국의 조사가 진행됐다.[40]

- **지갑 제공자:** 소프트웨어 애플리케이션이나 그 밖의 수단을 통해 이용자가 가상화폐를 저장, 보유, 전송할 수 있도록 하는 것은 물론 온라인이나 오프라인에서 고객의 잔고를 관리하는 수단을 제공하고 보안을 담당하는 기업이다.

- **거래소:** 신용화폐를 전환형 가상화폐로 교환하거나 여타 가상화폐, 귀금속, 그 밖에 동종의 자산을 전환형 가상화폐와 교환하면서 마치 주식 거래소와 유사하게 영업을 목적으로 운영하는 개인이나 회사를 말한다. 시카고의 양대 금융 거래소인 시카고상품거래소[CME]와 시카고옵션거래소[CBOE]가 공매나 그 외 다른 방식으로 투자자들이 이용할 수 있는 비트코인 선물 거래를 시작한다는 소식을 발표함과 동시에 비트코인은 대세로 자리 잡았다. 이러한 발표는 가상화폐 거래에 정당성을 준 것이나 마찬가지였다.[41] 2017년 12월 10일 시카고옵션거래소에서 비트코인 거래가 개시됐고, 가격이 26%나 치솟는 바람에 결국 거래는 중단돼야 했다. 시카고상품거래소도 2017년 12월 18일 비트코인 선물을 출시했으며 이는 단지 가격의 극심한 변동성을 보기 위해 진행됐다.[42]

- **트레이딩 플랫폼**: 화폐를 교환하는 수단이다. 외화 교환에서 가장 잘 알려진 것은 포렉스[FOREX]로, 이 플랫폼은 당사자들이 종종 단기간의 수수료 차익과 함께 각기 다른 나라의 통화를 교환할 수 있게 해준다. 트레이딩이 제삼자의 개입 없이 두 당사자 간에 폐쇄형 가상화폐를 연계할 수 있다는 점을 생각하면 가상화폐의 상승세는 이러한 전환에 또 다른 시름을 얹는 것이었다. 그럼에도 가상화폐의 전자적 트레이딩을 사업으로 하는 많은 플랫폼이 생겨났고, 이는 특별히 구입용 암호화폐의 소유권을 일부 제공하길 원하거나 이를 제공할 여력이 있는 당사자로 인해 가능했다. 이 플랫폼에서는 법정화폐로 디지털 통화를 교환할 수 있다. 이러한 거래소는 소수만을 위한 플랫폼일 수도 있고, 아니면 대중에 개방될 수도 있다. 거래소는 수수료, 검증 요건, 환율, 특징이 각양각색이다. 이들 거래소에는 코인베이스[Coinbase], 바이낸스[Binance], 비트렉스[Bittrex], 씨이엑스닷아이오[CEX.IO], 및 비트피넥스[Bitfinex] 등이 있다.[43] 미연방수사국[FBI]은 은행 증권 거래를 통해 시장 리스크 이하로 평균 이상의 수익을 낼 수 있다고 하는 허위 운영 전략과 연관된 플랫폼 거래에 관해 특별한 투자자 주의를 당부했다.[44]
- **그 밖의 다수 행위자들**: 소매업자, 브로커, 딜러, 소프트웨어 개발자, 가상화폐의 최근의 혁신적 발전에 참여하고 있는 다양한 잠재적 행위자가 포함될 수 있다.

디지털 화폐의 이점과 위험 요소

디지털 화폐의 이점

거의 모든 기술 혁신이 그러하듯이 근래의 발전에도 이점과 위험 요소는 함께 존재한다. 다음 목록은 이점에 해당될 수 있다.

- 신원 확인
- 결제 과정에서 은행과 같은 중개자가 사라짐에 따라 발생하는 상당한 비용의 절감
- 청산소淸算所, clearing houses 배제에 따른 송금의 신속성
- 저가의 온라인 상품 및 서비스에 관한 소액 결제 촉진
- 무기명 주식을 거래할 때 발생할 수 있는 노출 위험 감소
- 신용 부족(이를테면 난민 지위에 있거나 신용 이력이 부족한 경우)으로 은행과 신용 시설을 이용할 수 없는 자들에 의한 활용 가능성[45]
- 재산권 증서와 증인證印, indicia을 포함해 거래를 기록하는 것

이와 같은 활용은 다음과 같이 긍정적 성과와 부정적 성과 모두 가질 수 있다.

- **가치 저장**: 배당금이나 이자를 지급하진 않지만 금속과 달리 분할이 가능하고 휴대할 수 있는 자산이라는 점에서 귀금속에 비견될 수 있다.
- **트레이딩**: 구입과 판매가 가능하고 혹은 담보가 될 수도 있다. 다른 자산과 마찬가지로 자본 손익이 발생할 수 있지만 적어도 이 시점에서는 변동성이 훨씬 크기 때문에 투기가 고조될 수 있다.
- **지급 결제 및 거래**: 부동산과 사유 재산 또는 수수료에 대한 지급 수단으로 수용된다면 지급 결제 및 거래에서 활용할 수 있다.
- **송금**: 송금 등 이와 유사한 목적을 위해 국제적으로 저렴한 비용으로 활용 가능하다.[46]

디지털 화폐의 위험 요소

디지털 화폐의 위험 요소는 다음과 같다.

- 은행 인수의 결여와 은행과 상인이 제공하는 보호의 결여
- 예금의 이자 손실
- 테러범, 마약 거래상, 자금세탁자 같은 범죄자에게 이용되는 등의 보안 문제
- 화폐 변동성[47]
- 지급 수혜자 식별 – 사망 또는 정신적 무능력을 이유로 한 신원 상실은 보유 자산 및 거래 손실을 초래할 수 있다.
- 제한적인 이용자 기반
- 향후 규제 및 세금 처리에 대한 불확실성
- 해킹, 도난, 분실 등의 사이버 위협[48]
- 국경을 초월하는 특성상 기소가 매우 어려움
- 정부의 안전장치 부족
- 다른 보안 자산에 의한 보증의 부족
- 본질적 가치의 결여

미국 정부기관의 위험 권고

상품선물거래위원회

상품선물거래위원회[CFTC]는 가상화폐의 위험성을 다음과 같이 유형화했다.

- **운영 위험성**: 다양한 플랫폼을 갖고 있는 가상화폐는 감독 대상이 아니다. 대신 거래소가 규제 대상이 된다. 더러 이러한 플랫폼은 핵심적 안전장치와 고객 보호를 결여하는 수가 있다.
- **사이버보안 위험성**: 일부 플랫폼은 고객의 자산을 혼합할 수 있다. 이는 해당 화폐를 돌려받을 수 있는지의 여부나 돌려받는 방법에 영향을 줄 수 있다. 심지어 해킹에 취약해 가상화폐를 도난당하거나 고객 자산의

손실을 초래하는 플랫폼도 있을 수 있다.

- **투기 위험성**: 충분치 못한 거래량 때문에 가상화폐는 상당한 가격 변동에 노출되기 쉽다. 따라서 수익 보장을 약속하는 것은 사기 계획의 일환일 수 있다.

- **사기와 시장 조작 위험성**: 플랫폼에 따라 다를 수 있지만 어떤 것은 가상화폐의 도난이나 자산의 손실을 초래하는 해킹, 폰지Ponzi 사기, 사기성 "버킷 숍bucket shop" 계획에 취약할 수 있다.[49]

2017년 11월 19일 테더 자금부Tether Treasury의 지갑에서 빠져나가 이름 모를 비트코인 주소로 이전된 30,950,010달러 USDT(미국 달러화에 고정된 암호화폐) 도난 사건[50]은 이 같은 위험성을 보여준 한 예다. 해당 회사는 도난당한 자금을 회수하는 과정에 있다고 언급하면서, 도난 자금에 대한 잠재적 구매자들은 그 누구도 명예롭지 못할 것이라고 경고했다.[51]

소비자금융보호국

소비자금융보호국CFPB 역시 소비자 권고문을 게시했다. 이 권고문은 앞서 CFTC가 제기했던 위험성을 재차 언급하면서 비트코인에 관련한 문제를 덧붙인 것이었다. CFPB가 추가로 제시한 위험에는 다음 내용이 포함된다. (1) 본인이 거래소 대표였다는 사람들 가운데, 거래소 대표 계좌로 비트코인 구입 자금을 송금받고는 전혀 거래를 발생시키지 않았던 경우 (2) 현금으로 비트코인을 교환할 수 있도록 인터넷에 연결된 비트코인 키오스크. 마치 종전의 ATM처럼 보이지만 전통적인 ATM으로 기능하지 않는다. 이들은 은행과 관련이 없고, 은행 ATM처럼 안전장치가 있는 것도 아니다. 종종 7%대의 높은 대량 거래 수수료나 높은 환율을 부과한다. 64개 문자로 이뤄진 공개 키를 잘못 누르게 되면 다른 사람에게 자금이 이전되는 결과를 초래할 수 있다. 뿐만 아니라 개인 키를 잃어버리면 비트코인을 전부 잃어버릴 수 있다.[52] 초창기에 CFPB에 접수된 가상화폐 거래 관련 민원은 단 몇 건에 불과했으나(2016년 6건) 2017년 이후로는 약정 기간 내에 자금에 접근할 수 없는 경우라든지 거래나 서비스에서 발생한 문제, 사기 등등 수백 건의 민원이 발생했다.[53]

비록 비트코인이 주는 익명성으로 말미암아 비트코인과 다른 여러 형태의 디지털 통화가 자금세탁 및 불법 마약 거래에 연결고리를 맺어왔다고 할지라도, 이러한 위험은 과대평가된 것이라는 주장도 제기돼 온 것은 사실이다. 가상화폐의 소유권은 공개돼 있기 때문에 엄청난 양의 트랜잭션 분석이 가능하다. 더욱이 비트코인은 국제적으로 규모가 큰 기업들이 첩보 활동에서 사용해오고 있다.[54] 가능성 있는 반대 목소리는 연방준비제도이사회 신임 의장 제롬 파월Jerome Powell 로부터 나왔다.[55] 파월은 디지털 화폐 발행에 관여하는 중앙은행은 사이버 공격, 범죄 활동, 사생활 문제에 취약하다고 경고했다. 나아가 보안을 강화하는 것과 불법 활동을 가능하게 하는 것 사이에는 균형이 있다고 말했다. 암호화가 진행될수록 사이버 공격에 대한 취약성이 줄어드는 동시에 불법적인 활동 역시 촉진된다.[56]

정부서비스청

정부서비스청GSA과 그 밖의 연방 기관의 신흥민간기술Emerging Citizen Technology 프로그램은 재무관리, 조달, IT 자산 및 공급망 관리, 스마트 컨트랙트, 지식재산 등의 분야에서 블록체인 같은 분산원장의 활용 방안을 탐구 중이다. 이 프로그램에서는 분산원장 연구에 관심이 있거나 정부기관 내에서 분산원장을 구현하고 싶은 연방 기관과 미국 기업을 위해 미 연방 블록체인 플랫폼을 런칭했다. 2017년 7월 18일에는 제1회 미국 연방 블록체인 포럼을 개최했고, 수십 개의 우수한 기관에서 참여한 100여 명의 관리자가

블록체인의 활용 사례와 한계, 해결 방안을 함께 논의했다.[57]

증권거래위원회

증권거래위원회^{SEC}는 최초 코인 공모^{ICO, Initial Coin Offerings}와 여타의 디지털 공모의 위험을 경고하는 투자자 공지를 발표했다. 2017년 7월 25일 증권거래위원회의 투자자교육옹호국^{Office of Investor Education and Advocacy}은 보고서를 통해 발행된 가상 코인이나 토큰은 개별 ICO의 사실 관계와 상황에 따라 증권으로 볼 수도 있으며 이에 따라 증권법에 따른 등록 요건을 준수해야 할 수 있다며 발행자와 투자자에게 주의를 당부했다. 또한 어떤 공모가 등록에서 면제된다고 주장하고 특히나 투자자를 공인하지 않거나 투자자를 크라우드 펀딩 제공자로 표현한다면 이러한 공모는 경계해야 한다고 주의를 요구했다. 투자자에게는 투자금의 사용처와 가상화폐나 토큰이 향후 제공할 권리에 관해 질의해볼 것을 권고한다. 사기나 절도를 저지르려고 혁신 기술을 이용하는 자들은 투자 경고 대상이다. 중앙 당국이 배제돼 있고 그 범위에 있어서도 국가의 테두리를 벗어난 코인 공모는 정부의 개입과 지원을 불가능하게 할 수 있다. 코인 발행자는 해당되는 연방과 주의 등록 요건을 준수하도록 주의를 기울여야 한다.[58]

SEC의 투자자교육옹호국은 후속 경고에서도 투자자들에게 종전의 경고를 반복했다. 개발자, 기업, 개인이 회사 주가를 끌어올리고자 ICO를 활용하는 사례가 부쩍 늘었기 때문이다. SEC는 회사에 대한 현재의 정확한 정보가 부족한 경우, 공개된 정보의 정확성에 의문이 드는 경우, 내부자 즉 "펌프 앤 덤프^{pump-and-dump}" 사기 등 시세 조종에 관여할 수 있는 자가 주식을 거래할 우려가 있는 경우에는 거래를 중단할 수 있다고 권고한다. 아울러 SEC는 투자자가 투자하기 전에 해당 회사에 대한 연구 조사는 물론 주식 홍보에 관한 사항, 소액 사기의 가능성, 온라인 블로그, 광고 및 보도 자료,

회사명과 경영 및 업종의 잦은 변경 여부, 기타 주의 지침 등을 살펴볼 것을 권했다.[59]

이민세관집행국

이민세관집행국[ICE]은 특히 국제적 수준에서 불법적으로 사용되는 가상화폐를 염려하고 있다. 이민세관집행국의 국토안보조사실[HSI]에 설치된 불법금융및범죄수익반[IFPCU]은 금융 서비스 산업에서 일어나는 불법적인 자금 이동에 맞서고자 가상거래소업계와 금융업계의 협조적인 구성원과 연계적으로 운영되고 있다. 이들은 블록체인 같은 신흥 기술과 관련해 기술적 장애를 극복하고 조사관 교육과 장비 조달을 통해 불법 온라인 활동을 퇴치하며 선두 업체들과 협업함으로써 블록체인 정보를 분석, 식별할 수 있는 혁신적 포렌식 도구를 획득하는 등 그 지식 기반을 확장하고 있다.

연방준비제도이사회

연방준비제도이사회[FED]는 지급[payment] · 청산[clearing] · 결제[settlement](PCS) 프로세스에 하루 약 6억 건의 트랜잭션이 수반된다는 점에서 디지털 경제에 주목했다. 이들은 금융시장 구조의 설계와 그 기능에 영향을 줄 수 있는 혁신을 조성하는 데 깊은 관심을 표명해왔다.

유럽정보보안기구

그리스에 본부를 두고 있는 유럽의 사이버보안센터인 유럽정보보안기구[ENISA]도 앞서 말한 여러 우려를 재차 지적하고, 이를 다음과 같이 추가 또는 수정했다. (1) 키 및 지갑 관리 — 악의적인 이용자가 찾아내거나 복제를 시도할 수 있는 개인 키의 보호 필요성 (2) 암호화 위험 — 공격에 취약한 키를 생성하는 소프트웨어 프로그램을 피하려는 엄격한 키 관리 정책과 절차가 준수될 필요성 (3) 합의 프로토콜에 대한 공격 − 악의적 당사자가 전체 네트워크가 가진 컴퓨팅 성능의 50% 이상을 획득해 이중 지불 공격을 유발할 수 있는 "합의 탈취consensus hijack" 또는 "51% 공격"의 취약성에 대한 우려 (4) 분산 서비스 거부 − 서비스 거부를 유발할 수 있는 다수의 이용자가 암호화폐 네트워크에서 대량의 스팸 트랜잭션을 사용하는 것(실제 2016년 3월 발생했다) (5) 스마트 컨트랙트 관리 − 법적 언어를 코드로 대체하면 계약의 복잡성이 증가하고 기술의 활용이 요구됨. 왕왕 사람의 실수도 발생할 수 있음 (6) 불법적 사용 − 테러 및 범죄에 사용 (7) 프라이버시 − EU 일반 데이터 보호 규정General Data Protection Regulation[60]은 개인 데이터가 더 이상 필요하지 않을 경우 이를 삭제하도록 요구하므로, 분산원장의 공공성 및 영구성은 동 규정에 위반 소지가 있음 (8) 미래의 도전 − 양자 컴퓨팅 기술은 알고리즘과 프로토콜의 보안을 방해할 수 있음[61]

노벨상 수상자들의 우려

두 명의 노벨 경제학 수상자가 가상화폐, 특히 비트코인에 관한 우려를 표명했다. 예일대학교 교수 로버트 쉴러Robert J. Shiller는 세계경제포럼WEF에서 비트코인은 기발한 생각이긴 하지만 우리 삶에 영속적 부분은 될 수 없을 것이라고 강조했다. 비트코인의 기반 기술인 블록체인은 여타의 애플리케이션을 갖게 될 것이다. 세계경제포럼에서는 신용화폐(현금)가 유행에 뒤떨어진다는 모종의 공감대가 형성돼 있는 것 같다.[62] 쉴러는 2017년 12월 리투아니아 빌니우스에서 열린 또 다른 콘퍼런스에서 "비트코인은 그야말로 흥분되는 일"이라며 반정부적, 반규제적이라는 비트코인의 개념이 "만일 사실이라면" 정말 놀라운 이야기가 아닐 수 없다고도 했다. 콜롬비아대학교 교수이자 노벨상 수상자인 조지프 스티글리츠^{Joseph Stiglitz}는 비트코인이 사회적으로 유용한 기능을 하지 않는다는 점을 생각해본다면 이를 불법으로 봐야 한다는 견해를 밝혔다.[63]

2장, '암호화폐 기반 기술과 암호화폐 종류'에서는 비트코인과 암호화폐가 어떠한 기술 기반인지 살펴보고, 가상화폐가 현재 교환되는 방식에 혁명을 만들어가고 있으며, 가까운 미래에 사용 증가가 예상되는 몇 가지 암호화폐를 살펴본다.

참고문헌

1. Chunka Mui, How Kodak Failed, Forbes, Jan. 18, 2012, https://www.forbes.com/sites/chunkamui/2012/01/18/how-kodak-failed/#6550abbc6f27, and Ankush Chopra, How Kodak and Polaroid fell victim to the dark side of innovation, Betanews, (2009), https://betanews.com/2013/12/12/how-kodak-and-polaroid-fell-victim-to-the-darkside-of-innovation/

2. Matt Egan, Facebook and Amazon hit $500 billion milestone, CNN Money, Jul. 27, 2017, http://money.cnn.com/2017/07/27/investing/facebook-amazon-500-billion-bezos-zuckerberg/index.html

3. World Economic Forum, Digital Transformation of Industries: In collaboration with Accenture, White Paper, (Jan. 2016), http://reports.weforum.org/digital-transformation/wp-content/blogs.dir/94/mp/files/pages/files/digital-enterprise-narrative-final-january-2016.pdf

4. Prableen Bajpai, Big 4 Accounting Firms Are Experimenting With Blockchain And Bitcoin, NASDAQ, Jul. 27, 2017, http://www.nasdaq.com/article/big-4-accounting-firms-are-experimenting-with-blockchain-and-Bitcoin-cm812018

5. Ross Intelligence, Forbes Profile (2018), https://www.forbes.com/

profile/ross-intelligence/

6. Peter Chawaga, Legal Field Embraces Promising Use Cases for Block chain Tech, Bitcoin Magazine, Apr. 11, 2017, http://www.ozy.com/acumen /will-millennials-make-cash-obsolete/81212

7. Millennials consist of over 83 million persons in the U.S. as of 2015, substantially growing in number each year, and who prefer banking through smartphones. Their usage far exceeds that of baby boomers (post-World War II population), Poornima Apte, Will Millennials Make Cash Obsolete?, The Daily Dose, Oct. 5, 2017, http://www.ozy.com/ acumen/will-millennials-make-cash-obsolete/81212

8. Joy Macknight, RBC CEO Dave McKay looks to stay ahead of technology, The Banker: Transactions and Technology, Feb. 10, 2017, http://www. thebanker.com/Transactions-Technology/RBC-CEO-Dave-McKaylooks -to-stay-ahead-of-technology

9. David Mills, Kathy Wang, Brendan Malone, Anjana Ravi, Jeff Marquardt, Clinton Chen, Anton Badev, Timothy Brezinski, Linda Fahy, Kimberley Liao, Vanessa Kargenian, Max Ellithorpe, Wendy Ng, and Maria Baird(2016). Distributed ledger technology in payments, clearing, and settlement, Finance and Economics Discussion Series 2016-095. Washington: Board of Governors of the Federal Reserve System, https:// doi.org/10.17016/FEDS.2016.095

10. U.S. Federal Reserve System, Strategies for Improving the U.S. Payment System: Federal Reserve Next Steps in the Payments Improvement Journey, Sept. 6, 2017, https://www.federalreserve.gov/newsevents/ pressreleases/files/other20170906a1.pdf

11. Steve H. Hanke, Zimbabwe's Hyperinflation the Correct Number is 89 Sextillion Percent, (undated), The World Post, https://www.huffingtonpost .com/steve-h-hanke/zimbabwes-hyperinflation_b_10283382.html. The country indicated would be converting its currency to that of the U.S. dollar.

12. For brief histories of money see History World, History of Money, http://www.historyworld.net/wrldhis/PlainTextHistories.asp?historyid=ab14 and Mary Bellis, The History of Money, THOUGHTCO, Mar. 26, 2017, https://www.thoughtco.com/history-of-money-1992150

13. Tyler, What is Counter Trade? Barter News Weekly, Mar. 11, 2010, https://www.barternewsweekly.com/2010/03/what-is-counter-trade/

14. Irena Asmundson and Ceyda Oner, What is Money?, 49 Finance and Development No. 3, Sept., 2012, International Monetary Fund, http://www.imf.org/external/pubs/ft/fandd/2012/09/basics.htm

15. The value of an SDR is based on a basket of five currencies (U.S. dollar, euro, Chinese renminbi, Japanese yen, and British pound), International Monetary Fund, Special Drawing Rights, Apr. 21, 2017, http://www.imf.org/en/About/Factsheets/Sheets/2016/08/01/14/51/Special-Drawing-Right-SDR

16. The third great wave, The Economist, Oct. 3, 2014, https://www.economist.com/news/special-report/21621156-first-two-industrial-revolutions-inflicted-plenty-pain-ultimately-benefited

17. Sara Ashley O'Brien, Giant Equifax data breach: 143 million could be affected, CNN Tech, Sept. 8, 2017, http://money.cnn.com/2017/09/07/technology/business/equifax-data-breach/index.html

18. Steve Tobak, You Have No Privacy-Get Over It, Fox Business, Jul. 31, 2013, http://www.foxbusiness.com/features/2013/07/31/have-no-privacy-get-over-it.html

19. IBM, Forward Together: Three ways blockchain Explorers chart a new direction, https://www-935.ibm.com/services/studies/csuite/pdf/GBE03835USEN-00.pdf

20. Underserved and overlooked, The Economist, at 57–58, Sept. 9, 2017.

21. Internal Revenue Service, IRS Virtual Currency Guidance: Virtual Currency Is Treated as Property for U.S. Federal Tax Purposes; General Rules for Property Transactions Apply, https://www.irs.gov/newsroom/

irsvirtual-currency-guidance

22. Directive 2009/110/EC of the European Parliament and of the Council of 16 September 2009, On the taking up, pursuit and prudential supervision of the business of electronic money institutions amending Directives 2005/60/EC and 2006/48/EC and repealing Directive 2000/46/EC (Text with EEA relevance, http://eur-lex.europa.eu/legal-content/en/ALL/?uri=CELEX:32009L0110)

23. Bank For International Settlements, Digital Currencies, Nov. 2015, at 4, https://www.bis.org/cpmi/publ/d137.htm

24. WebMoney, according to its website, is a universal money transfer system used by some 34 million people to keep track of one's funds, attract funding, resolve disputes, and make secure transactions, https://www.wmtransfer.com/eng/information/short/index.shtml

25. Dong He, Karl Habermeier, Ross Leckow, Vikram Kyriakos-Saad, Hiroko Oura, Tahsin Saadi Sedik, Natalia Stetsenko, Concepcion Verdugo-Yepes, Virtual Currencies and Beyond: Initial Considerations, IMF Discussion Note SDN/16/03, Jan. 2016, https://www.researchgate.net/publication/298915094_Virtual_Currencies_and_Beyond_Initial_Considerations

26. Techopedia, What is Digital Currency?, https://www.techopedia.com/definition/6702/digital-currency

27. For definitions and lengthy discussions, see U.S. Gov't Accountability Off., GAO-14-496, Virtual Currencies: Emerging Regulatory, Law Ernforcement, and Consumer Protection Challenges, May 29, 2014, http://www.gao.gov/assets/670/663678.pdf

28. New York Title 23, Ch. I, Part 200.2 defines "virtual currency" as follows:

(p) Virtual Currency means any type of digital unit that is used as a medium of exchange or a form of digitally stored value. Virtual Currency shall be broadly construed to include digital units of exchange that (i) have a centralized repository or administrator; (ii) are decentralized and have no centralized repository or administrator; or (iii) may be created or obtained by computing or manufacturing effort. Virtual Currency shall not be construed to include any of the following:

(1) digital units that (i) are used solely within online gaming platforms, (ii) have no market or application outside of those gaming platforms, (iii) cannot be converted into, or redeemed for, Fiat Currency or Virtual Currency, and (iv) may or may not be redeemable for real-world goods, services, discounts, or purchases.

29. There are numerous definitional sources. A primary one relied upon herein is The Financial Action Task Force (FATF), Virtual Currencies: Key Definitions and Potential AML/CFT Risks, Jun. 2014, http://www.fatf-gafi.org/media/fatf/documents/reports/Virtual-currency-keydefinitions-and-potential-aml-cft.pdf

30. Id.

31. Investopedia defines cryptocurrency as "a digital or virtual currency that uses cryptography for security." http://www.investopedia.com/terms/c/cryptocurrency.asp. The European Union Agency for Network and Information Security (ENISA) defines cryptocurrency as "a math-based, decentralised convertible virtual currency that is protected by cryptography, i.e., it incorporates principles of cryptography to implement a distributed, decentralised, secure information economy." ENISA Opinion Paper on Cryptocurrencies in the EU, Sept. 2017, www.enisa.europa.eu

32. Andrew Wagner, Digital vs. Virtual Currencies, Bitcoin Magazine, Aug. 22, 2014, https://www.google.com/search?q= Andrew+Wagner, +Digital+vs.+Virtual+Currencies+(Aug.+22,+2014)+BITCOIN+MAGA ZINE,&rls=com.microsoft:en-US&ie=UTF-8&oe=UTF-8&startIndex= &startPage=1&gws_rd=ssl

33. This segment relies heavily on the comments made by the latest update by the European Central Bank on Virtual Currencies. European Central Bank, Virtual currency schemes – a further analysis, Feb. 15, 2015, https://www.ecb.europa.eu/pub/pdf/other/virtualcurrencyschemesen.pdf

34. Vinay Gupta, A Brief History of Blockchain, Harvard Business Review, Feb. 28, 2017, https://hbr.org/2017/02/a-brief-history-of-blockchain

35. Becky Peterson, Disney built a blockchain, and now its creators are trying to turn it into a commercial platform to compete with Ethereum, Markets Business Insider, Oct. 1, 2017, http://markets.businessinsider.com/currencies/news/disney-blockchain-creators-build-commercial-platformon-dragonchain-with-ico-2017-9-1002909421

36. What is Bitcoin Mining? https://www.bitcoinmining.com See, also, Mining, Blockchain, https://www.blockchaintechnews.com/topics/mining/

37. For a list of companies facilitating Bitcoin transactions, see Sofia, 22 Bitcoin Companies Allowing Merchants to Accept Payments in Cryptocurrency, Let's Talk Payments, Mar. 11, 2016, https://letstalkpayments.com/22-bitcoin-companies-allowing-merchants-to-accept-payments-in-cryptocurrency/

38. There are many sites stating the uses and users of blockchain including the following: Blockchain Technologies, Blockchain Applications: What are Blockchain Technology Applications and Use Cases?, http://www.blockchaintechnologies.com and Andrew Meola, The growing list of applications and use cases of blockchain technology in business & life, Business Insider, Sept. 28, 2017, http://www.businessinsider.com/blockchaintechnology-applications-use-cases-2017-9

39. Understanding How a Cryptocurrency Wallet Works, Crytocurrency Facts, http://cryptocurrencyfacts.com/what-is-a-cryptocurrency-wallet/

40. Stan Higgins, NiceHash CEO Confirms Bitcoin Theft Worth $78

Million, Dec. 7, 2017, Coindesk, https://www.coindesk.com/nicehash-ceoconfirms-bitcoin-theft-worth-78-million/

41. Samantha Bomkamp, CBOE, CME to jump into bitcoin futures trading, Chicago Tribune, Dec. 1, 2017, http://www.chicagotribune.com/business/ct-biz-cboe-cme-bitcoin-20171201-story.html

42. Lucinda Shen. Bitcoin Just Surged on Futures Trading. Here's How That Actually Works, Fortune, Dec. 11, 2017, http://fortune.com/2017/12/11/bitcoin-surge-futures-cboe-cme-price/

43. Oliver Dale, Best Cryptocurrency Exchanges for Beginners, Dec. 9, 2017, https://blockonomi.com/cryptocurrency-exchanges/ Additional discussions of cryptocurrencies exchanges include: Nitin Thappar, Top 9 Cryptocurrency Platforms, Quora, https://www.quora.com/What-is-the-best-cryptocurrency-trading-platform

44. U.S. FBI Honolulu, FBI Warns Public About Platform Trading Investment Scams, Honolulu Media Office, Jan. 5, 2015, https://www.fbi.gov/contact-us/field-offices/honolulu/news/press-releases/fbi-warns-public-about-platform-trading-investment-scams

45. Overlooked and underserved, The Economist, Sept. 9, 2017, at 57–58.

46. U.S. Commodity Futures Trading Commission, A CFTC Primer on Virtual Currencies, p. 5, LabCFTC, http://www.cftc.gov/idc/groups/public/documents/file/labcftc_primercurrencies100417.pdf

47. Volatility may be extreme as illustrated by the geometric rise in the price of Bitcoin which then fell by one-third in trading on December 22, 2017, with an estimated loss of some $200 billion or 45 percent of value. Frank Chung, Bitcoin loses nearly half its value in $200 billion wipeout, NZ Herald, Dec. 23, 2017, http://www.nzherald.co.nz/business/news/article.cfm?c_id=3&objectid=11965200

48. Id. and Peter Frank, Bruno Lopes, and Adam Taplinger, The Pros and Cons of Digital Currencies, TMI, Aug. 2014, https://www.treasury-management.com/article/1/310/2570/the-pros-and-cons-of-digital

currencies.html. One individual suffered a loss of millions of dollars of Bitcoin to a hacker who convinced T-Mobile that he was the customer and through the use of the individual's phone number that was transferred to another number thereby enabled the hacking and the loss of bitcoins, Mark Frauenfelder, How One Guy Lost Millions of Dollars of Bitcoin to a Hacker, Boing Boing, Dec. 20, 2016, https://boingboing.net/2016/12/20/how-one-guy-lost-millions-of-d.html

49. LabCFTC, supra note 46.

50. USDT (tether) is a cryptocurrency asset that is issued on the Bitcoin blockchain, each unit of which is secured by a U.S. dollar held by Tether Limited Reserves and redeemable through the Tether Platform. It is transferable and can be stored and spent like Bitcoin and other cryptocurrencies. Antonio Madeira, What is USDT and how to use it, Cryptocompare, Sept. 28, 2017, https://www.cryptocompare.com/coins/guides/what-is-usdt-and-how-to-use-it

51. Tether Critical Announcement https://archive.fo/ZFDBf which was cited by Stan Higgins, Tether Claims $30 Million in U.S. Dollar Token Stolen, CoinDesk, Nov. 21, 2017, https://www.coindesk.com/tether-claims-30-million-stable-token-stolen-attacker/

52. U.S. Consumer Financial Protection Bureau, Risks to consumer posed by virtual currencies, Consumer Advisory. Aug. 2014, http://files.consumerfinance.gov/f/201408_cfpb_consumer-advisory_virtual-currencies.pdf

53. Lily Katz and Julie Verhage, Bitchin Exchange Sees Complaints Soar, Bloomberg, Aug. 30, 2017, https://www.bloomberg.com/news/articles/2017-08-30/Bitcoin-exchange-sees-complaints-soar-as-users-demandmoney

54. European Parliament, Virtual currencies: what are the risks and benefits? News (Jan. 26, 2016), http://www.europarl.europa.eu/news/en/headlines/economy/20160126STO11514/virtual-currencies-what-are-therisks-and-benefits

55. U.S. Office of the White House Press Secretary, President Donald J. Trump Announces Nomination of Jerome Powell to be Chairman of the Board of Governors of the Federal Reserve System, Nov. 2, 2017, https://www.whitehouse.gov/the-press-office/2017/11/02/president-donald-jtrump-announces-nomination-jerome-powell-be-chairman

56. Richard Leong, A Top Fed official warns on the risks associated with Bitcoin and other digital currencies, Reuters, Mar. 3, 2017, http://www.businessinsider.com/jerome-powell-warns-on-risks-of-Bitcoin-and-other-digitalcurrencies-2017-3 and Pymnts. Fedcral Reserve Warns n Digital Currency Mar. 6, 2017, https://www.pymnts.com/news/Bitcoin-tracker/2017/federal-reserve-warns-on-digital-currency/

57. U.S. Government Services Administration, Blockchain, https://www.gsa.gov/technology/government-it-initiatives/emerging-citizen-technology/blockchain

58. U.S. Securities and Exchange Commission, Investor Bulletin: Initial Coin Offerings, Jul. 25, 2017, https://www.sec.gov/oiea/investor-alerts-andbulletins/ib_coinofferings

59. U.S. Securities and Exchange Commission, Investor Alert: Public Companies Making ICO-Related Claims, Aug. 28, 2017, https://www.sec.gov/oiea/investor-alerts-and-bulletins/ia_icorelatedclaims

60. European Union, General Data Protection Regulation, Regulation (EU), 2016/679.

61. European Union Agency For Network and Information Security, ENISA Opinion Paper on Cryptocurrencies in the EU, Sept. 2017, https://www.enisa.europa.eu/publications/enisa-position-papers-and-opinions/enisa-opinion-paper-on-cryptocurrencies-in-the-eu

62. Ceri Parker, Robert Shiller, Bitcoin is just an 'interesting experiment', Jan. 25, 2018, World Economic Forum, https://www.weforum.org/agenda/2018/01/robert-shiller-bitcoin-is-just-an-interesting-experiment/

63. Bloomberg, Stiglitz and Shiller Slam Bitcoin, Dec. 3, 2017, Wealthadvisor, https://www.thewealthadvisor.com/article/stiglitz-and-shillerslam -bitcoin

— 2 —

암호화폐 기반 기술과
암호화폐 종류

블록체인 기술

전자적 분산원장기술인 블록체인은 디지털 통화의 기반이 되며 비트코인의 기초 기술이자 현재도 다른 암호화폐의 토대를 이루고 있다. 연방준비제도이사회^{FED}는 한 사설에서 블록체인을 "개인 간 네트워킹, 분산형 데이터 스토리지, 암호화를 포함하는 구성 요소의 조합으로, 무엇보다도 디지털 자산의 저장과 기록, 전송이 이뤄지는 방식을 잠재적으로 변경할 수 있다"고 정의했다.[1] 블록체인은 컴퓨터 네트워크의 다양한 참여자가 관리하는 주식 원장과 비슷하다. 블록체인은 원장(또는 명부)의 트랜잭션을 처리하고 확인하고자 암호화 기술을 사용하고, 이로써 블록체인 이용자의 입력 사항은 안전하며 도난으로부터 자유로움을 보장한다. "암호화^{cryptography}란 데이터 변환을 기반하는 수학의 일종으로 기밀성, 데이터 무결성, 인증, 권한검증 그리고 부인방지와 같은 여러 보안 서비스를 제공하는 데 이용될 수 있다. 암호화는 알고리즘^{algorithm}(또는 암호화 방법론)과 키^{Key}라는 두 가지 기본적 구성 요소에 의존한다. 알고리즘은 수학 함수이고 키는 변환에 사용되는 매개변수다."[2]

한편 블록체인 즉, 분산원장기술[DLT]을 비교적 잘 정의한 또 다른 견해는 이러하다. "엄밀히 말해 분산원장이란 네트워크에 존재하는 여러 노드에 의해 공유되는 일종의 데이터베이스다. DLT에서 말하는 노드[nodes]란 데이터베이스 기록을 집합적으로 유지 관리하는 DLT 소프트웨어의 실행 장치다. 이러한 설계 속에서 노드는 정보를 공유하고 유효성을 확인하기 위해 상호 연결된다."[3] 블록체인은 "희소성을 가진[scarce] 객체들의 이전을 기록하는 데이터 구조다…. 이제 희소성을 가진 모든 것들은 블록체인으로 말미암아 프로그래밍될 수 있다…. 현금, 물품, 통화, 주식, 채권 등이 탈바꿈되고 있다."[4] 블록체인은 애초에 그 설계대로 탈중앙화될 뿐만 아니라 체인으로 서로 연결된 블록을 통해 즉, 연대기 순으로 트랜잭션 데이터를 저장하고 있는 일련의 완성된 블록을 통해 변경 사항을 데이터베이스에 추가한다. 이 기술의 이용자들은 트랜잭션 사본을 자동으로 받게 된다. 각각의 블록에는 역전될 수 없는 일방향[one-way] 디지털 지문인 해시[hash], 타임스탬프, 출력[outputs] 세트에 대한 입력[inputs]이 담겨 있다. 이전 블록 해시는 블록들을 서로 연결하기 때문에 블록이 변경되는 것을 방지하고 블록 간의 연결성을 실질적으로 향상시킨다.[5]

암호화폐 모습을 띤 DLT는 폐쇄된 네트워크 환경에서 해당 기술을 활용하는 은행 시스템과는 대조적으로 주로 정부 허가 없이 운영되는 개방형 시스템이다. 따라서 당사자들은 제삼자를 고려하지 않아도 되므로 비용을 줄일 수 있고 거래 출처와 금액, 트랜잭션의 목적에 대한 확실성을 가지며 트랜잭션이 변경되지 않으리라 확신하고 그러한 모든 트랜잭션이 최종적이고 되돌릴 수 없다는 사실을 인지한다.[6] 블록체인은 다양한 유형의 암호화폐의 그 특정한 용도에 맞게 여러 변형된 형태로 존재할 수 있다.

블록체인의 역사(본래는 "블록 체인"이라고 표기했다)는 블록체인의 기반을 형성하는 기술적 측면에 관한 견해가 분분해 다소 명확하지는 않다. 이를

테면 비트코인 블록체인의 간략한 역사를 설명한 글이 있는가 하면,[7] 투자자 관점의 블록체인의 역사,[8] 상표에 관한 블록체인의 역사,[9] 심지어 율리우스 카이사르Julius Caesar와 로마 이전의 그리스인에게까지 거슬러 올라가며 암호학의 역사를 기술하는 글도 있다.[10] 비록 현재의 암호화폐 열기가 비트코인에서 발현했다 해도, 기술의 진보란 앞선 것들의 기초 위에 세워져 가는 것이 아닌가. 위키피디아에 따르면 암호화로 담보된 블록들의 체인이라는 최초의 개념은 1991년 스튜어트 하버Stuart Haber와 W. 스콧 스토네타W. Scott Stornetta의 논문에서 등장했다.[11] 하버와 스토네타는 복사와 변경이 쉬운 디지털 문서의 보안에 대해 고심해온 터였다. 이들은 "일방향 해시값에 대한 비순환 그래프에 유도된 위치에 따라 이름을 지정함으로써 모든 비트 열에 대해 암호로 검증이 가능한 레이블"을 제안했다. 해당 논문에 좀 더 자세한 내용이 설명돼 있듯이, 전송의 보안성을 증명해낸 것이다.[12]

이로부터 17년 후인 2008년, 비트코인과 이의 기반이 되는 블록체인은 사토시 나카모토Satoshi Nakamoto라는 필명을 쓰는 인물이 쓴 백서를 통해 대중에게 소개됐다. 그 후 정보력이 있건 없건 상관없이 투자자들이 유명 암호화폐에 엄청난 돈을 쏟아붓는 광적인 행위가 일어났고 시장의 지배력을 점하려는 수많은 시도가 있었다. 「하버드 비즈니스 리뷰」의 한 논문은 가히 혁신적이라 할 블록체인 사건 5가지를 선정했다. 바로 (1) 비트코인의 시작 (2) 블록체인 (3) 이더리움 블록체인의 발전으로 생겨난 "스마트 컨트랙트" (4) "지분증명proof of stake" 및 제삼자 데이터 센터를 위협하는 "보안증명proof of security" (5) 트랜잭션 처리를 가속화하는 "블록체인 스케일링scaling"[13]이 그것이다.

「월스트리트 저널」도 블록체인의 파급 효과를 강조하는 논평을 내고 블록체인의 중요성과 이러한 놀라운 변혁이 일어나고 있는 까닭을 인터넷의 등장에 비교해 가며 일목요연하게 설명했다. 실리콘밸리의 벤처 투자자들로부터 1억 1,500만 달러의 종잣돈을 투자받아 21.co를 공동 설립한 발라지 스리니바산Balaji Srinivasan은 인터뷰에서 블록체인은 "프로그래밍 가능한 희소재화" 즉, 현금, 원자재, 주식 및 채권을 포함해 지금까지 희소성 있는 모든 것에 대한 프로그래밍이 가능하다고 지적했다. 블록체인은 돈을 다루는 방식에 커다란 변화를 가져올 것이다. 은행과 정부 등 제삼의 중개자와 관리자 중 상당 부분이 사라진다면 사회의 모든 부문에서는 블록체인 혁신 기술에 내재된 국가 초월적 특성으로 말미암아 비트코인과 블록체인이 가져온 초창기 충격을 훨씬 넘어서는 주된 조정이 발생하게 될 것이다.[14] 어떤 논객들은 블록체인이야말로 기존 비즈니스 모델을 공격하는 "파괴적" 기술이 아니라, 비즈니스가 성취되는 방식에 완전한 혁명을 일으킬 "기반"이라고 평했다. 기업이 벌써 이러한 절차에 나섰다 해도, 조정과 학습 평가, 채택을 위한 과도기는 아마 수십 년 동안 지속될지 모른다.[15] '롱 아일랜드 아이스 티Long Island Ice Tea Corp.'에서 '롱 블록체인 코퍼레이션Long Blockchain Corporation'으로 사명을 변경하자, 이 차茶 회사의 주가를 약 200% 상승시킨 고객들의 비이성적 행동은 블록체인과 비트코인에 관한 홍보라는 부수물에 관심이 집중된 것이었다.[16]

비트코인과 기타 유사 암호화폐가 지닌 문제는 비트코인 채굴에 필요한 전력 사용량에 있다. 특히 여기에 이더리움을 포함시키게 되면 코스타리카나 요르단, 아이슬란드 같은 여러 국가의 총 전력 수요와 출력을 초과하게 된다. 이더리움은 현재 캐스퍼Caspar라 칭한 에너지 효율적 "지분증명" 알고리즘을 통해 이 같은 문제를 해결하고 있다. 다수의 기업공개IPO 스타트업은 비트코인 및 이더리움 등의 지배적 플랫폼에 비해 훨씬 더 효율적인 플랫폼의 중요성을 강조해왔다.[17] 그러므로 채굴용 컴퓨팅 파워를 훔치려고 사이버보안을 뚫는 해커들이 존재한다는 것은 필연에 가깝다. 웹사이트 쇼타임 애니타임Showtime Anytime이 모네로Monero와 그 밖의 비트코인과 유사한 암호화폐를 채굴하려고 방문자의 컴퓨터를 비밀리에 장악하도록 해킹 도

구를 갖추고 있었다는 사실이 한 감시자에 의해 처음 밝혀졌다.[18]

블록체인 기술의 종류

비트코인은 블록체인이 활용된 모습 가운데 하나로 고유한 플랫폼을 채택하고 있다. 블록체인 기술은 크게 프라이빗private, 하이브리드hybrid, 퍼블릭public 이 세 가지로 유형화할 수 있다. 금융기관이 선호하는 프라이빗 블록체인 또는 허가형permissioned 원장은 감사, 규제 준수, 회사나 기관의 요구 사항 등 다양한 목적에서 한 조직의 유일한 통제하에 내부적으로 사용된다. 외부 공격으로부터의 보안, 저렴한 비용, 오직 데이터 접근 가능자에 의해서만 이뤄지는 통제를 장점으로 하며, 내부 기록의 보관에 좀 더 효율적이다. 퍼블릭 블록체인 또는 무허가형permissionless 원장은 오픈소스이므로 누구에게나 접근이 허락되며 누구라도 블록을 블록체인에 추가할 수 있다. 또한 이용자는 트랜잭션의 유효성을 검사할 수 있다. 특히 비트코인과 같은 분산형에서는 이용자의 익명이 유지되는 것은 물론 해킹과 기타 불법 행위에서도 안전하다. 폐쇄된 환경에서 서로 통신하는 은행은 컨소시엄Consortium 블록체인의 전형적인 예다. 연합federated 또는 하이브리드 블록체인은 회사 내부에서의 활용을 넘어서 그 이용 범위가 좀 더 확장되지만, 지정된 사람만이 접근 가능하므로 이러한 점에서는 퍼블릭 블록체인보다 제한적이라고 할 수 있다.[19]

블록체인 기술의 활용

블록체인 기술은 광범위한 활용이 예상되는 잠재력이 있다. 가상화폐를 규제하고자 제안된 미국의 하와이 법안에는 다음과 같은 활용 사례가 일부 포함돼 있다.

1. **신원 및 접근 관리**: 고급 암호화 기술 및 블록체인을 이용한 디지털 신분의 검증과 신원증명에 활용될 수 있다. 운전면허증, 세금 납부, 투표와 전자정부 서비스 이용시 신원 확인에 실제 활용가능하다.

2. **헬스 케어**: 의료 기록에 관한 환자의 권리를 획기적으로 확보, IoT 의료기기용 블록체인 기술의 활용, 인증을 통한 헬스 케어 제공자의 책임성 제고 및 기록 보관에 용이하다.

3. **법률 관련**: 추적, 식별, 인증, 재판 기록 보존, 규제 및 자금세탁 방지 컴플라이언스, 계약, 대출, 부동산 소유권, 담보대출, 기록물에 활용된다. 블록체인 기술로 검증되고 기록된 "스마트 컨트랙트smart contracts"가 기록을 변경할 수 없도록 하며 이용자에게 투명성을 부여한다.

4. **금융 서비스**: 블록체인 기술은 이미 지급 결제, 자본 시장 및 무역 금융을 위한 금융 서비스 산업에서 널리 활용되고 있으며, 간접비와 중개 수수료, 서비스에서 지출되는 수십억 달러를 감축할 태세를 갖추고 있다.

5. **제조업**: 제품과 서비스의 출처에 대한 책임과 투명성을 제공하는 데 블록체인을 활용하면 모조품을 줄일 수 있고 지역 비즈니스의 경쟁력을 향상시킬 수 있을 뿐만 아니라 공급망 관리에도 유용하다.

6. **관광**: 비트코인 같은 디지털 화폐는 특히 하와이 같은 여행지에서 광범위한 혜택을 제공한다. 가상화폐로써 비트코인 사용을 확대하고 있는 아시아 지역은 하와이의 관광 시장의 상당 부분을 형성한다. 하와이와 그 밖의 주는 방문객이 지역 특산품과 서비스를 더욱 쉽게 소비하도록 만들고 관광 경제를 추진하게 할 블록체인 기술 사용을 탐구하기 위한 독창적인 기회를 갖는다.[20]

7. **정부**: 투표, 세금, 입법, 규제 감독에서 활용할 수 있다.

8. **기업**: 주주 명부 관리, 규제 준수에 활용할 수 있다.

9. 그 밖에 주식 거래 청산과 결제, 감사^{audit} 추적, 정부와 산업의 기록물 보안, 운송 서비스(데이터 수집, 보험, 컴플라이언스 감사를 위해 UPS사^社가 운수협회의 블록체인에 가입한 예),[21] 자본시장(크레디트 스위스^{Credit Suisse}가 자본시장과 기업 금융에 사용하고 있음), 보안 등의 영역에 활용 가능하다. 이러한 활용 분야는 기술력 향상에 따라 점차 더 잘 알려지게 될 것이고, 이용자들이 새로운 기술을 배우고 적응함에 따라 확산될 것이다.[22]

은행과 블록체인 기술

암호화폐와 블록체인 기술이 대다수 은행의 기능과 수익의 구심점을 대체하게 될 것이라는 두려움이 타당한 근거와 함께 표출된 이후, 은행은 이 필연적 혁신에 적응 중인 것 같다. 프랑스의 두 개 은행인 BNP 파리바^{BNP Paribas}와 소시에테 제네랄^{Société Générale}, 미국 시티은행^{Citibank}, 스위스 투자은행 UBS, 영국 바클레이^{Barclays}와 스탠다드차타드^{Standard Chartered Bank}, 골드만삭스^{Goldman Sachs} 그리고 스페인 산탄데르 은행^{Banco Santander}은 비트코인과 DLT에 관심을 표명해왔다. 국제적으로 운영되고 있는 이들 은행은 모두 블록체인 기술이 상당한 비용 절감을 가져오고 해킹에 관한 보안도 강화하는 등 여러 장점을 제공한다고 판단했다.[23]

암호화폐의 유형

비트코인

비트코인은 세계적인 주목을 받고 있는 가장 유명한 암호화폐로 꼽는다. 비록 비트코인이 엄청난 홍보 효과를 거둬들였고 암호화폐 중 그 규모가 가장 크다고는 하지만, 그럼에도 현재는 경쟁력과 다양한 대안적 상품을 겸비한 1,000여 개 이상의 화폐가 등장해 비트코인과는 차별화된 서비스를 제공하고 있다. 제트캐쉬ZCash, 이더리움Ethereum, 리플Ripple, 라이트코인Litecoin, 대시Dash, 모네로Monero, 하이퍼레저 패브릭Hyperledger Fabric, 인텔 소투스Intel Sawtooth, 코다Corda 등이 있다.[24]

비트코인 작동 방식

비트코인은 사토시 나카모토라는 가명을 사용하는 1인, 혹은 그 이상의 인물들의 창작물이다.[25] 미국 닉슨 대통령 시대에 워터게이트 사건을 폭로한 인물인 "딥 스로트Deep Throat"가 누구인지 억측이 난무했을 때 훗날 그가 FBI의 마크 펠트Mark Felt 부국장으로 밝혀졌던 것처럼, 이에 비견될 만한 추측이 현재 사토시 나카모토의 신원 밝히기에 집중되고 있다. 그중에서도 "스마트 컨트랙트"라는 표현을 처음으로 사용한 닉 자보Nick Szabo가 그 인물일 것이라는 소문이 퍼졌다. 이는 그의 박식함과 법률적 배경, 비트코인·블록체인·이더리움 관련 강의 경력, 경제와 사회 영역에서 정부 간섭에 반감을 가진 것으로 유명한 프리드리히 하이에크Friedrich Hayek와 아인 랜드Ayn Rand의 저서에서 기인한 것으로 추측되는 그의 강연에 근거한 것이었다.[26] 점차적으로 비트코인과 그 밖의 암호화폐는 상품과 서비스에 대한 가상의 법정통화로 받아들여지고 있다. 두바이의 새 아파트를 사려는 예비 구매자는 원룸 또는 침실형 아파트를 각각 30 BTC 혹은 50 BTC로 구입할 수 있었던 것으로 보고됐다(2017년 9월 초 50 BTC는 약 242,000달러였다).[27] 비트코인은 공개 키에 의해 식별되는 "디지털 지갑"에 비트코인을 보관할 수 있는 프로토콜을 가진 분산형 가상화폐로, 트랜잭션을 감독하거나 간섭하는 중앙 당국이나 은행과 같은 제삼자 없이 한 사람으로부터 다른 사람에게 익명으로 전송될 수 있다. 이것의 가치는 중앙 은행, 금융기관 또는 정부기관과 같은 외부 세력에 의해 간섭받지 않고 사용자의 결정에 기초한다. 비트코인은 다른 상품으로 교환할 수 없고 물리적인 형태가 없다. 또한 비트코인은 예금자 보험과 같은 정부의 지원도 전혀 받지 못하는데, 다른 나라도 그러하겠지만 미국은 보험에 가입된 은행의 예금자에게 계좌당 25만 달러까지 보험금을 지급한다.[28]

비트코인의 트랜잭션은 인터넷을 통해 수행되며 암호학의 원리를 기초로 한다. 각각의 비트코인과 개별 이용자는 고유한 ID로 암호화된다. 각각의 트랜잭션 시간과 그 금액은 비트코인 주소와 함께 분산된 블록체인 원장에 영구적으로 기록돼 네트워크에 연결된 모든 컴퓨터에서 볼 수 있지만, 당사자에 대한 어떠한 개인정보도 공개되진 않는다. 각각의 비트코인은 소수점 이하 8자리까지 분할되므로 광범위한 사용이 가능하다. 트랜잭션은 취소할 수 없으며 암호화를 이용해 부당한 침입을 방지할 수 있다. 이용자가 비트코인을 수신자에게 전송하려면 이용자는 비트코인 주소를 제공하고, 개인 키를 사용해 트랜잭션을 승인해야 한다. 개인 키는 64개의 임의의 순서를 가진 문자와 숫자로 이뤄지며, 디지털 지갑을 잠금 해제할 수 있다.[29] 만든 이가 설정한 대로 비트코인은 매 10분마다 발행되며, 이러한 발행은 총 2,100만 개의 비트코인이 보급될 때까지 계속된다. 현재까지 대략 1,200만 비트코인이 발행됐다(2018년 초). 이렇게 비트코인의 제한된 공급량과 수요 및 공급에 근거한 가치의 결정은 비트코인에 대한 광란의 금융 행위를 하게 만든 요인을 어느 정도 제공했다.

채굴

비트코인을 획득하는 방법에는 세 가지가 있다. (1) 합법적으로 등록된 거래소 이용 (2) 새로운 비트코인 채굴 (3) 상품 및 서비스와 비트코인을 교환하는 방식이 그러하다. 채굴이란 블록체인으로 알려진 바, 과거 트랜잭션을 기록한 공개 비트코인 원장에 검증이 완료된 트랜잭션 기록(새로운 블록)을 추가하는 과정으로 정의된다. 채굴은 성공적인 노력의 대가로 새롭게 채굴된 비트코인과 거래 수수료가 보상("블록 보상")으로 주어지기 때문에 이런 보상을 받기 위해 누구든지 홀로 또는 전 세계 사람들과 함께 컴퓨터(수학) 문제를 풀게 된다는 독특한 암호학 개념을 가진다. 보상은 2009년 50 BTC에서 시작해 2,100만 개의 BTC가 채굴될 때마다 1/2(현재 25 BTC)씩* 감소한다. 총 2,100만 BTC가 발행되는 즉시 블록 보상은 종료된다. 공개 원장은 위변조를 방지하고 제삼자가 트랜잭션을 감독할 필요를 없앤다는 점에서 중요하다.

작업증명은 난스^{nonce}라고 하는 임의의 숫자를 찾아내는 채굴자와 관련이 있다. 난스는 현재 블록에 삽입하는 경우 해시를 현재 목푯값 아래로 떨어뜨린다. 난스를 찾으면 이를 네트워크로 보내고 다른 채굴자들로 하여금 블록을 해싱하고 결과를 검증하게 함으로써 작업증명을 점검한다.[30] 채굴은 블록 헤더의 SHA-256 해시가 목푯값보다 낮거나 같아야 한다는 요구 조건을 충족시켜야 하기 때문에 달성하기가 매우 까다롭다. 해시는 특정 개수의 0에서 시작해야 하며 성공하려면 여러 차례 시도가 필요하다. 난이도는 인플레이션을 막기 위한 명백한 의도를 가진 것이다. 더 많은 채굴자들이 참여하면 할수록 블록이 생성되는 속도를 줄이려고 블록 생성 속도의 난이도가 올라가는 것은 물론 보상의 난이도 역시 증가한다. 이와 같은 조정은 매 2,016개의 블록마다 또는 약 2주마다 이뤄진다.[31]

새로운 블록을 하나 찾으려면 작은 국가를 운영할 수 있을 정도의 전력이 필요하다는 계산이 나온다. 채굴은 이용자가 문제를 풀 수 있는 장비를 보유한다거나 필요 전력을 타인과 공유하고자 연합할 때 성공적으로 수행될 수 있다.[32] CPU(중앙처리장치)를 사용한 채굴은 범용 프로세서를 사용하기

---

* 2012년 11월 블록당 보상은 25 BTC였으며, 2016년 7월에 블록당 보상이 12.5 BTC로 감소했다. 2020년 블록 개수가 63만 개가 되는 시점 블록당 보상이 6.25 BTC로 감소할 것으로 예상된다. - 옮긴이

때문에 비효율적인 반면, GPU(그래픽처리장치)는 해싱 파워를 더 많이 제공하는 특수 처리 장치이므로 이용자들이 더욱 선호하며 채굴에도 훨씬 적합하다.[33] 근래에 개발자corders는 채굴을 위해 ASIC Application Specific Integrated Circuits으로 전환했다. ASIC은 훨씬 더 빠르고 특정 목적을 위해 설계됐으며 저비용으로 전기에 접근할 수 있는 열 제어 데이터 센터에 자리 잡는다.[34] 그 밖에 이용자가 프로그래밍할 수 있는 집적회로인 FPGA Field Programmable Gate Array도 대안이 될 수 있다. 그런데 FPGA를 이용한 채굴은 CPU 채굴보다는 개선됐지만, ASIC의 우수한 처리로 인해 현재는 더 이상 쓸모가 없게 됐다. 채굴에는 상당한 전력 비용이 들기 때문에 (예를 들어 아이슬란드 같은) 값싼 전력을 생산하는 국가의 사람들과 힘을 합치는 것도 또 하나의 대안이 되고 있다. 중국의 전력도 역시 값이 싼 대안적 자원이었지만, 중국 정부가 암호화폐 금지와 더불어 채굴용 전력 사용을 금지했다. 일부 채굴자들은 미국 워싱턴의 쉐란 카운티Chelan County의 저렴한 전력원에 관심을 보여왔다. 태양 에너지, 상온 핵융합 또는 기타 에너지 공급원의 개선과 혁신이 현재의 전력원을 대체할 수 있을지는 여전히 미지수다.

비록 블록체인의 사용과 이에 기초가 되는 암호화가 트랜잭션에서의 당사자의 익명성을 보호한다고는 하지만, 다음과 같이 정부가 이용자의 신원을 확인할 방법은 여전히 남아 있다. 가령 트랜잭션의 결과에 따른 거액의 법정화폐의 인출 및 예치금에 대한 트래킹tracking, 컴퓨터와 스마트폰 기록의 소환, 내부 고발, 백도어backdoor 기술 등이 그것이다. 기소와 소송의 몇 가지 예는 3장에서 논의한다.

금융에서 필연적으로 발생하는 고전적인 문제는 주식과 주택 가격 그리고 기타 자산 가격의 급격한 상승이 이와 동일하게 급격한 폭락으로 이어질지 여부다. 비트코인 가격의 극적인 상승은 "튤립 파동"[35]과 필연적으로 비교된다. 가장 최근의 가격 거품 사례는 10년 전 일어났다. 당시 미국 주택 시장은 미국의 특정 지역에서 주택 가격이 비약적으로 상승한 이후 급격히 하락한 것으로 나타났다. 2017년 10월 12일 SEC 투자자 자문위원회^{SEC Investor Advisory Committee} 회의에서 비트코인과 관련해 이러한 문제가 제기됐다.[36] 해당 위원들은 비트코인 가격이 이러한 역사적 사건과 유사한 길을 따라갈지 추측할 뿐이었다. 궁극적으로 비트코인은 2만 달러에 육박하는 허황된 수준으로 가격이 상승한 후에, 45%의 가치 하락이 뒤따랐고 이후 극적인 회복세를 보이지 못했다. 2018년에는 주요 경기 침체를 예언하는 무수한 회의론자들이 존재했다. 비트코인 광풍을 꽤나 영리하게 정리한 한 논객은, 투자자(고객)를 다음과 같이 분류했다. 정부가 통제하는 통화에 대한 도전으로 분산된 익명 화폐를 사용하고자 비트코인을 구매하는 '열광자들^{devotees}'과, 어떻게 가격이 극적으로 올랐는지 목도하면서 열광자들의 선례를 따라가는 '양^{sheep}'으로 말이다.[37] 대부분의 경제학자와 금융업자가 동의하는 바는 일반인이 가치가 급격히 상승한 특정 자산군에 투자하기 시작하면 그것이 주식이든 부동산이나 다른 자산이든 간에 상당한 손실이 발생할 수밖에 없다는 점이다. 비트코인 거래 방법에 관한 다이어그램은 부록 1에 설명돼 있다.

이더리움

비트코인은 은행과 같은 제삼자의 개입 없이도 교환이 가능하고 은행 규제를 받지 않는 디지털 머니 또는 화폐다. 이더리움 역시 블록체인을 기본 기술로 사용하는 암호화폐의 한 종류이지만, 그 용도는 훨씬 더 광범위하며 스마트 컨트랙트 같은 기타 분산된 애플리케이션을 이더리움상에서 구축할 수 있게 한다. 이더리움은 비트코인이 지닌 활용의 제한성을 강하게 비판함과 동시에 수많은 추가적 기능을 망라함으로써 블록체인의 기능을 확장하는 방법을 모색했던 캐나다 토론토 출신의 19세 프로그래머 비탈릭 부테린에 의해 탄생했다.[38] 다른 세 명의 멤버와 함께 이더리움을 공동으로 창립한 부테린은 주요 지지자인 가빈 우드Gavin Wood와 협력해 이더리움의 수학과 과학적 측면을 자세히 설명하는 논문을 발표했다. 우드는 이더리움이란 계좌의 잔고, 명성, 신뢰 조정, 컴퓨터에서 발생할 수 있는 거의 모든 것의 광범위한 스펙트럼을 포괄할 수 있는 "트랜잭션 기반의 상태 머신state machine"이라고 설명했다. "이더리움은 모든 트랜잭션 기반의 상태 머신 개념이 만들어질 수 있도록 이 기술을 일반화하려는 프로젝트다. 나아가 이더리움은 지금껏 주류에 끼지 못했던 컴퓨팅 패러다임인 신뢰 가능한 객체 메시징 컴퓨팅 프레임워크에 관한 소프트웨어를 구축하고자 긴밀하게 통합된 엔드 투 엔드end-to-end 시스템을 최종 개발자에게 제공하는 것을 목표로 하고 있다."[39]

이더리움은 이더리움기업연합EEA, Enterprise Ethereum Alliance으로 알려진 지원 체계를 갖추고 있다. 자사 웹사이트에 따르면 EEA는 「포춘(Fortune)」이 선정한 500대 기업, 스타트업, 학계 및 기술 벤더를 연결해 매우 복잡한 애플리케이션의 신속한 관리를 지원한다.[40] 비트코인과 이더리움은 혁명적인 디지털 애플리케이션이긴 하지만, 한 작가는 "비트코인이 통화에 지장을 준다면, 이더리움은 형평성을 파괴한다"고 지적하기도 했다.[41] 또 다른 작가는 미래의 애플리케이션은 부동산 거래에서 변호사나 에스크로escrow 대리인을 포함한 제삼자를 배제하지만 코드를 수단으로 하는 스마트 컨트랙트를 활용하면 주택의 소유권과 구입 자금이 자동적으로 이전될 수 있다고 상상했다. 우버Uber, 에어비앤비Airbnb, 이베이eBay 같은 다양한 모습의 금융 거래에서 제삼자를 제거하게 되면 참여자의 비용이 절감할 뿐만 아니라 속도, 통제, 담합의 제한 및 그 밖의 편익이 도출된다.[42]

비트코인과 이더리움의 비교

블록체인의 속성을 아우르기 위한 최초의 중대한 노력이 바로 비트코인에서 시작되긴 했지만, 비트코인은 그 범위와 규모의 측면에서 제한이 있다. 그런데 이더리움은 비트코인이 채워주지 못했던 필요를 채워주고 있다. 그 특성 중 일부를 비교해보자.

- 비트코인과 이더리움은 분산돼 있고(제삼자의 통제가 없고), 오픈소스이며, 양보 불가한 익명의 접근을 안전하게 제공한다.
- 비트코인이 결제 시스템인 반면, 이더리움은 훨씬 더 광범위한 애플리케이션을 확보하고 있다. 뿐만 아니라 이더리움 플랫폼은 스마트 컨트랙트를 실행하고 많은 다른 애플리케이션을 받아들인다.
- 비트코인의 블록 타임은 약 10분이고, 이더리움의 평균 블록 타임은 약 14초(2017년 12월 26일 기준 14.38초*)다.
- 둘은 "보상"에서 차이가 난다. 비트코인은 블록을 만드는 채굴자들에게 BTC(화폐 또는 금액의 단위)의 "블록 보상"을 제공한다. 초기의 보상은 10분당 50 BTC였지만 시간이 지나면서 절반으로 줄어든다(현재 25 BTC다**). 이더리움의 보상은 5 Ether(이더리움 플랫폼 작동을 위한 "연료"***)이며 시간이 경과해도 감소 없이 그대로 유지되고 삼촌 블록Uncle block 하나당 1/32을 더 보상한다(삼촌 블록은 현재의 블록에서 최대 여섯 블록 뒤에 부모 블록을 갖는 유효하지 않은 블록이다).[43]

---

* 2020년 1월 2일, 이더리움 블록체인의 920만 번째 블록에서 진행된 뮤어 빙하(Muir Glacier) 하드포크 이후 블록 평균 생성 시간이 12.96초 정도로 빨라졌다. - 옮긴이
** 비트코인의 채굴 보상 변동은 매 21만 블록이 생성될 때마다 1/2으로 줄어들게 프로그램돼, 현재 12.5 BTC가 보상된다. - 옮긴이
*** 2019년 3월 728만 번째 블록을 기준으로 콘스탄티노플(Constantinople) 하드포크가 이뤄졌다. 이더리움 가상머신의 성능을 높이고, 인플레이션에 대비하기 위한 것이었다. 이 하드포크를 통해 이더리움 채굴 보상은 3개에서 2개로 감소했다. - 옮긴이

- 비트코인은 C++ 컴퓨터 코드로 작성되고 이더리움은 튜링^{Turing} 완전성 내부 코드를 사용한다는 점에서 기본 프로토콜이 다르다.
- 비트코인 채굴은 비트코인의 특수 용도에 맞춰 제작된 특정한 집적회로인 ASIC에 의해 이뤄진다. 반면 이더리움은 스마트폰과 개인용 컴퓨터에서 볼 수 있는 GPU를 통해 채굴한다. GPU는 원래 컴퓨터 그래픽 계산에 사용됐으며 이미지 생성을 위한 특수 전자 회로다.
- 비트코인은 채굴로 처음 배포됐고, 이더리움은 ICO를 통해 배포됐다.
- 비트코인의 해시율은 1.8 Exahash(뛰어난 트랜잭션의 처리―작업증명)인 반면, 이더리움은 3 TeraHash(채굴 성과의 측정)이다.[44]
- 비트코인의 비용은 서로 간의 경쟁에 근거하는 반면, 이더리움의 비용은 각 계산 단계에서 사용되는 "가스^{gas}" 양에 기초하며 채굴자와 이용자 사이에 설정된다.[45]
- 비트코인은 정체가 불분명한 인물인 사토시 나카모토가, 이더리움은 비탈릭 부테린이 각각 창안했으며, 이더리움은 크라우드 펀딩(7장. '크라우드 펀딩과 가상화폐 과세'에서 설명한다)을 통해 자금을 조달했다.[46]

기타 변형된 암호화폐

라이트코인

라이트코인은 2011년 10월 7일 찰리 리^{Charlie Lee}가 만들었다. 리는 비트코인이 금이라면 라이트코인은 은이라고 주장하며, "좀 더 단출한 모양"의 비트코인을 만들 것을 목표로 했다. 라이트코인은 깃허브에 오픈소스로 공개돼 있으며, 더 저렴하고 일상화된 화폐 제공을 목적으로 한다. 라이트코인 웹사이트에 따르면[47] (2017년 12월 29일 다운로드 당시) 라이트코인의 시가총액은 5억 달러를 넘어섰다. 비트코인의 약 1/11 수준이었다. 또한 라이트코인의 코인 허용치는 840억 개인 반면 비트코인의 허용치는 210억 개다. 라이트코인의 알고리즘은 Scrypt(메모리 하드 키 파생 함수)이며 비트코인은 SHA-256이다. 라이트코인의 블록 보상은 매 84만 블록마다 절반씩 반감되며, 비트코인은 매 21만 블록마다 반감된다. 블록 타임은 비트코인의 1/4이다. 블록 타임은 비트코인의 1/4이다(2½분 대 10분). 라이트코인의 블록 탐색기는 block-explorer.com이며 비트코인 블록체인은 blockchain. infor이다. 비트코인과 마찬가지로 라이트코인의 가치 역시 어마어마하게 상승했다. 투자자 입장에서는 이 코인이 주요 버블을 일으켰던 수많은 기술주와 화폐와 같은 부류인지 의문을 제기할 수 있을 것이다. 라이트코인은 에너지 소비가 적어서 좀 더 많은 채굴자가 참여할 수 있다는 점을 주요 장점으로 꼽는다.[48]

아이오타

아이오타IOTA 웹사이트에 따르면[49] 아이오타는 확장이 가능하고, 탈중앙적이며, 모듈형이자, 수수료가 없다. 기업들은 오픈 마켓에서 무료로 거래되는 아이오타 서비스를 통해 신규 기업 간(B2B) 모델을 실시간으로 탐색할 수도 있다. 이들의 "자동화된 머신 경제Autonomous Machine Economy"는 수수료나 블록의 활용이 없이도 트랜잭션을 처리할 수 있으므로 디바이스는 정확한 수요만큼 리소스를 거래하고 센서sensors와 데이터 로거dataloggers의 데이터를 안전하게 저장할 수 있으며 원장을 검증할 수 있다. 세르게이 포포프Serguei Popov가 작성한 아이오타 백서에는 아이오타의 수학적 토대에 관한 논의가 담겨 있다. 여기서 포포프는 트랜잭션을 저장하기 위한 방향성 비순환 그래프인 "탱글Ttangle"이 아이오타의 주요 특징이라고 언급했다. 백서는 기계 대 기계의 소액 결제 시스템의 구축 기능을 제공하는 탱글로 인해서 블록체인은 다음 발전 단계에 이를 것이라고 주장한다.[50] 즉 "사물 인터넷" 말이다. 마이크로소프트와 빅4 회계법인 중 한곳인 프라이스워터하우스쿠퍼스Pricewaterhouse Coopers가 아이오타와 제휴했다는 사실 그리고 기타 주요 기업이 큰 규모의 투자를 단행했다는 사실이 아이오타의 주장에 신빙성을 더한다. 시가총액이 140억 달러에 달하는 아이오타는 전 세계에서 여섯 번째로 큰 암호화폐다.[51]

골렘

골렘Golem 역시 단일 장애 지점이 없이 확장 가능하고 분권화돼 있으며 안전하고 개발에 개방적일 뿐만 아니라 P2P 아키텍처를 사용해 수백만 개의 노드를 연결할 수 있다고 한다. 골렘 웹사이트에 따르면[52] 개발자들은 골렘 위에 자신들의 인테그레이션integration을 배치할 수 있고 개인용 노트북과 데이터 센터를 통해 적절한 수익 메커니즘을 구현할 수 있다. 이용자들은 자신의 컴퓨팅 능력을 "대여"하거나 소프트웨어를 개발하고 판매함으로써 수익을 창출할 수 있다. 골렘은 이더리움 기반의 트랜잭션 시스템을 이용해 제공자, 요청자, 소프트웨어 개발자 사이의 지불금을 청산한다. 골렘의 애플리케이션 및 트랜잭션 프레임워크는 누구든지 골렘의 네트워크상에 애플리케이션을 배치, 배포할 수 있게 돼 있다. 암호화폐계의 에어비앤비Airbnb, Inc.로 비견되는 골렘의 시가총액은 약 1억 1,300만 달러로 암호화폐 중 10번째로 가치가 높다. 골렘은 다른 암호화폐와 마찬가지로 그 가치가 극적으로 상승했다.[53]

리퀘스트 네트워크

「리퀘스트 네트워크(Request Network)」 백서에 따르면[54] 리퀘스트는 누구나 결제(리퀘스트 송장)를 요청할 수 있고, 안전한 방식으로 결제가 완료되도록 하는 분권형 네트워크다. 정보는 분산된 글로벌 인증 원장에 저장된다.

즉 화폐의 종류, 법률, 언어에 관계없이 모든 글로벌 거래를 지원하도록 설계됐다. 리퀘스트는 자신들이 광범위한 자동화 가능성을 허용하는 기존의 결제 메커니즘보다 더 저렴하고 안전하다고 주장한다. 이들은 세계 무역의 중추가 되길 원하며, 전산화된 무역 코드를 통합하는 거래소의 근원이 되고자 할 뿐만 아니라, 수많은 지급결제 조건을 관리하는 역할을 하고 싶어 한다. 리퀘스트는 Ethereum2의 상층에 존재하는 또 다른 레이어[layer]로서 기존 법률 체계의 테두리 안에서 지급 결제 요청을 허용한다. 백서에 따르면 리퀘스트는 은행과 달리 방해의 위험이 없는 보안을 제공하고, 수동 입력에서 오는 오류의 가능성 없이 한 번의 클릭만으로 결제를 간편하게 할 뿐만 아니라 1~7% 정도의 서비스 비용을 부과하는 페이팔[Paypal], 비트페이[Bitpay] 또는 스트라이프[Stripe] 같은 제삼자에 비해 저렴한 수수료를 부과한다는 점을 장점으로 꼽는다.[55] 리퀘스트의 ICO 당시 시가총액은 5,900만 달러였다. 리퀘스트는 지급 결제 및 부가가치세[VAT] 환급과 같은 회계 절차의 자동화, 블록체인을 통한 단순화된 컴플라이언스 감사, 에스크로 지급결제 또는 채권 매입업에 이용되는 도구들처럼 손쉽게 접근하기 위해 상업용 도구를 간소화하는 데 활용될 수 있다.[56]

대시

대시[Dash]는 다른 암호화폐와 마찬가지로 오픈소스의 P2P 암호화폐다. 대시는 기술에 대한 기초 지식이 부족한 이용자라도 디지털 현금을 쉽게 사용하고 이에 접근할 수 있게 하는 것을 목표로 한다. 누구나 클릭 한 번으로 블록체인에 계정을 만들고, 연락처를 추가하고, 웹사이트나 모바일 앱에서 구매 비용을 지불할 수 있다. 2017년 12월 21일 대시 코인의 가치는 불과 10달러에서 무려 1,531달러로 상승했다.[57] 초기에는 엑스코인[XCoin]이라고 불렀고 나중엔 다크코인[Darkcoin]이라 부르기도 했던 대시의 지배적인 특징은 대시를 결제에 이용한 상인들에게 상품 및 서비스에 대한 대금이 다른 암호화폐보다 훨씬 더 신속한 방법으로 지불될 수 있도록 한 것이다.

리플

이 책의 저술 당시(2018년 2월 17일) 리플Ripple의 시가총액은 약 470억 달러로 (2017년 12월 말에는 860억 달러) 업계 두 번째로 큰 암호화폐였다. 이더리움을 능가한 수치였다.[58] 제드 맥캘럽Jed McCaleb이 설계해 2013년 9월 출범한 리플은 현재 뱅크오브아메리카Bank of America, 산탄데르Santander, 아메리칸 익스프레스American Express 및 UBS 같은 여러 은행에서 결제 네트워크로 사용되고 있다. 리플 코드는 오픈소스가 아니며 리플이 단독으로 소유하고 있다.[59] 이용자 채굴을 통해 화폐를 획득하는 분권화된 비트코인과 달리, 리플은 자신들이 원하는 대로 화폐를 발행할 수 있도록 중앙집중화돼 있다. 즉 1,000억 개 리플(XRP)이 리플 재단을 통해 생성됐다. 리플은 확장 가능하고 안전하며 다른 네트워크를 상호 운용한다. 리플의 소프트웨어 솔루션인 xCurrent는 은행들이 엔드 투 엔드 추적을 통해 국가 간 결제를 즉시 해결할 수 있게 한다. 은행은 거래를 개시하기 전에 결제 세부 내역을 미리 확인하면서 실시간으로 메시지를 주고받은 다음 결제를 하고 전송을 확인한다. 리플은 유동성 비용 및 자본 요건을 최소화한다. 리플은 어떤 소프트웨어도 설치할 필요가 없다. 결제 현황의 투명성을 제공할 뿐만 아니라 전 세계로 지급금을 원활하게 전송할 수 있는 xVia의 단순 API 표준 인터페이스를 사용한다.[60] 2017년 12월 말 리플이 1년만에 30,000% 성장하자 리플 토큰의 최대 보유자이자 리플의 공동 설계자인 크리스 라슨Chris Larsen은 페이스북 CEO 마크 저커버그Mark Zuckerberg와 재정적 우위를 다투게 됐다.[61]

모네로

모네로^{Monero}는 "안전하고 사적이며 추적이 불가능하다"고 알려진 주요 암호화폐다. 모네로는 분권화돼 있으며 모든 사람이 접근 가능하고, 이용자 자신이 스스로 은행이 되는 것을 허용하고 있다. 또한 익명으로 계정을 생성하고 트랜잭션을 관리할 수 있으며 링 서명^{ring signatures}과 제삼자의 엿보기 방지를 위한 수단의 사용으로 안전할 뿐만 아니라 벤더나 거래소의 블랙리스트에 오를 수 없기 때문에 서로 대체해 사용할 수 있다. 모네로는 적법한 이익을 갖는 사람들 사이에서 이용되기도 하지만 다크넷^{darknet} 시장에서도 이용돼 왔다.[62]

디지털 토큰(암호 토큰)

최근 디지털 토큰은 일확천금의 광풍을 불러왔다. 스타트업은 코드 개발자가 개발 중인 기술에 자본을 모으려고 디지털 토큰을 사용하고 있다. 비트코인과 마찬가지로 토큰의 가치는 투자자가 부여한다. 토큰 구매자는 구매한 토큰의 가치가 실질적으로 상승할 것을 기대할 뿐만 아니라 자신의 투자로 생산돼 나오는 디지털 제품이 금전적인 이득을 가져올 것이라는 희망으로 디지털 기업에 자본을 공여하게 되므로 지금까지 수십억 달러를 스타트업을 위한 토큰 ICO에 투자했다.[63] 벤처 투자자들도 ICO를 통해 투자해오고 있긴 하지만 일반 투자자들은 훨씬 적은 금액으로도 토큰을 구매할 수 있으므로 이를 통틀어 보면 일반 투자자들의 투자금이 벤처 투자자들의 투자 금액에 필적할 뿐만 아니라 현재는 그 금액을 훨씬 넘어서고 있다. 이는 신규 스타트업이 사업 자금을 얻으려고 벤처 투자가들에게 의존했던 과거와는 달라진 점이다. 많은 ICO들은 투자자들이 금전적인 합 그 이상을 기여해주길 기대하고 있으며, 그들의 상품 개발에 도움을 줄 것을 희망하면서 투자자가 구매 가능한 토큰에 한도를 걸고 있다.[64] 일반적으로 ICO들은 미국의 증권거래위원회와 세무당국의 개입을 우려한 나머지 미국 국적 이외의 자들로 공모를 제한하고 있다. 대부분 ICO에서 토큰을 구매한 사람들은 미국 거주자나 그린카드 소지자가 아님을 진술하는 체크박스를 볼 수 있다.[65]

토큰은 부동산이나 유틸리티 등의 자산을 나타내거나 증권의 역할을 한다. 이들은 서로 대체가 가능하며 수입이나 보상을 제공할 수도 있다. 토큰을 제공하는 것으로 가장 잘 알려진 것은 이더리움이며, 비트코인은 코인을 제공한다. 일반적으로 토큰은 거래가 가능하고 주로 블록체인의 상단에 존재하기 때문에 기존 프로토콜이나 블록체인에 대한 수정은 필요하지 않다. 토큰은 ICO를 통해 생성된다. 이후 다오[DAO] 소송에서 이야기하겠지만, 토큰은 법 규정상 등록 및 준수가 요구되는 증권으로 간주될 수 있다.[66]

토큰의 유형

전 세계적으로 볼 때 IPO 모금 총액에 비해 ICO가 차지하는 비율은 극히 적다(2%). 그럼에도 2015년 적은 금액에서 출발한 ICO의 총 모금액은 2016년에는 약 9,630만 달러, 2017년에는 약 40억 달러를 달성했으며 2018년에는 180억 개의 신규 공모가 예상되는 등 기하급수적으로 팽창해 왔다.[67] 2018년 1월 19일 기준 1,453개의 암호화폐의 시가총액은 5,830억 달러로 비트코인의 지배력은 33.8%이다.[68]

전통적으로 IPO는 정보력이 높은 헤지펀드 투자자와 벤처 투자자 그리고 일정 비율의 회사 지분(주식 공유)에 투자할 상당한 자본력을 가진 자들에게 밀려났다. ICO는 상품이나 서비스를 제공하는 IPO와는 다르다. 소득과 자본이 적은 사람들조차 ICO를 통해 신흥 스타트업 회사에 대한 지분 구매에 참여할 수 있기 때문에 ICO는 점차 주류로 자리 잡아가고 있다. 실제로 비트코인과 그 밖의 암호화폐에 관한 학부생 수업에서 암호화폐 제공 회사에 투자한 적이 있다던 학생들의 반응에 놀라움을 금치 못했다. 수십 년 동안 강의했지만 결코 한 번도 경험해보지 못했던 일이다. ICO 투자는 블록체인 기반의 공모를 통해 토큰을 제공함으로써 이뤄진다. 말 그대로 거의 하룻밤 사이에 새로운 화폐 공모가 생성되고 자본이 조달되기 때문에 전통적인 공모가 규제에 부딪쳐 시간을 낭비하는 걸림돌을 피하게 해준다.

투자자들은 유틸리티 토큰에서부터 주식형 토큰 및 채무증권형 토큰, 암호화폐까지 여러 유형의 토큰을 구입할 수 있다. 이러한 토큰들은 여러 제품과 서비스에서 토큰 구매자에게 편익을 제공한다. 토큰은 종종 크라우드 펀딩에서 발생하는 경우가 많다(7장. '크라우드 펀딩과 가상화폐 과세'에서 논의한다). 토큰은 유통시장에서 타인에게 양도될 수 있으며, 1933과 그 이듬해 증권법에 따른 시간 제약의 대상이 되는 전통적인 벤처캐피털 투자 및 IPO와는 다르다. 일반적으로 ICO는 개념적이고 수학적인 알고리즘 전문 용어가 포함돼 있는 백서에서 회사가 설계한 개념에 따라 잠재적 투자자에게 코인이나 토큰을 사전 판매한다. 백서에는 일반적으로 임무, 추진 일정, 목표 예산 및 코인 판매 방식이 명시돼 있다. 예를 들어 이더리움의 암호화폐 토큰, 컴퓨팅 용량 판매로 얻은 골렘 토큰, 오디오 파일 디코딩을 위한 안리제Anryze 토큰의 활용, 거래소에서 판매되는 주식형 토큰 등에서 백서를 볼 수 있다.[69]

토큰 판매에 관한 훌륭한 백서로는 이더리움 및 트루비트TrueBit의 창립자와 수석 설계자가 작성한 이더리움의 토큰 공모 백서를 들 수 있다.[70] 그들은 이더리움 네트워크상에서 이더리움의 ERC20 토큰을 구매하려는 자들은 이더리움의 자체 통화와의 교환을 통해 토큰을 구매하는 것이 일반적이라고 설명했다. IPO의 증권 판매와는 달리 이러한 토큰은 초기의 시장 가치를 알 수 없기 때문에 구매자들은 토큰의 가치를 추정과 가능성에 의존할 수밖에 없다. 이더리움은 판매할 최대 또는 최소 토큰의 개수의 상한을 정한 상한 공모capped offerings와 잠재적으로 판매의 제한이 없는 비상한 공모uncapped offering를 진행한 바 있다. 그 밖에 토큰 판매의 유형으로는 숨겨진 상한hidden caps과 역더치 경매reverse Dutch auctions가 있다(더치 경매란 상당수 구매자가 구매에 동의할 때까지 초기의 높은 제안가提案價가 점차로 낮아지는 것을 말한다).

포크

다양한 유형의 디지털 화폐를 통합하는 것은 비트코인에 관한 대안이자 그 기반 기술인 블록체인에 관한 대안이다. 이러한 대안은 알트코인, 코인 또는 포크fork로 알려져 있다. 포크는 기본이 되는 블록체인 기술을 변형한 라이트코인, 네임코인Namecoin, 도지코인Dogecoin과 같이 하드포크와 소프트포크로 세분화할 수 있다. 암호화폐와 관련된 포크는 특정 화폐의 대안적 버전이 생성될 때 발생한다. 문제는 서로 다른 화폐의 버전이 존재하고(예를 들어 비트코인은 비트코인과 비트코인 캐시Bitcoin Cash로 분리된다) 이들 사이에 호환성 문제가 발생한다는 데 있다. 오픈소스이므로 표면상으로는 어떤 이용자라도 수정할 수 있다. 포크는 비트코인이 그러했듯이 호환이 가능한 버전으로 분열될 수 있는 기존의 특정한 블록체인에 의해 발생될 수 있다. 그렇지 않으면 좀 더 개선된 경우나 아예 다른 용도에 적용하려는 경우(라이트코인, 아이오타, 리플 등)처럼, 새로운 버전의 기술이 발생하는 때 포크가 일어날 수 있다. 하드포크는 암호화폐가 두 종류의 서로 다른 암호화폐로 분열될 때 발생한다. 일반적으로 이것은 새로 업그레이드된 노드가 생성한 블록을 업그레이드되지 않은 노드(블록체인 사본의 소유자)가 검증할 수 없기 때문에 일어난다. 반면 소프트포크는 이전 버전을 수정은 하지만 호환성은 유지하는 업데이트된 블록체인 버전의 분기를 의미한다.[71] 많은 코인은

SHA-256 알고리즘을 사용하며, 비트코인 역시 SHA-256을 사용했다. 반면 다수의 다른 코인들은 스크립트 알고리즘script algorithm을 사용하며 하이브리드 및 CPU 대체 암호화폐를 사용한다.

알트코인

알트코인Altcoins은 대안적 암호화폐이지만 비트코인과 호환되진 않는다. 일반적으로 비트코인과 동일한 해싱 알고리즘인 SHA-256을 사용해 비트코인을 모방하고 있다. 알트코인은 블록체인 기술을 기반으로 새로운 블록을 생성하고자 채굴 과정을 이용하는 P2P다. 이들은 비트코인에 대한 "하드포크"로 간주될 수 있으며, 종종 비트코인과는 다른 기능을 수행하거나 비트코인의 일부 요소를 개량함으로써 비트코인을 개선한 것이라고 주장하는 경우가 많다. 현재 비트코인의 대안으로 생겨난 수백 개의 알트코인("코드를 포크하는 것")과 가까운 미래에 제공될 수많은 ICO가 등장했다.[72] 이더리움, 도지코인, 페더코인Feathercoin, 피어코인Peercoin에서 보듯 알트코인은 블록 생성을 위한 컴퓨터 전력을 덜 사용함으로써 비트코인의 저렴한 대안이 되고자한다.[73] 주요 알트코인인 라이트코인은 비트코인과는 다른 해싱 알고리즘과 더 높은 화폐 단위를 사용한다. 이들은 "비트코인이 금이라면 라이트코인은 은"이라고 주장한다.[74] 그 밖에 네임코인Namecoin(도메인 등록 시스템), 도지코인, 모네로, 피어코인 등이 대안적 알트코인이다. 많은 종류의 소비재를 판매하는 유명 온라인 쇼핑몰 오버스톡Overstock은 2017년 8월 8일 이더리움, 라이트코인, 대시 및 기타 모든 주요 화폐를 고객 결제에 이용할 것이라고 밝혔다. 오버스톡 CEO이자 경제학자인 패트릭 번Patrick Byrne은 「포춘」과의 인터뷰에서 40~45개의 디지털 화폐를 언제든지 받아들일 것이라고 했다.[75]

메타 코인

메타 코인Meta Coins은 기존 암호화폐 플랫폼에 구축된 프로토콜이다. 가장 대표적인 예로 XCP라는 자체 화폐를 사용하는 P2P 금융 플랫과 카운터파티Counterparty를 꼽을 수 있다. 이들은 신뢰할 수 있는 제삼자를 필요로 하지 않는 것과 동일한 이점을 공유한다. 즉 이들의 목표는 "인터넷 스스로 정보의 창조와 공유를 민주화한 것과 같은 방식으로 재정을 민주화하는 것"에 있다. 비트코인 플랫폼을 기반으로 설계된 카운터파티는 이용자가 저렴하게 금융 영역에 참여할 수 있도록 하고, 이용자 친화성, 개방성, 안전성, 보안성의 동일한 특징을 공유한다. 카운터파티 플랫폼에서는 베팅을 하고, 스마트 컨트랙트를 설계하며 특정한 행사를 위해 스스로 티켓을 만들어 판매하고, 정보를 송출하고, 기타 재정적으로 관련된 여러 가지 작업을 수행할 수 있다.[76]

사이드코인

「사이드 비트코인(Side Bitcoin)」 백서에 따르면 사이드코인은 "비트코인 블록체인에서 스냅샷을 찍을 수 있도록 허락한 메커니즘"으로, 비트코인을 포크한 것이다.[77] 사이드코인 개발자들은 소비되지 않은 트랜잭션unspent transaction 출력 목록을 컴파일한 다음 새로운 블록체인을 부트스트랩bootstrap 하기 위해 해당되는 잔고를 활용했다고 설명했다. 개발자들은 공개 키를 사용해 비트코인 블록체인을 다운로드함으로써 비트코인 네트워크에서 이용 가능한 공개 주소의 스냅샷을 찍고 해시 160을 일반적으로 사용하는 비트코인 주소로 변환한 후 비트코인 블록체인의 잔고를 "파싱parsed"했다. 이들에 따르면 사이드체인의 사용은 알트코인을 만들고 싶은 사람들을 가능하게 하고 커뮤니티의 채택을 극적으로 증가시키기 위한 것이라고 한다.[78]

사이드체인

사이드체인Sidechain은 별도의 블록체인을 사용하지만 이용자는 원래의 블록체인(주된 체인)으로 되돌아갈 수 있다. 사이드체인을 비트코인에 활용하는 경우, 이용자는 비트코인을 원시 블록체인에서 설정한 비트코인 블록체인 상의 특정한 주소로 보내면 된다. 이더리움은 이더ether를 퍼블릭 이더리움 메인 체인으로부터 프라이빗 블록체인으로 보낼 수 있는 프라이빗 이더리움 기반 네트워크를 갖고 있다.[79]

이제까지 우리는 디지털 화폐의 특성을 간단히 살펴봤다. 3장, '디지털 기술의 법률 문제'에서는 국내외 법률 이슈를 살펴보고 법률 시스템이 어떻게 신기술을 다루는지 검토해본다. 인터넷의 발달로 제기된 문제에서 보듯이 일반적으로 법은 새로운 발전에 직면했을 때 느리게 움직이는 경향이 있다. 재판부와 입법부는 새로운 발전과 동일한 수준의 혁신적인 법률 전략을 요구하는 문제를 해결하기 위해 기존의 법 원칙을 적용하고자 한다. 새로운 혁신에 전통적인 법률 원칙을 적용하려는 것이다. 나중에 살펴보겠지만 도처의 입법기관들은 근래 금융 부문에서 경험한 버블처럼 비트코인의 유례없는 가격 상승이 이후 필연적으로 붕괴될 것이라는 점에 대처하기 위해 자신들의 달팽이 같은 평상시 보폭을 넘어서려 노력하고 있다. 금융 시장에 심각한 영향을 미치는 혁신이 있을 때마다 정부 당국은 사기와 부정행위를 막기 위해 불가피하게 개입하게 될 것이다. 남용 행위를 억제하거나 신기술에 내재된 위험에 대해 고객에게 강하게 조언하려는 시도에서 보는 바와 같이, 우리는 정부가 어떠한 식으로 우려를 내보이는지 검토할 것이다.

참고문헌

1. David Mills, Kathy Wang, Brendan Malone, Anjana Ravi, Jeff Marquardt, Clinton Chen, Anton Badev, Timothy Brezinski, Linda Fahy, Kimberley Liao, Vanessa Kargenian, Max Ellithorpe, Wendy Ng, and Maria Baird (2016). Distributed ledger technology in payments, clearing, and settlement, Finance and Economics Discussion Series 2016-095. Washington: Board of Governors of the Federal Reserve System, at p. 8. https://doi.org/10.17016/FEDS.2016.095

2. E. Barker and W.C. Baker, Guideline for Using Cryptographic Standards in the Federal Government:175A – Directives, Mandates and Policies; 175B – Cryptographic Mechanisms, NIST Special Publications 800-175A and 800-175B, Aug. 2016, https://doi.org/10.6028/NIST.SP.800-175B

3. Federal Reserve Publishes Paper on Bitcoin's Blockchain Technology, Bitconist, I.S., Dec. 6, 2016, https://www.ccn.com/federal-reserve blockchain-paper-use-banks-conduct-payments-become-obsolete/

4. Tunku Varadarajan, The Blockchain Is The Internet of Money, Wall Street Journal Opinion, Sept. 23–24, 2017, quotes from an interview with Balaji S. Srinivasan, https://www.wsj.com/articles/the-blockchain-isthe-internet-of-money-1506119424

5. Manav Gupta, IBM Blockchain for Dummies, at 13–14. https://bertrands zoghy.files.wordpress.com/2017/05/ibm-blockchain-for-dummies.pdf

6. Tunku Varadarajan, supra, note 4.

7. Tiana Lawrence, A Brief History of the Bitcoin Blockchain, Dummies, http://www.dummies.com/personal-finance/brief-historybitcoin-blockchain/

8. Cameron McLain, A Brief History of Blockchain: An Investor's Perspective, The Mission, originally posted in Thoughts and Ideas, https://medium .com/the-mission/a-brief-history-of-blockchain-an-investors-perspectivee 9b6605aad68

9. Nadaline Webster, A Brief History of Blockchain in Trademarks, Trademark

Now, https://www.trademarknow.com/blog/brief-historyof-blockchain
-in-trademarks

10. Come Jean Jarry and Romain Rouphael, From Julius Caesar to the
Blockchain: A Brief History of Cryptography, https://cib.bnpparibas.
com/documents/6-From_Julius_Caesar_to_the_blockchain_a_brief_
history_of_cryptography.pdf. The authors are the co-founders of the
cryptocurrencyBelem.

11. Stuart Haber and W. Scott Stornetta, How to time-stamp a digital
document, Journal of Cryptology 3(2), 99–111, Jan, 1991, cited in
Wikipedia, Blockchain, https://en.wikipedia.org/wiki/Blockchain

12. Scott Haber and W. Scott Stornetta, Secure Names for Bit-Strings, http://
nakamotoinstitute.org/static/docs/secure-names-bit-strings.pdf

13. Vinay Gupta, A Brief History of Blockchain, Harvard Business Review,
Feb. 28, 2017, https://hbr.org/2017/02/a-brief-history-of-blockchain

14. Tunku Varadarajan, The Blockchain Is the Internet of Money, The Wall
Street Journal, at A11, Sept. 23–24, 2017.

15. Marco Iansiti and Karim R. Lakhani, The Truth About Blockchain,
Harvard Business Review (Jan–Feb, 2017), https://hbr.org/2017/01/the-
truth-about-blockchain

16. William White, Long Iced Tea Stock Skyrockets on 'Blockchain' Rebranding,
Investorplace, Dec. 21, 2017,, https://investorplace.com/2017/12/
longisland-iced-tea-corp-rebranding-for-blockchain/#.WkO4sLpFzIU

17. Digiconomist, Ethereum Energy Consumption Index(beta), https://
digiconomist.net/ethereum-energy-consumption

18. Mike Orcutt, Highjacking Computers to Mine Cryptocurrency Is All the
Rage, MIT Technology Review, Oct. 5, 2017, https://www.technologyre
view.com/s/609031/hijacking-computers-to-mine-cryptocurrencyis-all-
the-rage/

19. Blockchains & Distributed Ledger Technologies, BlockchainHub, https://
blockchainhub.net/blockchains-and-distributed-ledger-technologiesin-
general/

20. Hawaii House Bill 1481, 2017, https://legiscan.com/HI/text/HB1481/id/1481334

21. Jonathan Camhi, UPS joins blockchain initiative, Business Insider, Nov. 13, 2017, http://www.businessinsider.com/ups-joins-blockchain initiative-2017-11

22. What Are the Applications and Use Cases of Blockchains?, Coindesk, https://www.coindesk.com/information/applications-use-casesblockchains/ and Andrew Meola, The growing list of applications and use cases of blockchain technology in business & life, Business Insider, Sept. 28, 2017, http://www.businessinsider.com/blockchain-technology-applications-use-cases-2017-9

23. Yessi Bello Perez, 8 Banking Giants Embracing Bitcoin and Blockchain Tech, Coindesk, July 27, 2015, https://www.coindesk.com/8-banking-giants-bitcoin-blockchain/

24. For a discussion, Gaurang Torvekar, 7 blockchain technologies to watch out for in 2017, Medium, Jan. 23, 2017, https://medium.com/@gaurangtorvekar/7-blockchain-technologies-to-watch-out-for-in-2017-4b3fc7a85707. A comparison of several of these cryptocurrencies may be found in Bigger Than Bitcoin: Cryptocurrency Statistics, https://bitinfocharts.com/

25. P2P Foundation, Satoshi Nakamoto's Page, http://p2pfoundation.ning.com/profile/SatoshiNakamoto. The site states he is from Japan and is aged 42. There is no confirmation and commentators reiterate that the comment and the name are fictitious.

26. Rob Price, The man everyone thinks is the creator of bitcoin gave a speech discussing the history of the technology, Business Insider, Nov. 13, 2015, http://www.businessinsider.com/nick-szabo-ethereum-bitcoin-blockchain-history-satoshi-nakamoto-2015-11

27. Zahraa Alkhalisi, You can buy a new Dubai apartment for 50 Bitcoin, CNN Tech, Sept. 6, 2017, http://money.cnn.com/2017/09/06/technology/dubai-bitcoin-apartments/index.html

28. For a discussion, see U.S. Federal Deposit and Insurance Corporation, Who is the FDIC?, https://www.fdic.gov/about/learn/symbol/

29. U.S. Government Accountability Office, Virtual Currencies: Emerging, Law Enforcement, and Customer Protection Challenges, Report to the Committee on Homeland Security and Governmental Affairs, U.S. Senate, May, 2014, GAO-14-496, https://www.gao.gov/assets/670/663678.pdf

30. Bitcoin, Stack Exchange, https://bitcoin.stackexchange.com/questions/9078/what-is-proof-of-work

31. Mining, Bitcoin Wiki, https://en.bitcoin.it/wiki/Mining and Bitcoin Mining, Investopedia, https://www.investopedia.com/terms/b/bitcoinmining.asp

32. For a definition and equipment that can be purchased for mining, see What is Bitcoin Mining?, https://www.bitcoinminibng.com/

33. Erik Fair, What's the difference between a CPU and a GPU? When I Switch on my computer, it shows GPU information. What does it mean?, Quora, Jan. 16, 2017, https://www.quora.com/Whats-the-difference-betweena-CPU-and-a-GPU-When-I-switch-on-my-computer-it-shows-GPUinformation-What-does-it-mean

34. Jordan Tuwiner, What is Bitcoin Mining? (/mining/), Buy Bitcoin World wide, June 28, 2017, https://www.buybitcoinworldwide.com/mining/profitability/

35. Tulipmania is a reference to the events in the Netherlands that took place when tulip bulbs became extraordinary in demand in Europe causing the prices of the bulbs to escalate dramatically and which then led to perhaps the first major financial crash in February, 1637. Andrew Beattie, Market Crashes: The Tulip and Bulb Craze (1630s), Investopedia, https://www.investopedia.com/features/crashes/crashes2.asp

36. Kari S. Larsen and Michael Selig, SEC Investor Advisory Committee Considers Blockchain Technology and Securities Markets, Reed

Smith Client Alerts, Oct. 13, 2017, https://www.reedsmith.com/en/ perspectives/2017/10/sec-investor-advisory-committee-considers-blockchaintechnology

37. Palwasha Saaim B.Sc., Bitcoin Crash Fears Rise:Will Bitcoin Crash in 2018?, Profit Confidential Dec. 15, 2017, https://www.profitconfidential. com/cryptocurrency/bitcoin/will-bitcoin-btc-crash-2018/

38. Who Created Ethereum?, Bitcoin Magazine, https://bitcoinmagazine. com/guides/who-created-ethereum/

39. Gavin Wood, Ethereum: A Secure Decentralised, Generalized Transaction Ledger, Ethereum, Aug. 7, 2017, https://ethereum.github.io/yellowpaper /paper.pdf

40. Enterprise Ethereum Alliance, https://entethalliance.org/

41. Samantha Radocchia, How is Ethereum Different from Bitcoin?, Quora, Forbes, Sept. 9, 2017, https://www.forbes.com/sites/quora/2017/09/14/ how-is-ethereum-different-from-Bitcoin/#1a765248502b

42. Vincent Briatore, What is Ethereum and how is it different from Bitcoin?, Quora, https://www.quora.com/What-is-Ethereum-and-how-is-itdifferent -from-Bitcoin

43. What are Mining Rewards in Ethereum? Cryptocompare, https://www. cryptocompare.com/mining/guides/what-aremining-rewards-in-ethereum/

44. Vangie Beal, hashing, Webopedia, https://www.webopedia.com/TERM/ H/hashing.html; and JP Buntinx, Bitcoin Cash Hashrate Surpasses 2.4 Exohash per second, Bitcoin Interest, Dec. 20, 2017, http://www. livebitcoinnews.com/bitcoin-cash-hashrate-surpasses-2-4-exohash-per-second/

45. How do Ethereum's Transaction fees compare to Bitcoin?, Ethereum, https://ethereum.stackexchange.com/questions/11/how-do-ethereumstran saction-fees-compare-to-bitcoin

46. Antonio Madeira, Why is Ethereum different to Bitcoin? Cryptocompare, Sept. 27, 2017, https://www.cryptocompare.com/coins/guides/why-

isethereum-different-to-bitcoin/

47. What is Litecoin? A Basic Beginner's Guide, Blockgeeks, Inc. (Ca), https://blockgeeks.com/guides/litecoin/

48. What is Scrypt?, Cryptocompare, https://www.cryptocompare.com/coins/guides/what-is-scrypt/

49. The Backbone of IOT Is Here, IOTA, https://iota.org/

50. Serguei Popov, The Tangle, IOTA, Oct. 1, 2017, https://iota.org/IOTA_Whitepaper.pdf

51. Wayne Duggan, Meet IOTA: The Cryptocurrency For The Internet-Of-Things, Benzinga, Dec. 26, 2017, https://www.benzinga.com/general/education/17/12/10946936/meet-iota-the-cryptocurrencyfor-the-internet-of-things

52. Worldwide Supercomputer, GOLEM, https://golem.network/

53. Frisco d'Anconia, Golem Is 10th Most Valuable Crypto, The Cointelegraph, Apr. 28, 2017, https://cointelegraph.com/news/golem-is-10th-most valuable-crypto

54. Whitepaper: The future of commerce: A decentralized network for payment requests, Request Network, Oct. 25, 2017, https://request.network/assets/pdf/request_whitepaper.pdf

55. Id., at pp. 10–11.

56. Analysis of Request Network – Decentralized Network for Payment Requests, Crushcrypto, https://crushcrypto.com/analysis-of-request-network/

57. Dash, https://www.dash.org/2017/12/22/ceoofdash.html

58. Kailey Leinz, Ripple's 53% surge makes it the second-biggest cryptocurrency, Moneyweb, https://www.moneyweb.co.za/news/markets/ripples-53-surge-makes-it-the-second-biggest-cryptocurrency/

59. Ripple News, The Coin Telegraph, https://cointelegraph.com/tags/ripple

60. Ripple, https://ripple.com/

61. Nathaniel Popper, Rise of Bitcoin Competitor Creates Wealth to Rival

Zuckerberg, New York Times, Jan. 4, 2018, https://www.nytimes.
com/2018/01/04/technology/bitcoin-ripple.html?ref=todayspaper

62. Monero, https://getmonero.org/

63. Joan Ian Wong, The new cryptocurrency gold rush: digital tokes that raise millions in minutes, Quartz, June 5, 2017, https://qz.com/994466/ the-new-cryptocurrency-gold-rush-digital-tokens-that-raise-millionsin-minutes/

64. Gertrude Chavez-Dreyfuss, U.S. venture capital's digital coin quandary: cash-rich startups, Reuters, July 24, 2017, http://www.reuters.com/ article/us-usa-venturecapital-digitalcurrency/u-s-venture-capitals-digital-coinquandary-cash-rich-startups-idUSKBN1A90CR

65. Evelyn Cheng, This hot digital currency trend is minting millions but U.S. investors aren't allowed to play, CNBC, July 18, 2017, https://www. cnbc.com/2017/07/18/hot-digital-currency-trend-minting-millions-off-limits-to-us-investors.html

66. For a summary, see Aziz, Coins, Tokens & Altcoins: What's the Difference?, https://masterthecrypto.com/differences-between-cryptocurrency-coins-and-tokens/

67. Sergi Dromo, ICOs Raised Bln in 2017, What 2018 Has in Store, The Cointelegraph, Dec. 31, 2017, https://cointelegraph.com/news/ icosraised-4-bln-in-2017-what-2018-has-in-store

68. Cryptocurrency Market Capitalizations, Coin Market, Jan. 19, 2018, https://coinmarketcap.com/

69. Initial Coin Offerings (ICOs), BlockchainHub, https://blockchainhub. net/ico-initial-coin-offerings/

70. Jason Teutsch, Vialik Buterin, and Christopher Brown, Initial coin offerings, Dec. 11, 2017, https://people.cs.uchicago.edu/~teutsch/ papers/ico.pdf

71. What Are Forks? World Crypto Index, https://www.worldcryptoindex. com/what-are-forks/, and The Differences Between Hard and Soft Forks, WeUseCoins, https://www.weusecoins.com/hard-forksoft-fork-

differences/

72. For a listing of Altcoin offering, see Altcoins, http://altcoins.com/

73. Ofir Beigel, What are Altcoins?, Bitcoins, Aug. 31, 2016, https://99bitcoins.com/altcoins/

74. What is an Altcoin?, CCN, Sept. 12, 2014, https://www.ccn.com/altcoin/

75. Jeff John Roberts, Beyond Bitcoin: Overstock Lets Customers Pay With More Than 40 Alt Coins, Fortune, Aug. 8, 2017, http://fortune.com/2017/08/08/overstock-digital-currency/

76. Counterparty – Pioneering Peer-to-Peer Finance, Bitcoin Forum, Jan. 2, 2014, https://bitcointalk.org/index.php?topic=395761.0. An excellent summary of the diverse platforms is discussed by Peter Van Valkenburgh, What are Forks, Alt-coins, Meta-coins, and Sidechains?, Coin Center, Dec. 8, 2015, https://coincenter.org/entry/what-are-forks-alt-coins-meta-coinsand-sidechains

77. Joseph Krug and Jack Peterson, Sidecoin: a Snapshot Mechanism for Bootstrapping a Blockchain/Sidecoin: The sidecar to Bitcoin's motorcycle, http://www.sidecoin.net/

78. Id.

79. Ethereum, What is a sidechain?, https://ethereum.stackexchange.com/questions/379/what-is-a-sidechain

— 3 —

디지털 기술의 법률 문제

블록체인 기술과 디지털 분야의 발전이 야기하는 법률 문제는 근 20년 전 인터넷의 등장을 떠올리게 한다. 혁신적 기술이 제기하는 새로운 도전에 대처하려면 입법부, 규제기관, 사법부가 민사와 형사 분야에서 나타나는 어려움을 조정해 나가야 한다. 다음 영역은 판단이 필요한 부분이다.

관할권

관할권은 경계라는 개념에 기초하는, 한마디로 특정 법원이 특정 사건에 권한을 행사할 수 있는 힘이다. 미국에는 당사자의 거주지와 분쟁 발생지 등 당사자의 성격에 따르거나 법과 규정에 관련된 소송물에 따라서 일어날 수 있는 여러 수준의 관할권 이슈가 있다. 미국은 51개의 정부기관, 즉 워싱턴 D.C.에 위치한 연방정부와 50개의 주가 그들의 영역 내에서 관할권을 행사하고 있다. 이들 기관은 그 자체로 고유한 사법 시스템을 보유하고 있으며 공표된 법규에 따라 주민에 대한 관할권 등을 행사한다.

연방 관할권은 다음의 미국 헌법 제3조 제2항에 근거한다. "사법권은 이 헌법, 합중국 법률 및 조약에 기해 발생하는 보통법과 형평법상의 모든 사건에 미치고… 둘 또는 그 이상의 주 정부 간의 분쟁, 한 주와 다른 주의 시민 간의 분쟁, 서로 다른 주의 시민 간의 분쟁, …그리고 주 또는 그 주의 시민과 외국 정부 또는 그 시민, 혹은 신민^{臣民} 간에 발생하는 분쟁에 미친다.”

연방 관할권은 의회에서 통과된 모든 법률, 연방 문제와 관련된 이슈, 대사와 기타 외교 사절에 관한 사건, 주 정부 간의 분쟁 그리고 미국 헌법에서 발생하는 문제에 이르기까지 그 범위가 매우 넓다. 관할권은 배타적일 수 있다. 즉, 연방 법원만이 사건이나 분쟁을 심리할 수 있다. 혹은 이러한 관할권은 법률과 규정에 따라 주 법원에 공유될 수도 있다. 일반적으로는 연방 법령이 제정될 때 관할권이 연방 법원에 독점적으로 주어질지 또는 주 정부에도 허용될지 규정될 것이다. 배타적 관할권에는 파산, 연방 범죄 및 국제 조약과 같은 주제 영역이 포함된다. 연방 법원은 한 주의 시민이 다른 주의 시민을 고소하는 사건에서 관할권을 공유할 수 있다. 관할권은 소송의 원인이 되는 주요 장소가 위치하는 주의 법원에 존재할 수 있고 분쟁이 7만 5천 달러를 초과할 경우에는 연방 법원에서 관할권을 행사할 수 있다. 또한 각 주는 소송의 성격에 따라 연방정부 및 다른 주 정부와 배타적 관할권과 동시 관할권을 가진다. 만일 다른 주의 시민들 사이에 분쟁이 존재하고 재판 금액이 7만 5천 달러 이하인 경우, 소송은 그 주 정부에서 관할한다.

관할권은 또한 해당 주 내에서 고소된 당사자에 대한 소환장 발부에 근거하거나(인적 관할), 헌법상 요건을 충족하는 적법 절차의 원칙에 따라 해당 주의 밖에서(확장 관할) 이뤄질 수 있다. 그 밖에 관할 근거는 대물적 요소에 따라 얻게 될 수 있다. 즉, 그곳에 위치한 재산에 대한 권한을 주장하는 경우와 주의 외부인에게 속한 주 내부의 재산에 대한 압류를 허가하는 압류 관할권이 존재하는 경우에 그러하다.

사이버 법률에 관한 우려에 못지않게 법원은 행위의 소재지에 대해서 고심해야 하며, 전 세계 어느 곳에서나 블록체인이 활용될 수 있다는 점에서 특정 법원이 계약 불이행 소송이나 불법 행위로 인한 소송을 수행할 수 있을지를 다뤄야 할 것이다.[1] 대부분 이러한 문제에 관한 판단은 당사자와 그들의 위치가 공개되는 사이버 법률상의 케이스보다 좀 더 복잡하다. 가상의 영역에서 당사자는 익명으로 행동한다. 그럼에도 연방 법원과 주 법원의 위치는 미국의 제5차와 제14차 수정헌법에 따라 적법 절차 의무를 기초로 하는 다양한 개념을 발전시켜왔다. 인터내셔널슈사社 대 워싱턴International Shoe Co. v. Washington 사건[2]과 아사히 메탈 인더스트리사社 대 대법원Asahi Metal Industry Co. v. Superior Court 사건[3]에서 제시된 "최소 관련성minimum contacts" 요건에서 보이는 바와 같이 말이다. 연방 법원은 지포 Mfr.사社 대 지포닷컴 주식회사Zippo Mfr. Co. v. Zippo Dot Com, Inc. 사건[4]에서 설명한 바와 같이 인터넷의 능동적 또는 수동적 사용을 근거로 "차등제sliding scale"를 도입하고 그들이 관할권을 갖는지 여부를 결정했다. 이러한 선례는 디지털 화폐 기반의 분쟁에서 발생하는 소송에 적용할 수 있을 것으로 보인다.

집행 당국은 블록체인 사용자의 익명성 때문에 투자자와 특정 거래의 당사자를 보호하기 위해서는 어떻게 법적 의무를 감독하고 집행해야 할지 갈피를 잡지 못하고 있다. 중개업자나 거래소의 활동이 국내 법원의 관할 내에 있거나 또는 다국적인 상호협력 협정이 확보된 경우라면 그러한 행위를 영위하는 기업에 대한 관할권이 충분히 주장될 수 있다. 블록체인 거래의 글로벌적 성격과 특정 국가 및 지방 당국의 광범위한 법률, 규정 그리고 관습은 종종 집행을 불가능하게 만드는 요인이 된다. 가령 새로운 유럽연합 데이터보호법EU Data Protection Regulation이 보여주듯이 20세기에 나타난 역사적 갈등으로 인해 유럽연합은 개인정보보호 문제에 예외적으로 관여한다.[5] 염려스러운 것은 범법자들이 합법적인 규제 체제에서 면제될 수 있다는 점이다.[6]

학자들은 이러한 난제에 관해 다양한 해결책을 제시해왔다. 그중에는 계약 당사자가 특정한 분쟁 해결 메커니즘을 선택할 수 있게 하는 "분쟁 해결에 대한 스마트 컨트랙트 오픈소스 플랫폼 생태계"에 관한 제안도 포함돼 있다. 이는 "암호화 트랜잭션cryptotransactions"의 분쟁 해결을 위한 플랫폼 기반의 생태계로서 익명성을 용이하게 할 뿐만 아니라 사용자로 하여금 어떤 재판부나 중재자가 당사자 간의 갈등을 판단해줄지 선택할 수 있게 한다.[7] 아라곤 국가 네트워크Aragon Jurisdiction Network는 분쟁에 휩싸인 한 개인이 이 네트워크에서 담보금을 걸었을 경우 오직 해당 당사자가 분쟁 해결에 성공할 때만 담보금을 반환하고 분쟁 해결에 실패하면 담보금을 몰수하는 중재적 해결에 대한 개방형 컨트랙트를 정의함으로써 탈중앙화된 대안적 분쟁 메커니즘을 제공한다. 그 후, 다섯 명으로 이뤄진 심사 패널이 청구 원인이 된 분쟁의 기초를 형성하는 규칙과 자료를 검토하고 결정에 이르게 된다. 이들의 결정에 대해 중재 신청자는 수락을 할 수도 있고 또는 더 큰 담보금을 제시하며 분쟁의 여지를 남길 수도 있다. 궁극적으로 이러한 사건은 더 이상 항소가 불가능한, 아라곤 네트워크의 9인으로 구성된 대법원에 상고해 최종 결정을 받을 수 있다. 사법적 의사 결정에 대한 전통적인 표준과 달리, 네트워크상의 판사들은 자신들의 결정이 적절하거나 부당함에 따라 보상이나 불이익을 받는다.[8]

증권거래위원회 대 쉐버스

비트코인에 관해서는 관할권 이슈가 그리 많지 않다. 증권거래위원회 대 쉐버스SEC v. Shavers는 비트코인 관련 소송에서 법원의 관할권 보유 여부를 논의한 초창기의 중요 사건이었다.[9] 재판부는 결정문에서 법원의 관할권 요건이 충족됐다고 판단했고, 그 결과 피고인 트렌튼 쉐버스Trenton T. Shavers

와 그의 비법인 자회사에 4천만 달러의 상환금 및 15만 달러의 벌금을 명한 증권거래위원회SEC에 약식 판결을 허용했다.

쉐버스와 그의 온라인 비법인 회사는 기본적으로 폰지형 사기 방식으로 운영됐다. 이들은 쉐버스가 비트코인 판매업자이며, 자금을 인출하거나 호스트의 거래가 더 이상 수익이 나지 않을 때까지 투자자에게 매일 최대 1%의 이자가 지급된다고 홍보했다. 쉐버스는 투자자들로부터 459만 2,806달러 상당의 비트코인 700,467개를 확보했다. 투자자들은 투자 당시의 가치로 183만 4,303달러에 해당하는 263,104개의 비트코인 손실을 입었다.

관할권과 관련해 해당 법원은 비트코인은 "pirateat40"이라는 이름으로 인터넷에서 운영되고 있는 투자금을 구성한다고 봤다. 또한 온라인 채팅방과 온라인 포럼인 비트코인 포럼Bitcoin Forum에서는 매주 7%의 수익을 약속하는 권유가 이뤄졌으며, 쉐버스는 투자자들로부터 지급받은 새로운 비트코인을 기존의 미지급된 투자 수익금에 지급하는 용도로 사용했다고 판단했다. 뿐만 아니라 쉐버스가 투자자들의 비트코인을 개인 용도로 전환했다고 판단했다. 쉐버스는 평소 텍사스에 거주하면서 투자자들에게 비트코인 관련 계획에 투자하도록 권유했다. 비트코인은 실제 자산으로 보증되지 않고 정화正貨가 없는 전자적 형태의 화폐다. 쉐버스가 비트코인은 금전도 아니고 증권도 아니라고 주장한 것과는 달리, 법원은 해당 투자금은 증권을 보유하기 위한 것이며 이는 증권거래위원회 대 하위SEC v. Howey 판례에 따라 증권의 세 가지 요건을 충족시킨 투자 계약이라고 판결했다. 즉, (1) 금전 투자 (2) 공동 기업에 대한 투자일 것 (3) 발기인 또는 제삼자의 노력으로 비롯될 수익금에 대한 기대를 가질 것이다.[10] 법원은 이들의 계획이 1933년 증권법Securities Act 제5조 및 제17조(a) 그리고 1934년 증권거래법Securities Exchange Act 제10조(b)와 그에 따른 규칙 10b-5에 위반되며, 이에 따라 모든 투자자에 대한 사기죄를 구성하는 폰지 사기라고 결론지었다. 결국 법원은 1933

년 증권법 제20조 및 제22조와 1934년 증권거래법 제21조 및 제27조에 따라 물적 관할을 가진다고 판시했다.[11]

고든 대 데일리

뉴저지 연방 법원 관할 사건인 고든 대 데일리^{Gordon v. Dailey} 민사 사건[12]에서 역시 법원은 여러 주의 시민들과 7만 5천 달러를 초과하는 총 관할 금액, 정확히는 비트코인 가치로 100만 달러 이상 되는 금액에 근거해 당해 법원이 관할권을 가진다고 판단했다. 이 사건에서 원고는 피고의 증권 판매가 1933년 증권법과 1934년 증권거래법 조항에 위반된다고 주장했다. 기본적으로 원고는 피고인들이 비트코인으로 구입하도록 가치가 매겨진 10만 개의 증서를 대중에 제공했다고 주장했다. 비트코인 채굴에 대한 배당금은 전액 비트코인으로 지급될 예정이었지만, 상기 제공과 관련해서는 어떠한 가치도 보장되지 않았다. 나아가 원고는 증권 법규에 따른 등록이 전혀 이뤄지지 않은 채 비트코인 증권이 IPO에서 제공됐다고 주장했다.[13]

금전으로서의 가상화폐

비트코인 같은 외형을 갖춘 주요 가상화폐는 신용화폐가 아니다. 또한 연방준비제도로부터 보증받지도 못한다. 하지만 디지털 수단을 통해 교환된 가상화폐가 교환 당사자 간에 금전으로 간주될 수 있는지 여부는 여전한 문제로 남아 있다. 미 국세청^{IRS}은 가상화폐를 교환 시에 이윤을 남기는 자산이자 과세 대상으로 간주한다(7장, '크라우드 펀딩과 가상화폐 과세' 참조). 비록 정부기관이 가상화폐를 과세 목적의 "금전"으로 취급하길 거부할 수 있다고 해도 가상화폐 교환 당사자들은 마음속으로 가상화폐에 금전적 지위를 부여할 수도 있다. 가상화폐는 상품 및 서비스의 지급 결제에 이용되는 화폐성 자산으로 간주되며, 이는 "금전"이라는 단어가 갖는 근본적 의미에 의문을 제기한다.

이러한 혼란은 가상화폐, 특히 비트코인의 보유 근거를 "금전^{money}"이나 "자산^{property}"으로 언급한 저자들의 학술 논문에서 드러난다. 가상화폐의 지위를 "금전"으로 보는 견해에 따르면 비트코인의 목적은 정부, 중앙은행 및 "그림자"(비은행) 은행과 같이 제삼자가 필요치 않는 대체 화폐^{alternative} ^{currency}의 역할을 하는 것이다. 비록 보편적이진 않지만, 현재 일부 지역에서는 비트코인이 교환 매체로 사용되고 있다. 그러나 상인들이 차츰 신기술에 익숙해지고 비신용화폐를 기꺼이 받아들이면서 이러한 현상은 점차 일반화돼 가는 추세다. 일반적으로 가맹점은 2~4%의 신용카드 수수료를 내지 않아도 되고, 소비자는 매월 이자를 내지 않아도 되므로 상인은 상품을 할인해줄 수도 있다는 이점이 있다. 하지만 분명한 문제는 가상화폐의 가치 변동성과 반환 처리 방법에 있다. 일부 상인들은 상점 기반 신용카드에 신용을 공여함으로써 반환 문제를 해결하고자 한다. 가상화폐는 교환의 매체로서 작용할 뿐만 아니라 가치의 저장, 즉 가치의 상승을 기대하는 보유 자산으로써 역할을 할 수도 있다.[14]

"자산"으로서의 가상화폐는 비트코인 및 기타 가상화폐를 무형의 자산으로 취급하는 연방법과 주법에서 나타난다. 국세청, 재무부 금융범죄단속네트워크^{FinCEN}, 상품선물거래위원회^{CFTC}는 상품거래법^{CEA}, 파산법, 이혼법에 따른 공평한 분배 또는 일부 분할, 뉴욕 "비트라이선스 요건", 상속에 관한 신탁법 및 재산법, 개인 재산에 대한 담보권으로서 통일상법전 제9조, 그 밖에 다양한 법규에 따라 가상화폐를 상품으로 간주한다.[15] 어쨌든 혼란은 계속될 것이고 향후 규제 기관은 가상화폐가 금전인지 혹은 자산인지 판단해야 할 것이다.

스마트 컨트랙트

스마트 컨트랙트smart contract는 이더리움 플랫폼의 상위에 존재하는 가상의 컨트랙트를 활용한다. 이것이 인간의 개입이 없이 계약을 체결하게끔 한다. 컨트랙트는 합의된 계약 조건을 자동으로 확인하고 실행하게 하는 일련의 코드화된 사건에 입각한 것이다.[16] 계약 조건은 하드 카피용 법률 용어가 아니라 컴퓨터 용어로 기록된다. "스마트 컨트랙트"의 개념은 앞서 이야기한 닉 자보Nick Szabo에 의해 고안됐다. 자보는 다방면에서 지식이 풍부할 뿐만 아니라 컴퓨터 과학자이자 법학자로 계약과 디지털 기술의 상호관련성에 관심을 쏟았다.[17] 이러한 시스템은 스마트 컨트랙트가 딸린 맞춤형 블록체인 위에서 작동하게 될 탈중앙화 플랫폼을 포함하는 것이며, 이더리움이 말하는 "정지 시간, 검열, 사기 또는 제삼자의 간섭 없이 프로그래밍된 대로 정확하게" 실행되는 시스템이라 할 수 있다.[18] 스마트 컨트랙트는 분산 원장과 연계되므로 정보 처리 기관과 같은 중개자는 존재하지 않는다.

스마트 컨트랙트의 코드는 자연어보다 덜 모호하고, 검증이 가능하며, 자동 실행self-executing되는 것은 물론 IT 시스템과 통합된다는 장점이 있다. 그러나 스마트 컨트랙트의 방법론에 관한 지식 부족, 프라이버시와 투명성 문제, 지속적인 업데이트 필요성과 같은 부정적인 면이 있는 것도 사실이다.[19] 따라서 미 연방정부는 비용과 시간을 상당히 절감하고 표면적으로는 해킹으로부터 자유를 줄 수 있는 스마트 컨트랙트의 사용을 내부적으로 탐구 중이다.[20] 미 정부는 2017년 130만 달러 상당의 블록체인 계약을 체결했고 특히 기록 보존을 합리화하고 투명성과 책임성을 높이기 위해 앞으로도 이 기술에 관한 투자를 크게 늘릴 것으로 보인다. 애리조나, 일리노이, 메인, 버몬트 등의 주 정부도 기록 보관 및 보안 영구성을 위해 블록체인을 도입하기 시작했다.[21]

전통적인 계약에 있어서 계약의 일방 당사자가 그 계약을 강제하려면 계약 불이행에 대한 손해배상을 청구하거나 법원이 특정 행위를 허락함에 있어서 공정한 권한을 행사해줄 것을 요청하는 소를 제기해야 했다. 그런데 이와 달리 정해진 대로 이미 실행이 완료된 스마트 컨트랙트에 있어서 소의 당사자는 본질적으로 이미 이뤄진 것에 대한 취소를 법원에 요청하게 된다. 스마트 컨트랙트는 계약의 실행이자 승낙을 의미한다. 일단 약정 사항이 코딩되면 그 약정이 취소를 명하고 있지 않는 이상 일방 당사자가 코딩을 취소할 수 없다. 사법적으로는 불법 행위, 행위 무능력, 기타 항변으로 인한 예외가 인정되겠지만 스마트 컨트랙트가 부동산 구입, 혼전 계약, 건설 및 금융 분야처럼 특정 필요에 따라 도입된다면 머지않아 전통적인 계약상 합의가 일반적이지 않게 될 가능성이 있다.[22]

스마트 컨트랙트는 로펌이 이 새로운 기술에 적응하도록 요청할 것이다. 계약에 관한 충분한 지식을 갖고 있는 변호사, 블록체인 변화와 관련한 전문 기술을 제공하는 소프트웨어 개발자, 다양한 계약 조건을 코딩하는 소프트웨어 개발자, 프로그래머는 대기업의 변화를 만드는 필수 인력이다. 로스쿨은 정보시스템 전문가와 함께 이러한 변화를 이끌 미래의 변호사를 교육해야 한다. "동적 트랜잭션dynamic transaction", "스마트 컨트랙트 중재자smart contract mediator"와 같은 새로운 용어도 등장했다. 앞으로 스마트 권리대행사smart title company는 소유권 검사와 기록 과정의 제거, 비용과 시간의 절약, 사기 행위의 가능성 감소 등의 변화들을 경험하게 될 것이다. 소유권 조사관과 권리대행사에 대한 필요성도 소유권 이전 과정에 관여하는 제삼자와 함께 사라지게 될지도 모른다.[23]

기술의 복잡성으로 인해 일반 소비자가 자신이 동의한 조건을 파악하지 못할 수 있다는 점에서 소비자 보호 리스크가 생겨날 수 있다. 스마트 컨트랙트의 불가역적 특성 때문에 금융 시스템상에서 불리한 조건이 자동으로 강제될 수도 있을 것이라는 우려도 존재한다. 추가적인 실무상 문제에는 기존의 증거 규칙에 따른 계약의 허용 여부, 계약의 정확성과 진정성에 대한 입증 책임의 적용, 불이행 책임의 귀속 문제, 구두증거배제법칙^{parol evidence rule}과 사망자 규정^{Dead Man's Statute}과 같은 증거 규칙의 적용, 미성년·사기· 쌍방 착오·당사자 신분 등의 법적 항변, 변호사와 판사 모두가 기반 기술 의 특성에 대한 이해 속도를 높이는 것 등을 들 수 있다. [24]

지식재산

여러 부류의 가상화폐와 그 기반 기술이 특허권, 저작권, 상표권 혹은 영 업 비밀의 형태를 띤 지식재산^{IP, Intellectual Property}으로 보호될 수 있을까? 적 어도 미국에서는 가상화폐와 그 기반 기술이 보호의 범위 안에 들 수 있을 것 같다. 기본적인 정의는 이렇다. 특허란 새롭고 유용한 절차, 기계, 제품 이나 물질의 구성 또는 새롭고 유용한 개선책을 발명하거나 발견한 자에게 미국 특허청이 재산권을 부여한 것이다. 특허는 실용특허인지 혹은 의장특 허인지에 따라 신청일로부터 각각 20년 또는 14년 동안 보호받는다. 저작 권은 문학, 드라마, 음악, 예술 및 기타 형식의 저작물의 원작자에게 주어 지는 보호의 한 형태로, 저작자가 생존하는 동안과 사망 후 70년 동안 보 호받는다. 상표권이란 문자, 상호, 기호나 도안 또는 이러한 것들의 조합을 말하며, 보유자의 상품이나 서비스를 식별 또는 구별하기 위해 상업적으로 사용되고 있거나 사용이 의도된 것으로서, 최초 10년 동안 보호되며 이후 10년마다 무한정 갱신이 추가로 가능하다. 영업 비밀이란 공공연하지 않고 상당한 노력에 의해 비밀로 유지해온 경제적 가치를 제공하는 모든 정보를 말한다. 영업 비밀은 비밀이 지속적으로 유지되는 한 공식, 패턴, 정보 모 음, 프로그램, 장치, 방법, 기술 또는 절차를 보호한다.[25]
일반적으로 우리가 지식재산을 이야기할 때는 특정한 발명, 아이디어나 기호가 법이 정한 보호를 받을 자격이 있는가를 논한다. 하지만 블록체인 기술은 사용자가 자신의 창작물을 제출하고 목록화할 수 있도록 지식재산에 관한 보관소 역할을 한다는 점에서 가히 혁신적이다. 이는 미국은 물론 전 세계적으로 논란이 되고 있는 소송 절차에서 저작권으로 보호되는 원본 저작물의 소유에 관한 명백한 증거로 작용할 수 있다. 블록체인은 서로 연계 돼 있을 뿐만 아니라 공개적으로 배포되는 시스템 등록부 중 일부를 구성하는 중앙집중식 주요 등록부에 저작물을 저장하기 때문에, 소유권이 주장되는 타인의 저작물에 관한 취약성을 방지할 수 있다. 이미 이 같은 기술을 활용해 만든 플랫폼이 존재한다.[26] 과거 블록카이[Blockai]로 알려져 있던 바인디드[Binded][27]는 현재 비트코인 블록체인을 이용해 저작권 서비스를 제공하고 법적으로 구속력이 있는 기록을 생산하고 있다. 플랫폼 사용은 무료지만, 해당 사이트가 제공하는 원클릭 프로세스를 이용해 미국 저작권청[Copyright Office]에 저작권을 등록하려면 문서 제출 수수료 비용이 발생한다.[28] 그 밖에 영업 비밀을 보장하는 사이트, 특허 사건의 선행 기술을 확립하는 사이트, "분권적이며, 검열되지 않고, 허가가 필요 없으며, 탄력적"인 플랫폼에 의해 컨트랙트를 강화한다는 사이트 등을 포함해 경쟁력 있는 서비스를 제공하는 웹사이트가 여럿 생겨났다.[29]

블록체인 기술은 지식재산에 관한 스마트 컨트랙트에도 사용될 수 있다. 여기서는 저작권으로 보호되는 저작물을 이용하려는 사람들이 소유자에게 직접 소액 결제를 하기 때문에 저작물 이용에 수반되는 상당한 거래 수수료를 피할 수 있으면서도 소유자의 허가를 확보할 수 있다. 특히 음악 산업에 있어서 지식재산에 대한 라이선스가 자동적으로 실행될 수 있으므로 라이선스 소유자는 자신의 창작물에 대한 확실한 증거를 가질 수 있을 뿐만 아니라 자신의 저작물을 더욱 적절히 통제할 수 있다.[30] 패션 산업은 디자인 도용과 지식재산권으로 보호되는 저작물의 남용에 취약하다. 종종 영세

기업이 제기한 소송을 방어하기에 충분한 재원을 보유한 대기업에 의해 이러한 남용이 일어난다. 블록체인은 소송에서 사용될 수 있는 권리 남용에 대한 증거를 저렴한 비용으로 훨씬 더 쉽게 확보하게 해준다. 블록체인은 기록 보관, 등록, 위작·모조품·회색 제품(보통 재판매용으로 국경을 넘어서 계약상 의무를 위반해 판매되는 제품)의 탐지, 선제 사용 증거, 지급 결제 및 기타 용도에도 매우 유용하다.[31]

정부가 새롭고 혁신적인 금융상품이나 서비스를 맞닥뜨리더라도 학습 과정이 진행되고 오남용 사례가 발생하기 전까지는 이렇다 할 반응을 할 수 없는 것이 어쩌면 당연하다. 이제 4장, '가상화폐에 관한 연방 규정'에서는 가상화폐에 대한 미 연방 규정을 검토하고, 권한 범위 내에서 가상화폐를 감독하는 기관을 살펴보자.

참고문헌

1. For a discussion of the complexity jurisdiction in cyberlaw cases and how courts exercise it, see Roy J. Girasa, Cyberlaw: National And International Perspectives, Ch. 2, Prentice-Hall, 2010.

2. International Shoe Co. v. Washington, 326 U.S. 310 (1945).

3. Asahi Metal Industry Co. v. Superior Court, 480 U.S. 102 (1987). For a discussion of jurisdictional basics see, Betsy Rosenblatt, Principles of Jurisdiction, https://cyber.harvard.edu/property99/domain/Betsy.html

4. Zippo Mfr. Co. v. Zippo Dot Com, Inc., 952 F. Supp. 1119 (W.D. Pa. 1997).

5. Regulation EU 2016/679.

6. Gregory Brandman and Samuel Thampapillai, Blockchain – Considering the Regulatory Environment, University of Oxford Law Faculty, July 7, 2017, https://www.law.ox.ac.uk/business-law-blog/blog/2016/07/blockchain-%E2%80%93-considering-regulatory-horizon

7. Wulf Kaal and Craig Calcaterra, Cryptotransaction Dispute Resolution, University of Oxford Law Faculty, July 13, 2017, https://www.law.ox.ac.uk/business-law-blog/blog/2017/07/cryptotransactiondispute-resolution

8. Digital Decision, Aragon Network, https://blog.aragon.one/aragon-network-jurisdiction-part-1-decentralized-court-c8ab2a675e82

9. SEC v. Shavers, No. 4:13-CV-416 (E.D. Tex. Aug. 6, 2013).

10. SEC v. W.J. Howey & Co., 328 U.S. 293, 298–99 (1946); Long v. Shultz Cattle Co, 881 F.2d 129, 132 (1989).

11. SEC v. Shavers, supra at note 9, https://www.sec.gov/litigation/complaints/2013/comp-pr2013-132.pdf. See also U.S. Securities andExchange Commission, Litigation Release. No. 23090 (Sept. 22, 2014), https://www.sec.gov/litigation/litreleases/2014/lr23090.htm

12. Gordon v. Dailey, No. 14-cv-7495 (JHR) (JS) (D.C.N.J., July 25, 2016).

13. Federal Court Allows Bitcoin Investor Suit to Proceed, Internet Law Commentary, March 30, 2017, https://internetlawcommentary.com/2017/03/30/federal-court-allows-bitcoin-investor-suit-proceed/

14. Stephanie Lo and J. Christina Wang, Bitcoin as Money?, Federal Reserve Bank of Boston: Current Policy Perspectives, Sept. 4, 2014, https://www.bostonfed.org/publications/current-policy-perspectives/2014/bitcoin-as-money.aspx

15. J. Dax Hansen and Joshua L. Boehm, Treatment of Bitcoin Under U.S. Property Law, Perkins Coie, March 2017, https://www.virtualcurrencyreport.com/wp-content/uploads/sites/13/2017/03/2016_ALL_Property-Law-Bitcoin_onesheet.pdf

16. Cynthia Gayton, Smart Contracts, Cryptocurrency and Taxes, July 26, 2016, https://medium.com/@squizzi3/smart-contracts-cryptocurrencyand-taxes-6050f1f5308e

17. Search Complaince, Smart contract, Tech Target, http://searchcompliance.techtarget.com/definition/smart-contract

18. Ethereum, https://ethereum.org/

19. Iltacon, What are Blockchain and Smart Contracts and When Will

They Be Important, Panel Discussion, Sept. 30, 2016, https://www.iltanet.org/HigherLogic/System/DownloadDocumentFile.ashx?DocumentFileKey=bde36e05

20. U.S. Government Services Administration, Blockchain, https://www.gsa.gov/technology/government-it-initiatives/emerging-citizen-technology/blockchain

21. Michaela Ross, Tech Giants Eye Government Blockchain Use as Business Boost, Bloomberg, Aug. 25, 2017, https://www.bna.com/tech-giantseye-n73014463697/

22. For a history of smart contracts and their implications, see Max Raskin, The Law and Legality of Smart Contracts, 1 GEO. L. TECH. REV. 304 (2017), https://www.georgetownlawtechreview.org/the-law-and-legality-of-smart-contracts/GLTR-04-2017/

23. Caitlin Moon, Blockchain for Lawyers 101: Part 2, Law Technology Today, Jan. 31, 2017, http://www.lawtechnologytoday.org/2017/01/blockchain-lawyers-101-part-2/

24. Kate H. Withers, Smart Contracts: Opportunities and Legal Risks in Fin Tech, Nov. 8, 2016, National Law Review, Jan 15, 2018, https://www.natlawreview.com/article/smart-contracts-opportunities-and-legalrisks-fintech

25. Sue A. Purvis, The Fundamentals of Intellectual Property for the Entrepreneur, U.S. Patent and Trademark Office, https://www.uspto.gov/sites/default/files/about/offices/ous/121115.pdf

26. Amanda G. Ciccotelli, How blockchain is critical to the securitization of IP, IPWatchdog, Oct. 9, 2017, http://www.ipwatchdog.com/2017/10/09/blockchain-critical-securitization-ip/id=88179/

27. Binded, www.binded.com

28. Michael Zhang, Binded Unveils One Click US Copyright Registration for Photos at No Extra Fee, Petapixel, Aug. 8, 2017. https://petapixel.com/2017/08/08/binded-unveils-one-click-us-copyright-registrationphotos-no-extra-fee/

29. Bernstein, https://www.bernstein.io/

30. Suzy Shinner Blockchain Technology and IP, Lexology, Feb. 3, 2017,https://www.lexology.com/library/detail.aspx?g=755d3893-a5fb-43d7-86f7-c4b842641bbf

31. Ruth Burstall and Birgit Clark, Blockchain, IP and the Fashion Industry, Managing Intellectual Property, March 23, 2017, http://www.managingip.com/Article/3667444/Blockchain-IP-and-the-fashion-industry.html

— **4** —

가상화폐에 관한 미국의 연방 규정

소개

미국은 물론 세계 각국의 중앙정부와 지방정부는 가상화폐의 투자와 소비에 영향을 미치는 가상화폐 이슈를 알아가면서 이들에 관한 규제를 시도하고 있다. 대체로 가상화폐를 이용한 사기는 추적이 거의 불가능하므로 이에 따라 발생하는 마약 거래에 이용되는 문제, 가상화폐가 자금 세탁 등의 범죄 동인으로 작용하는 문제, 과세 문제, 국가 통화의 대체 문제 등이 화제로 거론된다. 한 보고에 따르면 국제사회에서 외면을 당하고 있는 나라들은 자국 은행에 대한 제재를 포함해 국가 자체에 부과된 제재 조치로 말미암아 경화hard currency 대신 비트코인과 기타 암호화폐를 대거 축적해왔다. 북한은 미사일과 핵 프로그램으로 차단됐던 자금줄을 끌어오기 위해 비트코인 채굴에 관여했다.[1] 이렇게 북한은 유엔과 미국, 다른 정부들의 제재를 극복해보고자 했다. 이는 분권형 모델인 비트코인의 오픈소스 소프트웨어 덕분에 가능한 일이기도 했다. 북한은 2017년 5월 17일 채굴에 뛰어들어 지금까지도 제재를 회피하기 위한 막대한 노력을 지속하며 세계 자본에 접근해오고 있다.[2]

초창기 비트코인은 범죄 요인으로 인식됐다. 익명성이라는 특징 때문이기도 했지만, 빈번히 국경을 초월해서 일어나는 행위에 대해 법 집행기관이 규제를 가할 수 있는지 여부를 판단하기 어려웠기 때문이었다. 일부 논객은 "범법자들 간 교환의 매개로서의 가치"가 비트코인이 갖는 유일하고도 가장 주목할 만한 가치라고 단정짓기도 했다.[3] 비트코인 값이 급등한 데는 어쩌면 마약 조직의 두목, 테러리스트, 화이트칼라 범죄자, 러시아의 사이버범죄자들에게서 상당 부분 이유를 찾을 수 있을지도 모른다.[4] 이슬람 테러리스트들도 익명성을 유지한 채 동조 세력으로부터 재정적 공여를 받을 수 있는 수단인 비트코인과 기타 암호화폐를 주목해왔다.[5]

테러리스트들의 가상화폐 이용을 소상히 다룬 한 연구에 따르면 ISIS(이라크와 시리아의 이슬람 정부) 조직원들은 가상화폐로 운영 자금을 조달해왔다. 하지만 여타의 범죄 조직과 달리 가상화폐 거래 인프라가 지원되는 국가에 특별히 한정돼 있던 것으로 나타났다. 물론 가상화폐를 통한 자금 조달의 이점이란 전 세계를 발판 삼아 익명으로 화폐를 거래할 수 있다는 데 있다. 해당 연구는 다음과 같은 정책을 권장한다. (1) 가상화폐 금융 테러리즘의 점증된 위협을 더욱 깊이 이해할 것 (2) 공공정책과 법률 집행의 중대 사항으로서 테러 자금 조달 문제를 우선순위로 지정할 것 (3) 민간 기관의 내부 컴플라이언스 사항으로서 테러 자금 조달 문제를 우선순위로 지정할 것.[6] 그럼에도 현금은 여전히 기술 인프라가 부족한 지역, 특히 나이지리아 북부와 예멘과 같이 테러가 빈발하는 저개발 지역에서 주요 자금원으로 쓰이고 있는 듯하다.

반면 정부기관들은 데이터 분석을 통해 비트코인을 이용한 익명의 출처, 즉 블록체인 기술과 그 화폐를 사용하는 자들이 누군지 밝혀낼 능력이 있는 회사와 파트너 관계를 맺음으로써, 익명이라는 벽을 허물기 시작한 것으로 보인다. 체인엘리시스사Chainalysis社는 미국 정부 및 해외 정부기관과 협력해 비트코인 자금의 흐름을 추적하고, 법원의 추가 자료 제출 요구 명령을 확보하는 데 사용될지 모를 용의자 소유의 비트코인 주소를 찾도록 지원하고 있다.[7] 룩셈부르크대학교 연구원들은 비교적 저렴한 장비를 활용하는데도 모든 비트코인 트랜잭션 가운데 11%에서 60% 사이의 신원을 확인할 수 있다고 한다. 이들은 익명성을 보호하는 방화벽을 "어뷰징abusing" 하는 기법과 거래를 숨기고 싶어 하는 이용자들의 신원 보호 네트워크를 비익명화시키는 기법을 사용한다.[8]

미국 외 각국 정부기관은 기존 법규를 준수하는 것은 물론 범죄 행위를 확정하고 처벌하기 위해 주요 재정적 자원에 초점을 맞추기 시작했다. 암호화폐와 관계가 있는 미국 연방 기관과 주 기관은 다음에서 설명한다. 가상화폐가 화폐인지 자산인지 혹은 헌물offerings인지 증권인지를 묻는 중요 질문들이 규제 차원에서 제기돼왔다. 앞서 말했지만 미국 정부는 비트코인 등의 가상화폐를 화폐가 아닌 자산으로 판단했다.[9] 가상화폐에 대한 과세 문제는 7장, '크라우드 펀딩과 가상화폐 과세'에서 논의하기로 한다.

가상화폐와 관계된 미국 정부기관

증권거래위원회

증권거래위원회는 투자자와 일반 대중이 사기를 당하는 일을 막고자 증권 거래소, 중개업자, 거래업자, 투자 자문업자와 뮤추얼 펀드를 포함한 증권 시장을 규제하는 주요 기관이다.[10] 기본적인 질문을 해보자. 암호화폐를 "증권"으로 간주함으로써 증권거래위원회에 암호화폐 규제 관할권을 인정할 것인가? 앞서 언급한 중요 판례, 증권거래위원회 대 하위 사례는 증권거래위원회가 그 권한을 보유한다는 주장을 뒷받침하고 있다.

최초 코인 공모 즉, ICO 규제에 관해 유독 과묵했던 증권거래위원회는 점차 ICO의 성격과 이에 대한 감독의 필요성을 논하고 이를 조사하는 데 무게를 두기 시작했다. 증권거래위원회는 일부 ICO 기획자들이 잠재적 투자자에게 상당한 투자 수익을 기대해도 좋다고 언급한 점, 혹은 디지털 플랫폼이나 소프트웨어 또는 프로젝트 개발 자금의 조달을 위한 코인 판매의 모금액으로부터 이익 공유에 참여할 수도 있다고 지적했다. 그렇다면 저들이 하위^{Howey} 판례에서 언급된 증권의 정의에 적용을 받을 수 있고, 결국 이 사건이 (1) 공동 기업에 대한 투자 (2) 타인의 노력을 통해 (3) 이익 창출의 기대라는 요건에 의해 증권거래위원회의 규제 대상이 될 수 있다.[11]

지금까지 증권거래위원회에서 증권법의 집행은 집행국^{Enforcement Division} 내에 신설된 사이버 분과^{Cyber Unit}에서 수행해왔다. 사이버 분과는 사이버 관련 위법 행위에 초점을 두고 조직됐는데, 이곳은 시세 조종과 해킹, 다크웹을 통한 불법 행위, DLT 및 ICO 관련 위반, 투자자와 일반 대중에 대한 사이버 위협 등을 다룬다.[12] 7장, '크라우드 펀딩과 가상화폐 과세'에서 논의하겠지만 혼란의 상당 부분은 크라우드 펀딩 행위가 증권 등록에서 면제된다는 점에서 기인한다. IPO가 주식을 판매해 자본금을 형성한다면 ICO는 사회적 명분, 게임, 현재나 장래의 제품 및 서비스 수령과 같은 다양한 인센티브를 갖는 토큰을 제공함으로써 모금을 한다. 가상화폐 웹사이트에 배포된 토큰들이 증권거래위원회의 등록 요건에 적용을 받는 증권의 공모에 해당하는지, 그렇지 않으면 해당 규정의 적용이 면제되는 토큰인지 여부에 대한 우수한 분석이 많이 나와 있다.[13]

합법적 공모와 사기성 공모의 구분은, 사기에 관한 1934년 증권거래법에 근거한 증권거래위원회의 법 집행 향방을 결정한다. 이제 플렉스코인 ^{PlexCoin} ICO와 먼치^{Munchee} ICO의 기소 사례를 살펴보자.[14]

증권거래위원회의 첫 번째 집행 조치: 리코인

2017년 9월 29일, 증권거래위원회는 리코인 그룹 재단REcoin Group Foundation과 주식회사 DRC World, 막심 자슬라브스키Maksim Zaslavskiy에 대한 임시 체류와 최종 금지 명령, 이익 환수 및 그 밖의 구제 요청 소송을 제기했다. 해당 소송에서는 위 두 회사의 대표인 자슬라브스키가 회사들이 발행한 토큰 혹은 코인에 대해서 허위 진술과 사기 행위로 ICO 투자자들로부터 30만 달러를 모금했다는 점이 주장됐다. 증권거래위원회는 해당 토큰이나 코인에 관해서는 법이 요구하는 바에 따른 어떠한 증권신고서도 제출된 바가 없으므로 이러한 ICO는 불법적인 증권의 공모라고 주장했다. 소송에 따르면 각 회사의 ICO는 "신용화폐" 혹은 "디지털 통화"를 투자 받아서, 자산으로 보증되는 토큰으로 전환하려는 것이었는데, 좀 더 정확히 짚자면 리코인의 부동산과 다이아몬드 리저브 클럽Diamond Reserve Club사의 다이아몬드로 보증되는 "토큰화"된 화폐로의 전환을 목적으로 했다. 피고 측은 공시를 통해 저들의 공모를 "부동산으로 담보된 최초의 암호화폐"로 묘사한 바 있다. 이러한 투자는 수요 증가에 따른 토큰 가치의 상승으로부터 수익이 날 것으로 기대됐다.

증권거래위원회는 다음과 같은 자슬라브스키의 주장이 근거가 없고 오인의 소지가 있다고 주장했다. 자슬라브스키의 설명에 의하면 투자자들은 실제로 토큰이나 코인을 구입했고 피고들은 리코인을 통해 2백만 달러 이상을, 나중에는 4백만 달러를 모금했으며, 리코인은 변호사, 전문가, 중개인, 회계사로 이뤄진 팀을 조직해 수익금을 부동산에 투자했을 뿐만 아니라 다이아몬드 리저브 클럽사는 최상의 다이아몬드를 선택할 전문가를 확보했다. 리코인은 정부가 강제로 폐쇄해야 했고 투자자들은 10~15%의 수익을 거둘 것으로 기대됐다고 했다.

이러한 진술은 말 그대로 사실이 아니었다. 나아가 해당 소송에서 증권거래위원회는 피고가 1933년 증권법과 1934년 증권거래법 그리고 시행령에 따라 등록이 요구되는 증권과 동일한 속성을 지닌 클럽 회원권으로 해당 판매의 모양새를 달리함으로써 등록 요건을 회피하려 했다는 사실도 언급 했다.[15]

IPO와 달리 투자 규제를 받지 않을 것으로 인식되던 ICO는 현재 정부의 철저한 조사에 직면하고 있음이 점차 자명해지고 있다. ICO 시장은 2017년 말까지 투자자들로부터 약 10~15억 달러를 모금했을 것으로 추정된다.[16]

가상화폐에 대한 혼란은 초기에 규제 당국의 개입 결여를 가져왔지만, 가상화폐를 화폐로 인식하든, 아니면 증권이나 다른 형태의 금전적 메커니즘으로 보든 상관없이, 현재 미 연방과 주 규제 당국은 부도덕한 기업 투자에서 잠재적이며 실제적인 손실이 발생하고 있다는 점에 관심을 두고 있다. 증권거래위원회 의장은 ICO를 법 집행의 우선순위로 인식했다. 토큰이나 코인을 판매하는 ICO에 관련한 기업별 특성은 의회에 수권돼 있으며, 사법적 해석에 맡겨지게 될 것이다.[17] 유틸리티 토큰 공모의 발행인은 증권거래위원회와 선물 공모 감독기관인 상품선물거래위원회[CFTC]의 컴플라이언스 규정을 신중하고도 철저하게 살펴봐야 한다. 특히 은행업과 지급 결제 요건에 관한 주 법의 준수는 ICO의 상황에 대한 현재의 혼란을 더하고 있기도 하다.[18]

다오 수수께끼

증권거래위원회는 다오 토큰[DAO Token]을 판매해 프로젝트 자금을 조달한 분산형자율조직 다오[DAO]가 미국 증권법을 위반했는지를 판단하기 위해 신규 암호화폐 공모 조사를 착수했다. 독일 국적자들이 창설한 단체인 다오는 신생기업지원법[Jumpstart Our Business Startups Act] Title III의 요건을 실행한

1933년 증권법[19]의 크라우드 펀딩의 면제 조항을 근거로 탄생했다.[20] 7장, '크라우드 펀딩과 가상화폐 과세'에서 이야기하겠지만, 신생기업지원법은 증권법이 정하고 있는 여러 부담스러운 서류 제출 요건을 없앰으로 신규 사업을 촉진하고 발행인이 증권 판매를 제공함에 있어서 중개인intermediaries 으로 활용이 의무화된 등록자금포털registered funding portals과 등록중개업자 broker-dealers에 관한 규제의 틀을 마련했다.[21] 다오는 2016년 4월 30일부터 2016년 5월 28일까지의 공모 기간 동안 약 1,150억 개의 다오 토큰을 이더 리움 블록체인 기반의 가상화폐인 이더 총 1,200만여 개와 교환하는 방식 으로 "익명으로" 제공해 판매했다. 다오 토큰 보유자는 토큰을 자유롭게 재 판매할 수 있었다.

본래 다오는 블록체인을 사용해 계약을 실행하고 기록하는 크라우드 펀딩 스마트 컨트랙트를 설계하고자 했다. 이더로 다오 토큰을 구매한 참여자에 게는 모금된 프로젝트에 대한 투표권을 주고 배당금과 유사한 "보상"을 받 게 했다. 투자자들로부터 모금된 자금은 다오 이더리움 블록체인 주소에 보관됐다. 다오가 추구하는 목적과 운영 방식을 설명하고, 토큰 구매 방법 에 관한 링크를 제공하는 전용 웹사이트도 만들어졌다. 또한 미디어를 통 해 거의 매일 게시물을 업데이트하고 온라인 포럼을 진행했다. 이더 가격 은 상승했고 향후 수익은 이더리움 블록체인상의 다오 주소에서 유지 관 리될 예정이었다. 다오의 자금 지원을 원하는 자들은 이더리움 블록체인 에 공시된 스마트 컨트랙트와 연계가 가능한 프로젝트 제안서를 제출해야 했다. 또한 공개된 제안서의 세부 사항은 다오 웹사이트에서 검토되고 게 시돼, 다오 토큰 보유자의 과반수 승인을 받게 될 터였다. 하지만 제안서의 최초 검토는 제안서를 투표에 부칠지 여부에 대한 최종 결정권을 가진 1인 이상의 다오 "큐레이터Curators"에 의해 행해졌다.[22]

증권거래위원회는 다오가 증권처럼 토큰 구입과 판매를 등록하지 않자 이

것이 미 증권법에 위반되는지 검토했다. 2017년 7월 25일자 조사 보고서에서 위원회는 다오 토큰이 1933년 증권법과 1934년 증권거래법에 따른 증권에 해당된다고 결론을 내렸다. 또한 증권법의 기본 원칙은 분산원장기술을 활용해 만들어진 조직이나 자금 모금 단체에도 적용된다고 명시했다. 더욱이 중요한 하위[Howey] 판례와 다른 선례들을 인용하면서, 다오의 토큰 판매는 타인의 경영 노력으로 얻을 수 있는 수익에 대한 합리적인 기대를 전제로 하는 공동 기업에 대한 투자라고 지적했다.

위원회가 말한 증권에 대한 정의는 고정적 원칙이기보다는 유연적 원칙에 기반하고 있다. 다오 공모에서 투자자는 현금의 형태를 띨 필요가 없는 자금을 투자한 것이다. 즉 투자자들은 이더를 다오 토큰과 교환함으로써 투자를 했다. 다오 토큰을 구입한 투자자들이 공동 기업에 투자해 해당 기업으로부터 배당금, 정기 지급금 또는 투자 가치 증가 형태의 수익을 예상했다는 점을 고려하면 수익에 대한 합리적인 기대가 존재하는 것으로 보인다. 수익은 타인의 경영 노력, 특히 슬록닷잇[Slock.it]과 그 공동 설립자 그리고 다오 큐레이터들의 결정 및 활동에서 발생했다. 투자자들은 다오의 마케팅과 토큰 소유자 및 회사 공동 설립자들의 적극적인 관여로 투자 권유를 받았다. 독일 기업인 Slock.it과 회사의 공동 설립자 및 큐레이터가 중심이 돼 다오를 지배했으며, 이들이 제안서를 상정해 토큰 보유자 투표에 부칠지 말지 여부를 근본적으로 결정했다. 즉 토큰 보유자의 투표권은 제한적인 것이었으며 큐레이터 등의 노력에 달린 것이었다.[23]

증권거래위원회는 유효한 면제가 존재하지 않는 한 발행인은 증권의 제공 및 판매를 등록해야 한다고 밝혔다. 위원회는 "증권을 발행하거나 발행을 제안하는 모든 자"를 발행인으로 규정하고, "모든 법인 조직"을 여기에 포함시켰다.[24] 또한 "증권 발행의 새로운 방법을 고안한 발행인을 이 정의에 포함시키며, 증권의 정의 자체를 확장"했다.[25] 따라서 비법인 단체인 다오는 증권의 발행인에 해당하고, 투자 정보가 필요한 투자자에 대해 기업의 성패에 따른 책임을 졌다. 만일 거래소가 1934년 증권거래법 제6조에 따라 국내 증권 거래소로 등록되지 않거나 혹은 등록이 면제되지 않는 경우라면, 동법 제5조는 주간 통상interstate commerce에서 직간접적으로 증권 거래에 효력을 미치거나 그러한 거래를 보고하는 중개업자broker, 거래업자dealer, 거래소를 불법으로 취급한다. 증권거래위원회에 따르면 다오 토큰을 거래하는 다오 플랫폼은 거래 시스템이 거래소의 정의를 충족하는지 여부를 결정하기 위한 기준인 증권거래법 규칙 3b-16(a)의 기능적 테스트functional test를 완전히 충족하는 것으로 나타났다. 또한 해당 테스트는 이러한 주문이 서로 상호작용하며 구매자와 판매자가 해당 거래 조건에 동의하고 있다는 전제에서, 확립된 비재량적nondiscretionary 방법을 사용해 복수의 증권 구매자와 판매자의 주문을 한데 모으는 조직, 협회, 사단도 테스트에 포함한다. 위원회는 다오 토큰 거래 플랫폼이 이러한 기준을 충족시키므로, 면제의 대상이 아니라고 밝혔다.[26]

그럼에도 증권거래위원회는 현재로서는 집행 조치를 취하지 않기로 결정했으며, 다오 투자자는 물론 분산원장이나 블록체인 기술의 발행인이 적절한 등록 요건을 준수할 것을 권고했다. 외견상 위원회는 새로운 기술의 육성을 갈망했다.[27] 위원회 의장 제이 클레이튼Jay Clayton은 "우리는 무엇보다도 투자자와 시장을 보호하면서 자본을 조달하는 혁신적이고 효율적인 방안을 육성하고자 한다"고 말하기도 했다.[28]

그런데 2016년 6월 문제가 발생했다. 크라우드 펀딩으로 1억 5천만 달러를 모금하면서 시작된 이더리움상에 구축된 다오는 당시 모금한 가상화폐(이더)의 3분의 1에 해당하는 약 5,000~5,500만 달러를 해킹당했다.[29] 이후 해킹된 이더는 이더리움 블록체인에서 복원됐으며 실제 손실은 없었다고 여겨지나, 해커의 신원은 현재까지 밝혀진 바가 없다.[30]

증권거래위원회 대 먼치사

특정한 증권 공모 시 등록을 요구하는 1933년 증권법 제8A조에 따라 증권거래위원회가 먼치사Munchee Inc.에 정지 명령을 내리고 일련의 절차를 개시한 데 이어 먼치사도 위원회의 명령에 동의하자, 위원회의 권한 확장에 관한 주요 논평이 쏟아졌다. 먼치사는 캘리포니아에서 식당 이용 후기를 작성하는 아이폰용 애플리케이션의 제작 사업을 시작했다. 2017년 10월과 11월, 해당 업체는 광고, 후기 작성, 음식 판매, 그 밖의 관련 애플리케이션 구입을 목적으로 1,500만 달러를 조성하기 위해 블록체인상에서 발행되는 디지털 토큰을 제공하고 판매했다. 업체는 토큰의 가치 상승으로 차후 유통 시장에서의 거래가 예상된다고 홍보했다. 2017년 12월 11일자 명령에서 위원회는 투자와 투자 행위를 구성하는 하위Howey의 세 가지 요건과 다오DAO 보고서의 결과에 근거해 먼치사의 활동은 1933년 증권법에 따라 증권거래위원회에 등록이 요구되는 투자 계약investment contracts에 해당한다고 결론지었다. 위원회는 토큰 구매자가 토큰의 판매 수익금을 가지고 앱app을 수정하고 MUN이라는 "에코시스템"을 개발하는 타인(먼치사)의 노력에 근거해, 미래 수익에 대한 합리적 기대를 갖게 됐다는 점에서 위 세 가지의 요건이 충족됐다고 판단했다. 먼치사는 토큰 배포를 중지하고 판매 수익금을 반환함으로써 위원회 명령에 응했다.[31]

이후 먼치사 관련 위원회 명령이 가진 의의에 관한 여러 논평이 나왔다. 해당 조치는 블록체인 관련 토큰의 공모가 증권으로 규제될 수 있고, 등록 대상 및 기타 증권법이 정한 요건에 해당할 수 있다는 점에서 증권거래위원회의 지위를 강조한다. 위원회는 토큰이 실용적 용도를 가진다 해도 이런 사정만으로는 토큰을 증권으로 보는 것이 불가능한 것은 아니라고 했다. 그러나 ICO를 "유틸리티 토큰"과 관련된 것으로 간주하려면 해당 ICO에 붙인 칭호에 따라 추단하기보다는 오히려 거래의 기초가 되는 경제적 현실에 따른 평가가 필요하다. 이번 사례에서는 증권거래위원회의 일반 결정의 기준이 되는 사기나 그 징후가 발견되지 않았으며, 향후 이와 유사한 공모를 진행하려는 회사가 따라야 할 컴플라이언스 지침이 되는 "브라이트 라인bright-line"(명확히 정해진 규칙)도 없었다.[32] 사기적 행위가 없었던 것에 더해, 먼치사는 투자자들이 회사의 수익에 참여한다는 점, 더 정확히는 회사가 기획한 "생태계"를 구축하기에 충분한 자금을 조달하는 즉시 해당 "유틸리티 토큰"은 재화와 서비스를 구입하는 데 사용할 수 있다는 점에 대한 어떠한 주장도 하지 않았다. 그러므로 이 사건은 하위Howey 분석에 따른 증권의 구성 요소에 대한 위원회의 관점이 확장되리라는 점과 1933년 및 1934년 증권법상의 등록을 하지 않은 회사들을 기소하는 것이 위원회가 의도하는 바라는 것을 상징적으로 보여준다.[33]

또 다른 논평은 공모 진행 시에는 위원회의 철저한 검토를 거치게 될 것이므로 전문가의 조언이 필요하다는 점을 일깨웠다. 위원회는 토큰이 가진 현재의 효용성뿐만 아니라 미래 개발 계획이 토큰의 가치를 실질적으로 향상시킬 수 있는지를 중요하게 생각하며, 토큰의 효용성보다는 제품의 성장, 수익 또는 완성도를 강조한다. 또한 제품이나 서비스 마케팅이 효용성보다는 확장성에 더 집중하는지 중점적으로 본다. 따라서 위원회의 철두철미한 조사를 통과하려면 공모는 향후 개발 이익에 대한 기대보다는 제품의 실제 실용성에 강하게 편향돼 있어야 한다.[34]

증권거래위원회 의장의 논평

증권거래위원회 의장 제이 클레이튼은 2017년 12월 11일, 먼치 명령의 발부와 동시에 공개 성명서를 내고 암호화폐와 ICO에 관한 개인적인 견해를 표명했다. 클레이튼은 암호화폐 공모와 공모인에 대한 적법성, 시세 조정과 부수적 위험 등 거래 시장의 형평성, 시장 전문가들과 그들의 영향력 및 관련 이슈에 대해서 평했다. 클레이튼은 공모라는 훌륭한 기회가 사기와 시세 조종 위험과 결부되면 투자자 보호는 상당히 취약해진다고 지적했다. 당시까지 어떠한 ICO도 위원회에 등록된 적은 없었으며, 위원회 역시 암호 화폐 관련 트레이딩 상품을 상장하고 거래하도록 승인한 적은 없다. 그 러므로 대중의 투자에는 주의가 요구되며 투자를 행하기 이전에 공개 보고 서에 언급된 여러 질문들을 고려해 ICO 제공자로부터 답변을 얻어야 할 것이다. 위원회 위원들이 제안한 예상 질문 목록은 부록 2에 수록돼 있다. 투자자들이 직면하는 위험이자 증권거래위원회의 한계로서 위원회의 지원 능력을 벗어난 위험 가운데는, 국경 밖 외국 기업으로 자금이 모이는 공모가 있다.[35]

클레이튼 의장은 변호사, 회계사, 컨설턴트 등 시장 전문가들에게 다음과 같이 당부했다. 블록체인 원장에 기록하는 것으로 공모 구조가 바뀌었다고 해서 거래의 실체가 달라지는 것은 아니므로 거래는 등록 요건이 결부된 증권 공모를 수반할 수 있다고 말이다. 토큰을 "유틸리티" 토큰으로 부른다고 해서 토큰을 증권으로 고려하지 않는다는 것은 아니다. 제공된 토큰이 타인의 경영 노력과 전문 지식을 통한 수익 창출을 중시하는 특장점을 보인다면, 관련 법규의 요건을 충족해야 한다. 증권 판매자에겐 일반적으로 허가가 필요하다. 소액으로 거래되는 증권이 과도하게 홍보되고 있다면 이는 스캘핑scalping(투자자에게 증권을 판매할 것을 권유함과 동시에 그들에게 판매하는 것), 펌프 앤 덤프pump and dump(저렴하게 매입한 주식을 열심히 홍보해 인위적으로 주가를 상승시킨 후에 주식을 판매하는 것), 그 밖에 사기 행위의 징후일 수 있다.

화폐나 화폐 관련 상품의 공모가 증권 규제의 대상이라고 한다면 그러한 공모를 실행하는 자가 해당 상품이 증권이 아님을 증명하거나 해당 등록 요건 및 제출 요건을 준수했음을 증명할 수 있어야 한다.

암호화폐로 결제를 허용하거나 증거금으로 암호화폐를 구입하는 것을 허용하는 중개업자와 거래업자, 혹은 증권 거래를 하고자 이들을 이용하는 자들은 해당 암호화폐 활동이 자금세탁방지법^{anti-money laundering laws}을 위반하는 것은 아닌지, "고객신원확인^{KYC, Know Your Customer}" 의무에 반하지는 않는지 등을 확인하고 이에 주의를 기울여야 한다. 즉 현금처럼 암호화폐에도 그 의무를 다해야 한다. 암호화폐가 증권으로 취급될지는 개별 공모의 특정한 사실에 따라 달라질 수 있다.[36]

소셜미디어에 관한 증권거래위원회의 경고

비트코인의 폭등과 부분적인 붕괴는 증권거래위원회가 특히 저명인사들에 대한 경고를 내놓게 된 원인이 됐다. 저명인사들의 암호화폐에 관한 공개적 지지는 관련 지식이 부족한 투자자들로 하여금 고위험에 관여하도록 부추길 수 있었기 때문이었다. 2014년 위원회 지침 업데이트^{Guidance Update}는 1940년 투자자문업법 제206조④가 일반적으로 투자 자문업자에 의한 사기적, 기망적, 시세 조종적 행위, 업무나 영업 과정에 관여 행위를 명시적으로 금지한다고 짚었다. 따라서 투자 자문업자가 어떤 식으로든 투자 자문업자에 관한 증언이 직간접적으로 포함된 광고를 발행, 유통, 배포하거나 해당 투자 자문업자가 제공하는 조언, 분석, 보고서 또는 기타 서비스에 관한 광고를 발행, 유통, 배포한다면 1940년 투자자문업법[37]을 위반하는 일이 될 수 있다. 암호화폐에 관해 부정적인 측면은 고려하지 않으면서 암호화폐의 긍정적인 부분만 강조한 나머지 기망적 암시나 그릇된 추론을 하게끔 하는 것은 사실을 오도하는 행위이다. 투자자문업자는 물론 자문업자가 승인한 제삼자도 이 같은 행위기 금지된다.[38]

증권거래위원회와 연방통상위원는 특히 온라인 도박 서비스에서의 가상화폐 공개 지지를 비판했다. 플로이드 메이웨더^{Floyd Mayweather}, 패리스 힐튼

Paris Hilton, 마이크 타이슨Mike Tyson 같은 유명 연예인들은 비트코인과 암호화폐에 자신들의 이름을 빌려주는 대가로 돈을 벌었다.[39] 결국 증권거래위원회는 유명 연예인과 소셜미디어 이용자들이 대중에게 주식 구입과 투자를 부추기는 일이 받은 보상의 성격, 출처, 금액을 공개하지 않는 한 위법하다고 경고했다. 나아가 가상 토큰이나 코인을 홍보하는 유명 연예인이나 개인은 홍보 대가를 반드시 공개하라고 했다. 만일 홍보 보상을 공개하지 않으면 증권법이 정한 선동 금지 조항에 위반될 수 있다.[40] 연방통상위원회도 이와 유사하게 저명인사들의 허위 광고가 연방통상위원회법에 위반될 수 있음을 경고했다.[41] 연예인, 운동선수, 사회적으로 영향력 있는 자들이 인스타그램 게시물에 다수의 후기를 남기자, 연방통상위원회는 소셜미디어에서 상품을 홍보하거나 공개적 지지를 표할 때는 브랜드 관련성을 명확하고 두드러진 방법으로 공개해야 한다는 점을 상기시키려는 목적에서 연예인과 홍보 담당자 들에게 90통이 넘는 서한을 보냈다.[42]

증권거래위원회와 크립토 컴퍼니

증권거래위원회는 스포츠 브라 회사를 인수한지 근 한 달 만에 주가가 2700% 오른 크립토 컴퍼니Crypto Co.의 주식 거래를 2018년 1월 6일까지 일시 중단했다. 이미 위원회는 2017년 11월 시세 조종 거래로 인한 크립토 컴퍼니의 주가 상승을 우려한 바 있다. 위원회의 전직 의장 하비 피트Harvey Pitt는 증권거래위원회와 금융산업감독기구FINRA가 암호화폐와 그에 관여하는 회사, 거래소에 대한 자체 감시와 집행 기준을 강화해 나가고 있다고 밝혔다.[43]

뉴욕증권거래소 내규 변경 제안에 대한 증권거래위원회의 거절

뉴욕증권거래소NYSE, New York Stock Exchange는 솔리드엑스 비트코인 신탁SolidX

118

Bitcoin Trust의 주식을 거래소 주식 내규Exchange's Equities Rule에 따른 물품 기반 신탁 지분Commodity-Based Trust Shares으로 상장하고 거래하기 위해 거래소 내규를 변경할 것을 증권거래위원회에 제안했다. 해당 거래소 내규에 따르면 지분 보유자의 요청이 있는 경우 신탁회사가 상환할 수 있는 기초 물품의 예치 수량에 대응해, 구체적으로 집계된 최소 수량만큼 신탁회사가 발행한 증권이 상장될 수 있도록 허용하고 있다. 솔리드엑스 비트코인 신탁은 약간의 현금과 비트코인 보관업체이자 스폰서였던 솔리드엑스 매니지먼트 LLCSolidX Management LLC가 보관하고 있던 비트코인을 주요한 자산으로 보유하고 있었다. 또한 뉴욕 멜론 은행Bank of New York Mellon이 현금 보관자와 관리자 역할을 수행하도록 돼 있었다. 분실이나 도난 등 비트코인의 잠재적 손실을 보장하기 위해서는 보험이 취득될 것이었다. 투자 목표는 TradeBlock XBX 지수로 측정된 비트코인 가격을 추적하는 것이었다. 주식은 오로지 승인된 참여자에게만 10만 주 바스켓으로 상환될 계획이었다.[44]

정리해보면, 증권거래위원회는 결국 뉴욕증권거래소의 내규 변경 요청을 거절했다. 위원회는 해당 증권거래소의 내규 변경의 제안은 미국 내 증권거래소의 내규가 사기와 시세 조종 행위 및 이러한 영업 관행을 방지하고 투자자와 공익을 보호할 목적으로 설계될 것을 요청하는 1934년 증권거래법 제6조(b)(5)의 요건[45]을 따르지 못했기 때문이라고 지적했다.[46] 또한 주요 비트코인 시장이 규제되지 않는 상황에서 거래소가 주식시장에서의 사기나 시세 조종 행위 및 관행에 대한 우려를 해결할 감시공유협약surveillance-sharing agreement을 체결하지 않았고 체결할 수도 없었다는 점을 들어 위원회는 해당 요청을 거절했다.

상품선물거래위원회

상품거래법^{CEA, Commodity Exchange Act}[47]에 명시된 요건에 따라서 모든 상품 거래와 선물 거래를 감독 및 규제하는 상품선물거래위원회는 동법 제1조 a(9)에서 규정된 상품에 밀, 옥수수, 기타 작물, 가축 등을 포함시키는 것은 물론 "현재 또는 장래에 거래될 선물 이전을 위한 계약에 있어서의 모든 서비스, 권리, 및 이익"을 포함시킴으로써 상품의 정의를 매우 광범위하게 정한다. 2015년 상품선물거래위원회는 비트코인과 그 밖의 가상화폐가 이 같은 정의에 포섭된다고 판단했다. 위원회는 선물, 옵션, 및 파생상품 계약을 관할하며, 가상화폐가 파생상품 계약에 이용될 때 또는 주간^{州間} 통상 가상화폐 거래에서 사기 혹은 시세 조종 행위가 발견될 때 활동을 시작한다.[48]

금지 행위

상품선물거래위원회 즉, CFTC는 다음과 같은 행위가 있는 경우 조치를 취할 것임을 시사했다.

- 주간 통상 가상화폐 거래에서 시세 조종 행위
- 거래소에서 거래되는 가상화폐 스왑이나 선물 계약에 대한 사전 계획이나 자전 거래 행위
- CFTC에 스왑 실행 시설^{SEF, Swap Execution Facility} 또는 지정계약시장^{DCM, Designated Contract Markets}으로 등록되지 아니한 미국 내 플랫폼이나 시설에서 거래되는 가상화폐 선물, 옵션 계약, 스왑[49]
- CFTC에 등록하지 않은 자들과 장외 금융상품 거래를 하는 등, 소매 고객에게 판매되는 가상화폐에 관한 특정 계획[50]

코인플립 주식회사 사건

상품선물거래위원회가 비트코인 관할권을 주장했던 주요 사건인 데리버비트^{Derivabit}를 거래명으로 하는 코인플립 주식회사^{Coinflip, Inc.} 사건[51]에서 위원회는 스왑실행시설^{SEF}이나 지정계약시장^{DCM}으로 등록하지 않은 채 상품 옵션에 관한 행위를 하고, 스왑 거래나 스왑 처리를 위한 시설을 운영함으로써 상품거래법 조항을 위반한 코인플립사와 회사에 지배력을 행사하는 인물인 프란시스코 리오단^{Francisco Riordan}을 동법 위반 혐의로 기소했다. 코인플립사는 비트코인 옵션 계약의 구매자와 판매자를 연결해주는 온라인 시설인 데리버비트를 운영했다. 데리버비트는 자신을 "구매자 및 판매자 간에 표준화된 비트코인 옵션 및 선물 계약을 연결하는 위험관리 플랫폼"으로 홍보했다. 또한 비트코인을 옵션의 기초 자산으로 상정하고, 권리 행사가와 인도가를 미국 달러로 표시한 데리버비트 플랫폼 거래용 풋옵션과 콜옵션을 지정했다. 고객들은 사용자 등록을 하고, 비트코인을 특정 사용자 이름의 계좌에 예치할 것이었다. 고객은 지정된 제삼의 비트코인 거래소가 결정한 현물 환율로 프리미엄과 결제대금을 받으며, 이러한 대금은 비트코인으로 지급이 가능한 것이었다.

동의 제안 및 명령에서 위원회는 피고들에게 해당 시설의 운영을 중단할 것과, 이번 동의 명령에 명시된 혐의들을 부인하는 공식 성명을 발표할 수 없음을 포함하는 명령 및 규칙의 준수를 명했다. 상품거래법 제4조 c(b)의 위반이 해당 고발의 법적 근거가 됐다. 이 조항은 일반적으로 '옵션'…, '가격 제시', '제공', '풋' 혹은 '콜'이라는 거래로 알려지거나 이 같은 특징을 갖는 상품 거래에 대해, 이러한 거래를 금지하는 위원회 규칙, 규정 또는 명령에 반해 거래 참가를 제안하는 자, 그러한 거래를 개시하거나 실행을 확인한 자를 불법으로 간주한다. 더욱이 해당 업체는 상품거래법 제5h조(a)(1)을 위반했는데, 동 조항은 경쟁 입찰 시설이 등록된 것이 아니라면 미국 달러와 비트코인을 미리 정해진 가격과 날짜에 교환하기 위한 계약 이행 행위를 할 수 없도록 하고 있다. 위원회는 비트코인이 통화가 아니라 오히려 상품거래법 제1a조(9)에 규정된 "현재 또는 장래에 거래될 선물 이전을 위한 계약에 있어서의 모든 서비스, 권리, 및 이익"을 포함하는 "상품"의 정의에 속한다고 명시했다.

상품선물거래위원회 대 비트피넥스

상품선물거래위원회는 BITFINEX를 거래명으로 하는 BFXNA사에 대한 동의 명령에서 홍콩 회사인 비트피넥스^{Bitfinex}에 총 7만 5천 달러의 벌금을 부과했다. 해당 업체는 암호화폐, 주로 비트코인의 교환 및 거래를 위한 온라인 플랫폼을 운영했으며 이 플랫폼을 통해 부적격 계약 참가자들이나 상업 단체들이 플랫폼상의 다른 사용자로부터 자금을 빌려서 레버리지 거래, 마진 거래, 재정 거래를 할 수 있게 했다. 해당 업체는 위원회 등록이 돼 있지 않은 상태였다. 2013년 4월부터 2015년 8월까지 비트피넥스는 레버리지, 마진, 재정 기반 거래에서 구입한 비트코인을 구입자들에게 현물 인도를 하지 않았고, 오히려 업체 자신의 개인 키로 고객의 비트코인을 총괄 지갑 계좌에 보관함으로써 업체가 해당 비트코인을 출금하기까지는 고객이 자신의 비트코인에 접근할 수 없게 했다. 업체가 고객을 대신해 장부가 작성됐음에도, 상품을 "현물 인도^{actually deliver}"하지 않은 것은 상품거래법 위반이었다.[52]

상품거래법 제4d(a)조에 따라 선물거래중개업자^{futures commission merchants}로 행위를 하는 모든 자는 위원회에 등록해야 하지만, 비트피넥스는 이 규정 역시 준수하지 않았다. 소매 상품 거래에 대한 주문을 받고 고객으로부터 그 거래와 관련한 자금을 수령했다. 하지만 이를 위원회에 등록하지 않아 동법 제4d(a)를 위반했다. 이에 따라 비트피넥스는 U.S.C. 제7편 제6(a) 및 제6(d)에 해당하는 상품거래법 제4(a) 및 제4(d)를 위반해 불법적인 장외 상품 거래에 종사했으며, 선물거래중개업자로 등록되지 않은 것으로 간주됐다.

상품선물거래위원회 대 레저엑스 유한책임회사 그리고 테라거래소

상품선물거래위원회는 레저엑스 유한책임회사LedgerX, LLC를 상품거래법에 따른 파생상품 청산기관으로 등록 허가한 명령에서 암호화폐를 인정했다. 2017년 7월 6일, 위원회는 레저엑스 유한책임회사를 스왑 실행 시설SEF, Swap Execution Facility로 등록하도록 명하고, 담보된 디지털 화폐에 대한 청산 서비스를 제공하도록 승인했다. 본래 레저엑스사는 비트코인 옵션을 청산할 목적이었다. 점차 다른 암호화폐 스왑이 뒤따를 것으로 예상된다.

레저엑스 창립자 폴 슈Paul Chou가 구상한 것은 개인의 거주지와 금융 거래지에 상관없이 한 통화에서 다른 통화로의 전이를 용이하게 함으로써 미국 달러와 유로 등 신용화폐를 공존하게 하는 것이었다. 그렇다면 다양한 신용화폐에 수반되는 변동성을 관리하기 위한 화폐 파생상품이 필요하게 될 것이었다. 이에 앞서 2016년 5월 상품선물거래위원회는 테라거래소TeraExchange의 등록을 승인한 바 있다. 테라거래소는 비트코인을 기초 자산으로 하는 최초의 역외선물환시장NDF을 제공하는 시설이었다. 등록을 허가하기 1년 전, 위원회는 위원회 규정에 반해 자전 거래wash trading(시장 활동을 가장하기 위해 동일인이 같은 주식을 사고 파는 것)와 사전 조정 거래로 여겨지는 비트코인 스왑을 행한 테라거래소에 대해 벌금 없는 정지 명령을 부과했다. 이에 테라거래소도 동의한 바 있다.

시카고상업거래소, 시카고옵션거래소, 캔터거래소

2017년 12월 1일, 상품선물거래위원회는 거래소 세 곳에 대한 승인을 단행했다. 이러한 승인은 시카고상업거래소^{CME}와 CBOE 선물거래소^{CFE, CBOE} ^{Futures Exchange}가 비트코인 선물 상품을 위한 신규 계약을 자체 허가한 이후 그리고 캔터거래소^{Cantor Exchange}가 비트코인 바이너리 옵션을 위한 신규 계약을 자체 허가한 이후 이뤄졌다. 상품선물거래위원회 의장인 크리스토퍼 지안카를로^{J. Christopher Giancarlo}는 비트코인 현금 시장에서 위원회가 갖는 법정 감독 권한이 제한적임을 언급하면서, 위의 세 거래소가 고객 보호와 시장 질서 유지를 위한 중요 개선 사항에 합의했다고 말했다. 또한 주된 우려사항으로 가격 변동성 문제와 참여자들의 거래 관행, 주가의 단기 랠리와 붕괴 그리고 거래 중단으로 인한 시세 조종 및 시장 이탈 등 선물 계약의 가격 확정 과정에서 발생할 잠재적 충격을 꼽았다.

새로운 기술 화폐의 생성에 관한 관심이 급격히 높아진 것을 감안해 상품선물거래위원회는 시장의 규모와 발전, 정황과 시간 경과에 따른 국면 변화, 공공 이익, 개시 증거금과 추가 증거금, 스트레스 테스트에 대한 감독 및 분석 등을 실시함으로써 위험 모니터링 활동의 참여를 예정하고 있다. 또한 전국선물협회^{NFA, National Futures Association}와 긴밀히 협조해 지정계약시장^{DCM}을 검토하고, 파생상품 청산기관, 청산회사, 비트코인 선물 거래 및 청산에 관여하는 개별 거래자에 대한 심사를 진행하게 될 것이다. 가령 상품선물거래위원회가 디지털청산소^{DCO, Digital Clearing Organization}의 보유 증거금이 불충분하다고 판단하면 이들은 증거금 보유액을 늘려야 한다.[62]

거래소에 대한 승인은 반대에 부딪쳐왔다. 2017년 12월 6일 선물산업연합회^{FIA, Futures Industry Association} 대표 월터 룩켄^{Walter Lukken}은 상품선물거래위원회 의장 크리스토퍼 지안카를로에게 보낸 공개서한[63]에서 암호화폐 상품이 야기하는 위험을 설명하면서 거래소의 자체 인증 절차^{self-certification process}를 비판했다. 룩켄의 말을 빌리면 다음과 같다. "채무 불이행 시 이들의 변동성 위험과 신종 금융상품에 대한 위험을 흡수할 감독기관, 거래소, 청산소 및 청산회사 간의 건전한 대화가 요구되고 있다. 원데이one-day 자체 인증 절차와 다음날 출시는 표준화된 제품에는 적합하지만, 기초 자산 거래에 의해 야기되는 잠재적 위험에는 부합하지 않아 매우 부적절하다. 우려되는 것은 청산소가 보증 기금의 기여와 평가 의무와 관련한 거대 위험을 부담하게 되리라는 점이다. 해당 상품에 대한 별도의 보증 기금이 만들어져야 하는지, 거래소가 청산 회원 보증 기금에 대한 기부금을 높여야 하는지에 대한 공론화가 필요하다. 과다한 가격 변동 시 증거금의 수준, 거래 한도, 스트레스 테스트 및 그 밖의 보호와 절차를 확인하기 위해 청산 회원사, 청산소 및 거래소 사이에 더욱 철저한 논의가 있어야 한다."[64]

「이코노미스트」 역시 비트코인 선물 계약을 비판하며, "CBOE의 가격은 중소 규모의 비트코인 거래소인 제미니Gemini 한 곳의 경매로 정해질 뿐"이라고 지적했다. 반면 CME의 가격은 거래소 네 곳에서 수집한 데이터에 기초한다. 대부분 거래소의 선물 증거금futures margins은 5~15%인 반면, CBOE와 CME의 증거금은 각각 44~47%에 달한다. 「이코노미스트」는 인터렉티브 브로커스Interactive Brokers의 대표 토마스 피터피Thomas Peterffy의 말을 인용해 비트코인 가격의 높은 변동성은 고객으로 하여금 마진콜을 감당하지 못하도록 하고, 이에 따라 비용이 고스란히 중개업자의 부담으로 남겨지게 되므로, 결국 계약 해지로 고객이 청산소를 떠나게 되면 금융 붕괴를 초래할 수 있다고 경고했다.[65]

위의 선물산업연합회의 서한과 대조적으로 지안카를로 의장은 한 기조 연설에서 가상화폐 선물에 관한 자신의 해법을 밝혔다. 지안카를로는 먼저 어떠한 피해도 없어야 함을 언급한 뒤 다음과 같은 5단계 절차를 제안했다. "(1) 최선의 노력 기울이기 — 금융 규제 당국이 분산원장 등 혁신적 기술에서 파생된 신규 디지털 제품과 서비스, 비즈니스 모델에서 기존의 규제 체계가 어떻게 적용될지에 대한 문제를 다루려면 핀테크 회사들이 (신규 및 기존의 회사 모두) 협력할 수 있는 기술 전담 팀을 지정해야 한다. (2) 숨 쉴 수 있는 공간 마련 - 금융 규제 당국은 영국 금융감독원[FCA, Financial Conduct Authority]의 샌드박스와 유사하게 혁신을 촉진하는 규제 환경을 조성해야 한다. 이러한 환경에서 핀테크 회사들은 규제 기관에 협조적일 수 있고, 집행 조치와 제재적 벌금에 대한 두려움 없이 혁신적 솔루션을 개발하고 실험할 수 있는 적당히 "숨 쉴 공간"을 확보할 수 있다. (3) 참여 유도 - 금융 규제 당국은 기술 혁신에 대한 규제적 이해도를 높이고 효율적인 업무를 수행함에 있어서 새로운 혁신이 어떠한 도움을 주는지 파악하기 위해 핀테크 개념 검증에 직접 참여해야 한다. (4) 청취 및 학습 - 금융 규제 당국은 핀테크 혁신자들과 긴밀하게 협력해 규칙과 규정을 어떤 식으로 채택할지를 결정함으로써 21세기의 기술과 비즈니스 모델들이 기능할 수 있게 해야 한다. (5) 전 세계적 협력 - 금융 규제 당국은 핀테크 회사들이 다양한 주, 연방, 외국의 규제 기관 그리고 국내외 국가에 걸친 제도를 통과해 나아가도록 돕는 전담 팀을 제공해야 한다. 요컨대, 지안카를로 의장은 핀테크를 우선순위로 삼을 계획이라고 밝혔다."[66]

비트코인 해석에 대한 권한

2017년 12월 5일, 상품선물거래위원회는 비트코인 같은 가상화폐에 관련한 소매상품거래에 있어서 자신들의 감독 권한에 관한 제안 해석[Proposed Interpretation]을 발표했다. 이 제안 해석은 가상화폐 거래에 적용이 가능한 "현물 인도[actual delivery]" 예외 조항[exception]에 관한 위원회의 견해를 정리한 것이다. 상품거래법 제2조(c)(2)(D)는 소매물품거래[retail commodity transactions]에 관해 상품선물거래위원회의 관할권을 부여한다. 소매상품거래란 모든 물품에 대한 합의나 계약 또는 거래로 정의된다. 아울러 레버리지나 마진을 이유로 모든 상품에 대해 소매 시장 참여자들과 맺어지거나 이들에게 제안되는 합의, 계약 또는 거래, 혹은 유사한 이유로 제안자, 거래상대방, 또는 제안자나 거래상대방과 협력하는 자에 의해 자금이 조달되는 합의, 계약 또는 거래를 의미한다.

거래일로부터 28일 이내에 "현물 인도"가 이뤄지는 판매 계약에 대해서는 관할권 행사의 예외 조항이 적용된다. 상품선물거래위원회는 다음과 같이 가상화폐로 소매상품거래를 현물 인도할 경우에는 예외 사항을 둘 것을 제안한다. (1) 고객이 다음과 같은 권한을 갖는 경우 (i) 물건이 마진으로 구입됐든 레버리지로 구입됐든 또는 기타 금융 약정을 통해 구입됐든 간에, 물건의 전체 수량에 대한 소유와 지배를 갖는 경우 (ii) 거래일로부터 28일 이내에 자유롭게 상업적으로 (특정 플랫폼 안팎에서 모두) 사용할 수 있는 경우 (2) 제공자 및 거래상대방인 판매자(이들의 각각의 계열사 혹은 기타 유사한 기준으로 제공자 혹은 거래상대방인 판매자와 협력하는 자를 포함한다)가 거래일로부터 28일 이내에 마진, 레버리지 또는 기타 금융 약정으로 구매한 상품에 대한 어떠한 이익이나 지배권도 보유하지 않는 경우.[67] 비록 상품선물거래위원회가 상품과 마찬가지로 주간통상에 있어서 가상통화 현금 시장에 대한 부정행위와 시세 조종을 조사할 권한을 보유한다고 해도, 제안 해석의 취지는 비트코인과 기타 가상화폐를 감독 강화에서 면제하는 것이다.

CFTC 자체 인증 발표

2018년 1월 4일자 공보에서 CFTC는 어떻게 가상화폐에 대한 감독 권한을 확장할지 논하고 다음과 같은 다섯 가지 접근법을 주장했다.[68] "(1) 고객 교육 – 터무니없는 주장, 대범한 제목 및 극단적인 과장법에 대한 이해도 높이기 (2) 법적 권한의 주장 – 사기 및 시세 조종을 막기 위한 CFTC의 활동을 지원하기 위해 가상화폐 파생상품에 대한 법적 권한 주장하기 (3) 시장 인텔리전스 – 시장을 규제하고 집행에 대한 통찰을 얻기 위해 거래 정보와 거래상대방에 대한 정보를 수집함으로써 가상화폐 파생상품 시장 및 기본 참조율을 모니터링할 수 있는 능력 확보하기 (4) 강력한 집행 - 현금 시장이나 현물 시장에서 부정행위 및 시세 조종을 단속하고, 가상화폐 파생상품 및 기초 현물 거래시장에서 사기, 남용, 시세 조종 또는 부정 청탁에 대한 법 집행과 기소 행하기 (5) 정부 차원의 조율 - SEC, FBI, 법무부, 미 재무부 금융안정감독위원회^{FSOC}, 주 정부기관 및 의회 그리고 정책 입안자들 간의 조율"이 바로 그것이다.

지정계약시장^{DCM}은 자기규제기관^{self-regulatory organization}으로서 새로운 상품을 인증하고 상품선물거래위원회의 원리 기반 접근법을 보장하기 위해 의회 및 행정부 인가를 받았다. 이에 따라 2017년 12월 1일부터 시카고상업거래소와^{CME}와 시카고옵션거래소^{CBOE}가 승인되고 자체 인증을 행했으며, 캔터거래소도 비트코인 바이너리 옵션을 자체 인증했다. 상품선물거래소는 앞서 명시된 자체 인증에서 발생하지 않은 허위 진술서에 대한 소송을 제기하는 것을 제외하고는, 자체 인증을 유지할 수 있는 권한이 거의 없다. 상품선물거래소가 비트코인 선물 상품에 대한 자체 인증을 막길 원했다고 해도, 비트코인과 그 밖의 가상화폐의 화려하고 변동성이 큰 특성을 막아내진 못했을 것이다. 따라서 가상화폐 현물시장이 합법적으로 계속 운영되도록 규제 감시를 지속하는 것이야말로 상품선물거래소의 역할이라 할 수 있다. 현재까지 테라거래소 스왑, 나덱스^{Nadex} 바이너리 옵션, 레저엑스 옵션 등 가상화폐 파생상품에 대한 경험을 축적해왔다. 그 밖에 비트코인 선물이 미국 경제 전반에 중대한 영향을 미칠 시스템적으로 중요한 파생상품 청산 기구^{Systemically Important Derivatives Clearing Organization}(시스템적으로 중요한 금융기관에 대한 FSOC의 권한과 유사함)의 강화된 요건을 준수해야 하는, 시스템적으로 중요한 파생상품^{systemically important derivatives}으로 인정될 수 있을지가 추가로 제기됐다.

상품선물거래소는 지정계약시장, 줄여서 DCM의 비트코인 선물 상품의 약관에 대해 강도 높은 심리에 들어갔다. 위원회의 검토는 가상화폐 파생상품 시장의 광범위한 가시성 및 모니터링, 기초적인 결제기준율에 초점을 맞출 것이다. 위원회는 이 같은 고도화된 심사를 통해 사기 및 시세 조종에 관해 특정한 기초 현물 시장에서의 감시 수단을 마련할 수 있을 것으로 본다. 다음에 대해서는 고강도 심리가 진행된다.

- 현금결제형 비트코인 선물에 대해 초기에 상당히 높은 관리 마진을 설정하는 DCM
- 대규모 거래자의 보고 최소 값을 5비트코인 이하로 설정하는 DCM
- 거래 데이터 및 거래자 데이터에 접근할 수 있도록 현물시장 플랫폼과 직간접 정보 공유 계약을 체결하는 DCM
- 가격 합의 및 기타 비트코인 가격과 관련해 현금시장의 데이터를 더욱 광범위하게 모니터링하고, 선물시장에 비해 현금시장의 예외적 사항과 불균형한 움직임을 식별하는 DCM
- 필요할 경우 거래 결제 수준trade settlement level을 포함해, 질의에 참여하기로 합의한 DCM
- 상품선물거래소 감시 팀이 요청하는 경우, 거래 결제 데이터를 제공하는 것을 포함해 상품선물거래소 보안 감시 직원과 거래 활동에 대한 정기적인 조율에 동의하는 DCM
- 상품선물거래소의 시장 감시 부서가 시시각각의 발전을 주의 깊게 모니터링할 수 있도록 상품 출시를 조정하는 DCM[69]

지안카를로 의장은 2018년 1월 말 시장위험자문위원회Market Risk Advisory Committee를 개최하고, 상품거래법과 위원회 규정에 따른 DCM의 신규 상품 자체 인증 절차와 이들의 운영 규칙을 검토하는 것은 물론, 가상화폐의 위험과 도전 과제, 가상화폐 시장 개발에 대해서 머리를 맞댈 것이라고 했다. 지안카를로는 초기 단계의 기술 그 자체에 더해, 가상화폐에 내재된 위험에 대해 설명했다. 아울러 규제되지 않거나 감독되지 않은 거래 플랫폼의 운영 위험, 해킹 가능한 거래 플랫폼과 가상화폐 지갑의 사이버보안 위험, 변동폭이 큰 가격 움직임에 대한 투기 위험, "펌프 앤 덤프 사기", 내부자 거래, 허위 공시, 폰지 사기, 그 밖의 형식의 전통적인 시장 남용을 통한 사기 및 조작 위험을 가상화폐 관련 위험으로 꼽았다. 또한 책임 있는 혁신과 개발이 사기 및 시장 조작을 방지하는 위원회의 역할과 일맥상통한다고 강조했다. 핵심은 규제와 집행이 결부된 소비자 교육에 있다고도 했다.[70]

소비자 보호 리소스 페이지

상품선물거래소 즉, CFTC는 가상화폐 관련 리소스의 보관소 역할을 할 가상화폐 리소스 웹페이지(cftc.gov/bitcoin)를 출시했다. 해당 리소스는 비트코인 선물 및 옵션에 투자하거나 투기하는 경우 가상화폐 상품과 함께 그 잠재적 위험을 대중에게 알리고 교육하기 위한 것이다. 또한 고객 자문용 〈가상화폐 거래 위험의 이해(Understanding the Risks of Virtual Currency Trading)〉를 발표함으로써 가상화폐 위험을 부각시키기도 했다.[71]

금융범죄단속네트워크

가상화폐 관리자, 거래소, 이용자에 관한 FinCEN 지침[72]

미 재무부의 금융범죄단속네트워크FinCEN, Financial Crimes Enforcement Network는 그들의 지침과 행정적 판단에 있어 적극적인 역할을 해왔다. 특히 은행비밀법BSA, Bank Secrecy Act [73]의 하위 규정들을 가상화폐에 적용함에 있어서는 가상화폐를 생성, 취득, 유통, 교환, 인수 또는 양도하는 자의 측면에서 주의를 기울였다.[74] 본래 은행비밀법의 목적은 자금세탁, 테러 자금 조달 및 기타 범죄 행위를 탐지하려는 법 집행 당국의 접근에 대해 은행이 필수적 통제 지위를 갖도록 하려는 데 있다.[75] 이에 부응해 해당 법률에는 기록 보존과 등록에 관한 요건이 규정돼 있다. 동법에 따른 지침에 따르면 화폐서비스업MSB, Money Services Business은 은행비밀법상 요건의 적용을 받는다.[76]

문제는 전환형convertible 가상화폐의 이용자와 거래업자가 은행비밀법상 조문과 지침의 적용 대상인지 여부다. FinCEN은 가상화폐를 획득한 자는 화폐서비스업MSBs의 등록, 보고 및 기록 보관 요건의 준수 대상은 아니지만 어떤 이유로든 그러한 화폐를 인수 및 양도하거나 구매 또는 판매하는 관리자나 거래소는 지침에 따른 송금자money transmitters라고 판단한다.[77] 이 지침은 실제 화폐와 가상화폐를 구분하지 않고, 자금의 이전에 있어서 송금서비스money transmission services(누군가로부터 통화, 자금 또는 기타 가치를 인수하고 이들을 대신해 제삼자에게 양도하는 것)를 제공하는 자를 송금자라고 한다.[78]

FinCEN 지침은 일반적 가상화폐 약정의 참여자들을 다음과 같이 규정한다. 이용자user란 재화나 용역의 구매를 위해 가상화폐를 획득한 자다. 거래소exchanger란 가상화폐를 실제 통화, 자금 또는 그 밖의 가상화폐로 교환하는 사업에 종사하는 자를 말한다. 관리자administrator란 가상화폐 발행(유통 시킴)을 업으로 하는 자로, 가상화폐의 상환권(유통을 중단시킴)을 가진다. 따라서 실제 또는 가상의 재화나 용역 구매에 사용하고자 전환형 가상화폐를 획득하는 이용자는 그 자체로 "화폐 송금 서비스"의 정의에 부합하지 않는다는 점에서 해당 지침은 이용자를 이 지침에 따른 화폐서비스업 규정의 적용 대상이 아니라고 기술한다.

그런데 FinCEN 지침이 상품이나 서비스의 구매자가 아닌 가상화폐 증여자를 어떻게 규정하고 있는지는 분명치 않다. 이 같은 이용은 사업에 따른 것이 아니므로, 가상화폐 증여자는 거래소의 영역권 내에 들지 않는 것처럼 보인다. 한편, (1) 전환형 가상화폐를 인수하고 양도하거나 (2) 전환형 가상화폐를 어떤 이유로든 매입하거나 판매하는 관리자나 거래소는 송금자 정의에 대한 적용이 제한되거나 면제되지 않는 이상 해당 지침에 따른 송금자다. 즉, 이런 관리자나 거래소는 한 사람이 다른 사람에게 가치를 이전하거나 한 장소에서 다른 장소로 가치를 이전하도록 허용하는 범위 내에서 송금자에 해당한다. 가상 상품 및 가상 서비스에 대한 대가로 제삼자에게 지급 결제를 허용하는 것도 포함된다.[79]

탈중앙의 전환형 가상화폐(예: 비트코인)에 관해 살펴보면 실제 상품이나 가상의 상품을 구매하고자 화폐를 생성(채굴)하는 자는 송금자가 아니라 이용자로 간주돼 FinCEN 규정에서 면제된다. 또한 실제 화폐나 그에 상당하는 금액으로 타인에게 판매하고자 전환형 가상화폐를 생성하거나 자금의 인수와 양도의 일환으로 가상화폐를 인수한다면 이용자는 양도에 관여한 송금자로 간주된다.[80] 화폐서비스업자는 거래 기록의 관리를 포함해 부수적인 요건의 적용을 받는데, 가령 3천 달러 이상의 거래 당사자는 송금자와 수취인에 관한 정보 및 당사자 간 거래 정보를 입수해 이를 다음 차례 자금 송금에 관련한 중계 금융기관에 전달해야 한다. 또한 의심스러운 거래 상황을 모니터링하고 현금 1만 달러 이상되는 고객의 거래를 보고해야 한다.[81] 이것이 바로 익명성을 갖는 비트코인과 기타 가상화폐의 조사 방법 중 하나이다.

2014년 1월 30일 가상화폐 소프트웨어 개발에 관한 FinCEN의 판단[82]

이후 의견서에서 FinCEN은 가상화폐 개발과 가상화폐 거래 플랫폼의 규제 적용에 관한 FinCEN의 입장을 좀 더 면밀히 설명했다. 다음과 같은 문의 사항이 FinCEN에 게시됐다. 한 업체는 가상화폐를 받는 것과 그 등가의 법정화폐로 대가를 지불하는 것을 자동화함으로써 회사가 매도인들로부터 가상화폐를 쉽게 구매할 수 있도록 하는 소프트웨어를 생산하려고 한다고 했다. 법정통화를 얻기 위해 이 회사의 소프트웨어 인터페이스를 이용하게 될 잠재적 가상화폐 판매자들은 몇 가지 옵션 중 회사의 선택에 따라 가상화폐 제공 절차를 개시하게 된다. 이 소프트웨어는 당사자 간에만 사적으로 이용된다. 해당 업체가 가상화폐 거래소에서 선택한 대로 매도인들로부터 가상화폐를 매입해 이를 전매轉賣하는 방식으로 자사 전용 계정으로 전환형 가상화폐에 투자할 계획이다.

제시된 사실을 바탕으로 2011년 7월 21일부로 FinCEN의 최종 규칙Final Rule에 따른 답변이 게시됐다. 여기서 FinCEN은 "화폐서비스업"이란 "사업 장소를 불문하고 정기적 또는 비정기적으로 체계적인 사업적 관심에 따라 미국 전역 또는 상당한 부분에서 열거된 하나 또는 그 이상의 역할을 수행하는 자"이며, "송금자"란 화폐를 송금하거나 그 밖에 화폐를 대체하는 가치를 이전하는 것을 포함해 송금 서비스를 제공하는 자라고 정의했다. 또한 회사의 소프트웨어 제작만으로는 회사를 송금자로 취급하는 가치의 인수와 양도에 해당하지 않지만 (1) 전환형 가상화폐를 인수해 양도하거나 (2) 이용자와 이용자 대신 재화나 용역을 구매하는 판매자 간의 중개 역할을 하는 것을 포함해 어떤 이유로든 전환형 가상화폐를 구입하거나 판매하는, 관리자 또는 거래소는 FinCEN 규정에 따른 송금자에 해당한다. 만약 해당 업체가 자사 전용 계좌에서 해당 가상화폐를 투자용으로 배타적으로 매입, 매도하고 있다면 그러한 행위는 화폐 교환에 관여하는 것이 아니고, 만약 업체가 전환형 가상화폐의 인수와 양도를 수반하는 투자 관련 서비스나 중개 서비스를 타인에게 제공한다면, 이때 비로소 FinCEN 및 관련 의무 규정상 등록이 요구되는 송금자에 해당될 수 있다.[83]

전환형 가상화폐 트레이딩 및 예약 플랫폼에 관한 FinCEN의 판단[84]

FinCEN은 한 회사의 전환형 가상화폐 트레이딩 및 예약 플랫폼이 FinCEN의 등록 요건을 준수해야 하는 송금인에 해당하는지를 판단했다. 이 플랫폼은 법정통화로 전환형 가상화폐를 사고 팔려는 주문들을 상호 연결하는 트레이딩 시스템과, 한 종류 또는 그 이상의 화폐를 매매하려는 자들이 장래에 그들의 거래를 충당할 자금을 예치해두기 위한 일련의 장부 계정으로 구성돼 있다. 각각의 계정은 미국 달러 계정과 가상화폐 계정으로 구분되며, 채권자로부터 압류될 수 없도록 보호받는다. 고객들이 예치된 화폐를 제시한 가격에 매매하려면 해당 회사에 주문을 넣어야 한다. 만들어질 플랫폼은 화폐의 매수 주문 시마다, 한 건 이상의 동종 화폐의 매도 주문을 자동으로 매칭길 시도한다. 만일 매칭되는 주문을 찾으면 회사는 고객으로부터 가상화폐를 매수해 장래의 매도인이 될 자에게 이를 매도하게 된다. 만일 회사가 매칭 결과를 찾지 못하면 고객은 회사 계정에 자금을 그대로 묶어 두거나 자금의 반환을 요청할 수 있다.

이 같은 사실을 근거로 FinCEN은 해당 회사가 송금인에 해당할 것이라 판단했다. 또한 송금자에 대한 정의를 재차 인용하면서 회사가 주장하는 바 고객들이 오프세팅offsetting 매칭을 찾으라는 조건부 명령을 내리는 시점에는 송금이 전혀 발생하지 않는다는 점에 동의하지 않았다. FinCEN이 말하는 송금자에 관한 정의는 그것이 적용되기 이전의 조건부 요소들이 포함되지 않는다. 그러므로 화폐, 자금, 혹은 화폐 대체적 가치를 제삼자나 제삼의 장소로 송금하려는 의도와 취지를 갖고 해당 화폐, 자금 또는 화폐 대체적 가치를 수취하는 자는 송금인이 미리 설정한 특정 조건이 충족됐을 때 FinCEN 규정에 따른 송금인이 된다. 따라서 매수를 원하는 자를 발견하는 것에 송금이 예속된다는 점 그리고 송금이 실제 일어나지 않을 수도 있다는 점이 송금자 정의에 대한 예외를 형성할 수 없다. 고객들이 서로를 식별하지 못한다는 해당 플랫폼의 주요 특징 역시 FinCEN의 판단을 바꾸진 못했다. 플랫폼을 통해 이뤄지는 각 트레이딩은 두 가지의 송금 거래를 일으킨다. 하나는 회사와 가상화폐 매수를 원하는 고객 간의 거래이고, 다른 하나는 회사와 동일한 환율로 같은 종류의 가상화폐를 매도하려는 고객 간의 거래다.

FinCEN은 회사의 시스템에서 발생하는 송금은 해당 회사가 주장하는 바 면제exemption를 받을 자격을 갖추지 못했다고 결론을 지었다. 또한 면제를 적용하기 위해서는 세 가지의 기본 조건이 전제돼야 한다고 언급했다. 즉 (1) 송금의 구성 요소는 송금 그 자체와는 구별되는 재화나 서비스의 제공의 일부여야 한다. (2) 면제는 오직 송금과는 구별되는 재화 또는 서비스의 제공에 관여하는 자에 의해서만 청구될 수 있다. (3) 송금의 구성 요소는 재화나 서비스 제공에 내포(즉 필수불가결)돼야 한다. 해당 회사가 목적한 플랫폼은 제삼자 간에 현실과 가상의 모든 가치의 이전을 용이하게 한다. 이 회사 시스템의 유일한 목적은 송금 그 자체에 있고, 이러한 송금은 해당 회사가 제공할 금전 아닌 것에 대한 양도 서비스에 필수불가결한 부분이 아니다. 그러므로 이 회사는 송금자로 등록해야 한다.[85]

가상화폐 채굴에 FinCEN의 송금 규정 적용[86]

FinCEN은 한 회사가 비트코인을 채굴해 이를 특정 방법으로 처분하게 될 때 과연 이 회사가 은행비밀법BSA상 송금자에 해당되는지 판단해 달라는 질의를 받고 이에 답변했다. 이 회사는 사용된 적도 없고 이전된 적도 없는 비트코인을 채굴했고, 이렇게 채굴한 비트코인을 법정통화로 전환해 차후에 재화나 서비스 구입에 사용하거나 회사 소유의 가상화폐를 이전하는 데 사용할 예정이라고 진술했다. 이에 FinCEN은 비트코인 채굴이란 것이 비트코인 이용자로 하여금 타인의 이익을 위해 아무개 또는 아무 곳에 비트코인을 전송하라는 의무를 지우는 것이 아니고, 오히려 현실 물품이나 서비스를 구입하든 가상 물품이나 서비스를 구입하든 채굴한 화폐를 이용하는 자가 자신의 이익을 위해 자유롭게 사용할 수 있는 것이 아니냐고 말했다. 이 같은 사용은 FinCEN 규칙이 의미하는 바 "수취"도 "양도"도 아니므로 명백히 법규에 따른 송금이라고 볼 만한 것이 없다.

이와 비슷하게, 채굴된 비트코인을 정상적인 사업 과정에서 생긴 부채를 갚는 데 사용하거나 법인이 주주에게 배당금을 지급하는 데 사용하는 경우에도 위 FinCEN 규칙은 적용되지 않는다. 규칙 적용의 핵심은 행위자가 송금업에 종사하는지 여부에 달려 있다. 그러므로 가령 재화나 서비스의 제공자가 그 대가로 비트코인 수취를 거부하는 경우 또는 사용자가 투자 목적으로 미래의 필요를 예상해 다양한 화폐의 보유를 원하는 경우와 같이 이용자가 타인의 사업이 아닌 이용자 자신을 위해 채굴한 비트코인을 실제 통화나 다른 전환형 가상화폐로 바꿀 필요가 있는 상황이라면, 그 어떤 경우에도 송금으로 간주되지 않는다. 이렇게 화폐를 전환하는 행위 그 자체는 그 행위자를 송금자로 취급하게 되는 송금을 구성하지 않는다.[87]

FinCEN은 지침의 관련 규정 및 정의를 재차 설명하면서, 회사가 채굴한 비트코인을 (1) 재화나 서비스의 구입 대가를 지불하기 위해 이용하는 경우, 이전에 발생한 부채를 청산을 위해 이용하는 경우(비트코인 소유자의 채무를 포함) 또는 소유자에게 분배하기 위해 이용하는 경우 또는 (2) 실제 화폐 또는 기타 전환형 가상화폐를 오직 지급 수단으로써 이용하고자 구매하는 경우, 또는 실제 화폐나 또 기타 전환형 가상화폐를 오직 자사의 투자 목적에 이용하고자 구매하는 경우라면 이러한 회사는 비트코인 "이용자"일 뿐 화폐서비스업자가 아니라고 판단했다. 회사가 판매자, 채권자, 소유자 또는 거래 상대방을 대신해 제삼자에게 채굴된 화폐를 이전하는 것에 관여할 예정이었던 경우 혹은 법정통화나 가상화폐의 수취 및 양도를 구성하는 기타의 행위에 관여하려 했던 경우라면, 해당 회사는 은행비밀법이 정한 요건이 적용 대상이 되는 송금 행위에 관여하는 것일 수 있다는 점에서 세심하게 검토돼야 한다.

화폐서비스업으로 지정된 경우의 적용 요건

일단 "화폐서비스업"으로 설계된 업체에는 수많은 요구 사항이 뒤따른다. 은행비밀법 시행령에 따르면[88] 각각의 화폐서비스업은 효과적인 자금세탁 방지 프로그램을 개발하고 시행하며 관리해야 한다. 효과적인 자금세탁 방지 프로그램이란 화폐서비스업이 자금세탁과 테러리스트 모금에 이용되는 것을 막기 위해 합리적으로 고안된 것이다. 서면 프로그램은 화폐서비스업자가 제공하는 금융 서비스의 장소, 규모, 특성 및 거래량에 따른 위험에 상응하는 것이어야 한다. 요청이 있을 경우 프로그램의 사본을 재무부 Treasury Department에 제출해야 한다.

최소한 이 프로그램은 합리적으로 설계된 정책과 절차, 내부 통제를 통합시킴으로써 컴플라이언스를 보장해야 하며 다음의 조항을 포함해야 한다. (1) 고객 신원의 확인 (2) 보고서 제출 (3) 기록의 작성 및 보관 (4) 법 집행 요청에 대한 대응이 그것이다. 화폐서비스업자는 컴플라이언스 절차가 통합된 자동화된 데이터 처리 시스템을 갖춰야 한다. 또한 평시 프로그램 준수 여부 확인자를 지정해서 화폐서비스업자가 적절하게 보고서를 제출하고, 기록을 작성 및 보유할 수 있게 해야 하며, 의심스러운 거래 탐지 훈련을 포함해 프로그램에 따라 직원의 책임에 관한 교육을 적절히 실시해야 하는 것은 물론, 프로그램을 감사하고 관리하기 위한 외부 검토를 진행해야 한다.[89]

미국 대 로드

6장, '가상화폐 관련 형사소추와 민사소송'에 인용된 사건 외에도 형사 범죄와 민사 위반의 소추에 관해서는 미국 대 로드[U.S. V. Lord] 사건도 있다.[90] 척추 지압사 랜달 로드[Randall Lord]와 그의 아들 마이클 로드[Michael Lord]는 그들의 유죄 인정을 철회하고자 했지만, 재판부는 이를 인정하지 않았다. 로드 부자는 비트코인 교환 서비스 광고를 게시하며 로컬비트코인스닷컴[localbitcoins.com]이라는 업체를 운영, 현금과 신용카드 혹은 기타 지급 결제 형식으로 비트코인을 교환했다. 로드 부자의 계좌로 돈을 이체하면 그들은 코인베이스[Coinbase]에서 비트코인을 구입해 비용을 이체한 고객들에게 서비스 제공 대가로 적은 수수료를 받고 비트코인을 이전해주는 것이었다. 로드 부자는 여러 개의 은행 계좌를 사용했다. 온라인 비트코인 중개업체 코인베이스는 로드 부자의 거래량을 파악한 직후 이들과 접촉했고, 2013년 3월자 FinCEN 지침에 따라 비트코인 거래소로 등록해야 한다고 고지했다. 로드 부자의 고객에게 250만 달러 이상을 비트코인으로 교환했던 초기 거래 이후 수개월 동안 거래소로 등록돼 있지 않았으나, 당시는 등록이 완료된 상태라고 코인베이스에 통지했다. 연방 기관은 로드 부자에게 비트코인을 구매한 자와 마약 거래를 한 혐의로 아들인 마이클 로드를 조사하는 과정에서 로컬비트코인스닷컴의 존재를 인지하게 됐다. 비트코인 교환 사업의 운영에 관해 여러 죄목으로 기소를 당한 후, 랜달 로드는 무면허 화폐서비스업 운영에 대한 음모와 그 행사 혐의를 적용한 기소장 1번 소인[訴因]에 대해 유죄를 인정했다. 마이클 로드 또한 마약 음모의 공범에 대해 유죄를 인정했다.

법원은 마이클 로드가 마약 혐의에 대한 유죄 인정을 철회하기 위한 "공정하고 정당한" 이유를 구성하는 어떤 논거도 제시하지 못했다고 판시하며, 유죄 인정 철회에 대한 로드의 요청을 배척했다. 무면허 송금업체 운영과 관련해서 법원은 피고들이 루이지애나주 법에 따라 면허가 필요치 않다고 주장한 점에 대해서는 동의했다. 그렇지만 피고들이 연방법에 따라 기소된 것은 적절하다고 밝혔다. 법원은 정부가 피고를 "무면허 송금업자"로 입증할 수 있는 두 가지 개별 방안이 연방 법률에 규정돼 있다고 말했다. 즉 (1) 면허가 필요한 주에서 주 면허 취득에 실패한 경우(정부에 의해 인정되고, 여기서는 나타나지 않음) 또는 (2) 별도의 연방 등록 요건을 준수하지 않은 경우가 그것이다.

법원은 무면허 송금업의 연방 규정 위반에 대한 유죄 인정은 검찰이 제시한 바와 같이 사실상 그리고 법률상 충분한 근거를 갖는 것으로 보인다고 밝혔다. 법원은 "화폐서비스업"과 "송금자"에 대한 정의를 내리면서 제시된 혐의에 대한 충분한 증거가 있다고 밝혔으며, 위반 사항에 대한 유죄 인정을 받아들였다. 이 유죄 인정에 대한 철회를 승인하기 위해 법원은 철회 허용 결정을 위한 다중 요인 테스트를 적용했다. 법원은 연방 형사소송 규칙 Federal Rules of Criminal Procedure에 규정된 각각의 요인을 검토했고, 본래 그러한 철회는 15개의 소인訴因을 기소해야 하는 법원을 매우 불편하게 만드는 것이라고 밝혔다. 법원은 유죄 인정 당시 피고인들이 유죄를 인정할 만한 능력이 있었는지를 광범위하게 질의했다. 결국 법원은 피고들이 자유롭고 자발적으로 헌법상 권리를 포기함과 동시에 그것이 유죄 인정이라는 사실을 알면서 자의적으로 행한 것이라고 판단했다.[91]

그 밖의 가상화폐 규제 기관

연방준비제도이사회

연방준비제도FED 운영위원이자 감독 부의장 랜달 퀄스Randal K. Quarles는 비록 현재는 디지털 통화가 미국의 재정 안정성에 큰 우려가 되지 않는다 해도 언젠가 디지털 통화가 광범위하게 보급될 때에는 이것이 문제가 될 수도 있다고 언급했다. 경제가 금융 위기를 맞았을 때 미국의 지급 결제 시스템상의 중앙 자산이 미국 달러와 안정적 환율로써 예측 가능하게 교환될 수 없다면, 이에 따른 위험과 잠재적인 유동성은 심각한 문제가 될 수 있다는 것이다. 어쩌면 밀려들어오는 유동성 수요에 직면하게 될 민간 부문과 비은행들이 전체 경제에 상당한 파급 효과를 미치게 될 수도 있다.[92] 그렇다면 "도드─프랭크법Dodd-Frank Act"에 그 설립 근거를 두고, 미국 경제 전체에 해를 끼칠 수 있는 "시스템적으로 중요한" 금융기관을 감독하고 있는 금융안정감독위원회FSOC가 비트코인 및 기타 암호화폐를 관할권에 귀속시킬 수 있을 것인가에 대한 물음이 제기될 수 있을 것이다. 이러한 상황 속에서 신기술 개발을 가로막는 성가신 규칙과 규정이 제정될 가능성도 있다.[93]

연방준비제도이사회는 가상화폐에 대한 규제를 자제해왔다. 전 연방준비제도이사회 의장 재닛 옐런Janet Yellen은 연방준비제도이사회는 어떤 식이든 비트코인을 감독하거나 규제할 권한이 없다고 지적하며 미국 의회에 해당 감독 강화 권한을 요청했다.[94]

소비자금융보호국

웹사이트의 설명에 따르면 소비자금융보호국 사무국은 불공정하고 기만적이며 남용적인 행위 전략에 대한 보호책을 제공함으로써 소비자와 공급자 그리고 경제 전반에서 금융 시장이 작동하도록 할 책임을 지니며, 사무국 규정을 위반한 자에 대해서 법 집행에 착수할 권한이 있다. 기업은 소비자가 가격, 위험 및 계약 조건을 인식하도록 함으로써 그들이 책임 있는 금융 결정을 내릴 수 있게 해야 한다. 도드─프랭크법에 따라 설립된[95] 소비자금융보호국CFPB은 버락 오바마 전 대통령이 엘리자베스 워렌Elizabeth Warren을 초대 총재로 임명하려는 시도로 시작됐다. 하지만 사무국은 정쟁의 희

생양일 뿐이었다. 상원의 동의를 얻지 못한 이 일은 훗날 워렌이 매사추세츠주 상원의원으로 성공적으로 선출되게 하는 단초가 됐다. 가상화폐와 관련해 소비자금융보호국은 가상화폐의 해킹 위험, 신용화폐 대비 가상화폐 보호책 부족, 기타 통화 거래 비용을 상당히 초과할 수 있는 가상화폐 거래 비용과 필연적인 사기 위험을 경계하는 소비자 권고안을 발표했다. 이 권고안은 소비자에게 누구와 거래하는지 그 대상을 파악할 것과, 만일 거래소를 이용한다면 그들이 거래하는 거래소가 제대로 등록돼 있는지 FinCEN 웹사이트에 문의해 확인해 보라고 조언했다. 또 현금인출기^{ATM}와는 다른 비트코인 키오스크의 이용, 비트코인의 가격 변동성, (완전한 투자 손실을 초래할 수 있는) 개인 키 분실의 결과, 일반 은행과 신용조합에 주어지는 정부의 예금 보증의 미비 등을 경고했다.[96]

통화감독청

비록 가상화폐 이슈를 직접 다루지 않는다고 해도 통화감독청^{OCC}은 이 새로운 기술이 갖는 함의를 분명히 인식하고 있다. 혁신적 기술을 완성하기 위한 권고안에 발맞춰, OCC는 금융상품과 서비스에 관해 소비자들이 좋아하는 새롭고 색다른 것들을 다루고자 프레임워크 구현 혁신 사무소^{Office} $^{of\ Innovation\ to\ Implement\ the\ Framework}$를 설립했다. 비은행(그림자 은행)의 발흥과 함께 기존 은행에 견줄 만큼 높아진 이들의 중요성은 분산원장의 출현과 이 세찬 물결에 밀려 이제 새로운 은행의 모델을 요구하고 있다. 그리하여 2015년 OCC는 혁신에 방점을 두고 새롭게 진화하는 규제 환경을 더 잘 이해하기 위한 연구를 시작했다. 몇 가지 권고안이 산출돼 나왔다. 먼저는 은행의 비즈니스 전략에 맞춘 건전한 리스크 관리를 통해 소비자와 기입 그리고 커뮤니티의 니즈^{needs}를 만족시킬 "책임 있는 혁신"이다. 이 책임 있는 혁신이 지향하는 원칙에는 책임 있는 기술 혁신의 지원, 책임 있는 기술 혁신을 수용하는 내부 문화의 육성, 기관의 경험과 전문 지식의 활용, 금융서비스에 대한 공정한 접근과 소비자에게 공정한 대우를 제공하는 책임 있는 기술 혁신의 장려, 효과적 위험관리를 통한 더욱 안전하고 건전한 영업 활동, 규모를 불문한 모든 은행의 전략 계획에 있어서 책임 있는 혁신의 통합 장려, 공식적인 의견 수렴을 통한 지속적인 대화의 촉진, 다른 규제 기관과의 협력이 포함돼 있다.[97]

새로이 설립된 이 혁신 사무소가 보여주는 대내외적인 기능은 이렇다. 접촉할 수 있는 창구를 제공하고 질의 응답에 편의를 제공하는 것은 물론 외부 원조와 기술 지원도 제공한다. 또한 인식과 문화, 교육의 증진을 위해 노력하며 진화하는 금융 서비스 환경을 모니터링하고, 국내외 규제 기관과도 협력한다. 이 혁신 사무소는 핵심 기능을 효율적이고 효과적으로 실행할 수 있도록 하고, OCC의 전문성을 활용하며, 현재의 의사 결정 기능을 보존하는 것은 물론 국내외 주주의 혁신을 이룰 수 있는 자원을 개발하고 절차와 의사 결정에 대한 신뢰 가능한 증거를 제공한다는 원칙을 지향하고 있다.[98]

연방통상위원회

연방통상위원회[FTC]는 1914년 연방통상위원회법[Federal Trade Commission Act]에 따라 설립됐다.[99] 위원회에 주어진 권한은 원래 상업 부문에서의 불공정 경쟁을 막고자 함이었으나, 훗날 이것은 불공정하거나 기만적인 행위나 영업 관행을 방지함으로써 사실상 소비자를 보호하려는 목적으로 수정됐다. 비트코인과 블록체인 관련 활동에 대한 FTC의 법 집행이라 함은 경고문을 발하는 것 외엔 경미한 수준이었지만, 점차 비트코인 채굴기와 서비스를 구매한 소비자들에게 영향을 줄 정도의 조치에 관계하기 시작했다.

FTC 대 비에프 랩스

버터플라이 랩스^{Butterfly Labs}를 거래명으로 하는 주식회사 비에프 랩스^{BF Labs}에 대한 소에서, FTC는 주장된 허위 사실에 대해 금지 명령 구제, 계약 해지 또는 변경, 상환, 지불금의 환불, 부정 소득의 반환으로 이뤄진 공정한 구제 방안을 모색했다.[100] 피고들의 주장에 따르면 그들은 버터플라이 랩스를 운영하면서 비트코인을 생성할 수 있다고 알려진 비트코인 채굴기와 서비스를 소비자에게 판매했다. 이들은 채굴기와 서비스의 대가로 적게는 149달러에서 많게는 29,899달러의 선급금을 소비자에게 부과했다. 후자의 금액은 최고 출력의 기계 사용료였다. 이후 기계나 서비스를 구매한 약 2만 명의 소비자들이 비트코인 채굴기와 서비스를 전혀 제공받지 못했고 이에 따라 비트코인을 채굴할 수 없었다는 주장이 여러 사건에서 제기됐다. 또 다른 소송에서는 기계 납품이 최대 1년 동안이나 지연돼 채굴기가 무용지물이 되거나, 기계 파손이나 결함이 발생하기도 했다는 견해가 나왔다. 페이스북 등을 통한 버터플라이 랩의 광고는 오해의 소지가 있었고, 정해진 선급금으로 채굴 서비스를 제공하겠다는 주장 역시 그러했던 것으로 알려졌다. 어쩌다 환불 약속을 보장하긴 했지만 결국 어떤 환불도 이뤄지지 않았다.

해당 소송에서 도출된 합의 결정문에 따르면 버터플라이 랩스와 이 회사 운영자 두 명은 향후 제품이나 서비스가 비트코인과 그 밖의 가상화폐 생성을 위해 사용될 수 있는지 여부, 제품 또는 서비스의 수령일 그리고 제품이 새것인지 아닌지 여부에 대해 소비자가 오인할 만한 정보의 제공을 해선 안 된다는 점에 동의했다. 또한 30일 이내에 이 회사의 비트코인 채굴기와 기타 가상화폐 채굴 제품을 소비자들이 이용할 수 없거나 배송이 이뤄지지 않은 경우에는 회사와 임원들이 이에 대한 선급금을 수령할 수 없다. 만약 30일 이내에 제품 배송이 이뤄지지 않는다면 피고들은 반드시 환불 절차를 진행해야 한다. 손상이나 결함이 있는 기계는 즉시 환불해줘야 하며 배송 일정에 차질이 생기면 소비자의 동의를 받은 다음 지연 배송이 가능하다. 이 같은 법원의 명령에는 채굴기에서 획득한 비트코인의 현금 가치의 전부 반환을 조건으로 한 금전적 판결에 대한 부분적 유예가 포함돼 있다.[101]

북미증권관리자협회

비정부기구들 역시 앞서 이야기한 것과 유사한 이유로 투자자들에게 경고를 했다. 북미증권관리자협회NASAA는 특히 투자자들이 암호화폐의 놀랄 만한 가치 상승으로 큰 관심을 모았던 뉴스 헤드라인과 과장 광고에 압도되지 않을까 우려하고 있다. NASAA의 회장이자 앨라배마 증권위원회Alabama Securities Commission 소장 조셉 보그Joseph P. Borg는 중앙은행에 의한 보험이나 이들의 통제하에서 나오는 안전망이 암호화폐에는 부족하다는 점과 암호화폐가 여타 상품과 교환되기 어렵다는 점을 경고했다. NASAA의 연구에 따르면 감독기관의 94%는 암호화폐가 사기 위험에 연관돼 있다고 생각했다. 더군다나 이들 전부는 투자자 보호를 위해 더 많은 규제가 필요하리라는 점에 일치된 견해를 보였다. 이 연구는 ICO를 IPO와 비교했는데, IPO는 자본을 조달하기 위해 주식을 매도하지만 ICO는 종종 프로젝트 자금을 조달하기 위해 가치가 없는 토큰을 판매한다고 밝혔다. 이 연구는 높은 투자 수익률의 보장, 요청하지 않은 제안, 즉시 구매의 압박, 무면허 판매업자, "너무 좋아서 사실일 리 없는sounds too good to be true" 오류 등의 우려를 포함해 앞서 말한 일반적 경고들을 재차 언급했다.[102]

다음에 이어질 5장, '가상화폐에 관한 주 정부 규정'에서는 암호화폐 거래 기술에 대한 사람들의 지식 부족을 악용하는 부도덕한 기업가들로 인해 주민들의 투자가 위태로워지는 점을 고려하면서, 연방정부의 규제와 더불어 미국 각 주가 어떻게 이 같은 투쟁에 가담하기 시작했는지 살펴보게 될 것이다. 주권 기관으로서 몇몇 주는 대중 보호에 최선이라 여겨지는 규정을 채택하고 있다.

참고문헌

1. Sherisse Pham, North Korea is trying to amass a Bitcoin war chest (Sept. 12, 2017), CNN Tech, http://money.cnn.com/2017/09/12/technology/ north-korea-hackers-Bitcoin/index.html. See also, Qin Chen, Bitcoin 'mining': A new way for North Korea to generate funds for the regime World Economy, Sept. 13, 2017, https://www.cnbc.com/2017/09/13/ Bitcoin-mining-a-new-way-for-north-korea-togenerate-funds-for-the-regime.html

2. North Korea's Political Elite is Not Isolated, Insikt Group, July 25, 2017, https://go.recordedfuture.com/hubfs/north-korea-internet-activity.pdf

3. Jason Bloomberg, Bitcoin: 'Blood Diamonds' of the Digital Era, Forbes, Mar. 28, 2017, https://www.forbes.com/sites/jasonbloomberg /2017/03/28/Bitcoin-blood-diamonds-of-the-digitalera/#13d1abf6492a

4. Dan Boylan, Military, intelligence agencies alarmed in surge of Bitcoin value in 'dark web' fight, Washington Times, Aug. 10, 2017, https:// www.washingtontimes.com/news/2017/aug/10/Bitcoin-valuesurge-sign-of-criminal-activity/

5. Olivia McCoy, Bitcoins for Bombs, Council of Foreign Relations, Aug. 17, 2017, https://www.cfr.org/article/Bitcoin-bombs

6. Zachary K. Goldman, Ellie Maruyama, Elizabeth Rosenberg, Edoardo Saravalle, and Julia Solomon Strauss, Terrorist Use of Virtual Currencies: Containing the Potential Threat, CNAS, May, 2017, https://www.cnas. org/publications/reports/terrorist-use-of-virtual-currencies

7. Mike Orcutt, Criminals Thought That Bitcoin Was the Perfect Hiding

Place, But They Were Thought Wrong, MIT Technology Review, Sept. 11, 2017, https://www.technologyreview.com/s/608763/criminalsthought-Bitcoin-was-the-perfect-hiding-place-they-thought-wrong/

8. Matthew J. Schwartz, Tougher to Use Bitcoin for Crime? Why Anonymous Use of the Cryptocurrency May Prove Difficult, Bank Info Security, Dec. 30, 2017, https://www.bankinfosecurity.com/tougher-to-use-Bitcoinfor-crime-a-7731

9. One of a number of sites that discuss the issue is by J. Dax Hansen and Joshua L. Boehm, Treatment of Bitcoin Under U.S. Property Law, Perkins Coie, Mar. 2017,, https://www.virtualcurrencyreport.com/wpcontent/uploads/sites/13/2017/03/2016_ALL_Property-Law

10. U.S. Securities and Exchange Commission, What We Do, https://www.sec.gov/Article/whatwedo.html

11. U.S. Securities and Exchange Commission, Initial Coin Offerings Investor Bulletin (July 27, 2017), https://www.sec.gov/oiea/investoralerts-and-bulletins/ib_coinofferings

12. U.S. Securities and Exchange Commission, SEC Announces Enforcement Initiatives to Combat Cyber-Based Threats and Protect Retail Investors, Press Release, Sept. 25, 2017, 2017–176, https://www.sec.gov/news/press-release/2017-176

13. The foregoing discussion stating some of the articles discussing the issue is found in J. Dax Hansen, Carla L. Reyes, and Josh Boehm, Resources on Crypto-Tokens and Securities Law, June 5, 2017, Perkins Coie Virtual Currency Report, https://www.virtualcurrencyreport.com/2017/06/resources-on-crypto-tokens-and-securities-law/

14. For a commentary, see Richard M. Martinez, Mark W. Rasmussen, Stephen J. Obie, Harriet Territt, and Brendan Ballou, Crackdown: SEC's New Cyber Unit Targets Blockchain and ICO Abuses (Dec. 19, 2017), Mondaq, http://www.mondaq.com/unitedstates/x/657534/Securities/Crackdown+SECs+New+Cyber+Unit+Targets+Blockchain+And+ICO+Abuses

15. SEC. v. REcoin Group Foundation, LLC. No. 17 Civ.... (E.D., N.Y. Sept. 29, 2017), https://www.sec.gov/litigation/complaints/comp-pr2017-185. pdf.

16. David W. Adams and Edmund J. Zaharewicz, SEC Files First ICO Enforcement Action, Daily Journal, Oct. 6, 2017, cited by Carlton Fields, Mondaq, http://www.mondaq.com/unitedstates/x/643036/fin+tech/SEC +Files+First+ICO+Enforcement+Action

17. Steve Gatti, Megan Gordon, and Daniel Silver, SEC Enforcement Against Initial Coin Offering, Harvard L.S. On Corporate Governance and Financial Regulation, Oct. 30, 2017, https://corpgov.law.harvard.edu/ 2017/10/30/sec-enforcement-against-initial-coin-offering/

18. Herbert F. Koslov, Karl S. Larsen, Michael Selig and Matthew H. Kita, United States: SEC Enforcement Action Involving Coin Offering Muddles Jurisdictional Waters, Reed Smith, Oct. 4, 2017, https://www.reedsmith. com/en/perspectives/2017/10/sec-enforcement-actioninvolving-initial-coin-offering

19. Pub.L. 73–22, 48 Stat. 74 (1933).

20. Pub.L 112–106, 126 Stat. 306 (2012).

21. U.S. Federal Register, Crowdfunding, 80 F.R. 71387. https://www. federalregister.gov/documents/2015/11/16/2015-28220/crowdfunding

22. U.S. Securities and Exchange Commission, Report of Investigation Pursuant to Section 21(a) of the Securities Exchange Act of 1934, Release No. 81207 (July 25, 2017), https://www.sec.gov/litigation/investreport /34-81207.pdf.

23. Id. at 11–15.

24. Citing 15 U.S.C. §77b(a)(4).

25. Citing Doran v. Petroleum Mgmt. Corp., 545 F.2d 893, 909 (5th Cir. 1977).

26. U.S. Securities and Exchange Commission, supra, note 15 at 15–17.

27. Id. at 5–8.

28. U.S. Securities and Exchange Commission, SEC Issues Investigative Report Concluding DAO Tokens, a Digital Asset, Were Securities, Press Release, No. 2017-131, https://www.sec.gov/news/press-release/2017-131

29. Klint Finley, A $50 Million Dollar Hack Just Showed That The DAO Was All Too Human, WIRED, June 18, 2016, https://www.wired.com/2016/06/50-million-hack-just-showed-dao-human/

30. Matthew Leising, The Ether Thicf, BLOOMBERG, June 13, 2017, https://www.bloomberg.com/features/2017-the-ether-thief/

31. Munchee Inc., SEC Adm. Proc. No. 3-18304 (2017), https://www.sec.gov/litigation/admin/2017/33-10445.pdf

32. Adam T. Ettinger, When Does Software Become Securities, Lexology, Dec. 12, 2017, (https://www.lexology.com/library/detail.aspx?g=87cce8ca-e51f-4b7e-8769-c67c63bd1455

33. Jeffrey L. Robins, SEC Issues Cease and Desist Order Shutting Down ICO, Cadwalader News and Headlines, Dec. 11, 2017, https://www.findknowdo.com/news/12/11/2017/sec-issues-cease-and-desistorder-shutting-down-ico

34. SEC Takes Aim at Initial Coin Offerings Again, Perkins Coie LLP, Jan. 11, 2018, https://www.perkinscoie.com/en/news-insights/sec-takesaim-at-initial-coin-offerings-again.html

35. Jay Clayton, Statement on Cryptocurrencies and Initial Coin Offerings, Public Statement, Dec. 11, 2017, https://www.sec.gov/news/public statement/statement-clayton-2017-12-11

36. Id.

37. Codified at 15 U.S.C. §80b-1 through 15 U.S.C. §80b-21.

38. U.S. Securities and Exchange Commission, IM Guidance Update, No.2014-04, Mar. 2014, https://www.sec.gov/investment/im-guidance-2014-04.pdf

39. Emmie Martin, Jamie Foxx, Floyd Mayweather and other celebrities Who are hyping cryptocurrencies, CNBC, Dec. 20, 2017, https://www.

cnbc.com/2017/12/20/celebrities-who-have-endorsed-or-invested-in-cryptocurrency.html

40. U.S. Securities and Exchange Commission, Div. of Enforcement, Statement on Potentially of Unlawful Initial Coin Offerings and Other Investments by Celebrities and Others, Public Statement, Nov. 1, 2017, https://www.sec.gov/news/public-statement/statement-potentiallyunlawful-promotion-icos

41. 15 U.S.C. §§41–58, as amended.

42. U.S. Federal Trade Commission, FTC Staff Reminds Influencers and Brands to Clearly Disclose Relationship, Press Release, Apr. 19, 2017, https://www.ftc.gov/news-events/press-releases/2017/04/ftc-staff-reminds-influencers-brands-clearly-disclose

43. Michael Sheetz, The SEC's crackdown on cryptocurrencies is about to get serious, former chairman says, Yahoo Finance, Dec. 21, 2017, https://finance.yahoo.com/news/sec-apos-crackdown-cryptocurrenciess erious-233456948.html

44. U.S. Securities and Exchange Commission, Release No. 34-80319, File No. SR-NYSEArca-2016-101, at 23–24, https://www.sec.gov/rules/sro/nysearca/2017/34-80319.pdf

45. §6(b)(5) states: "(5) The rules of the exchange are designed to prevent fraudulent and manipulative acts and practices, to promote just and equitable principles of trade, to foster cooperation and coordination with persons engaged in regulating, clearing, settling, processing information with respect to, and facilitating transactions in securities, to remove impediments to and perfect the mechanism of a free and open market and a national market system, and, in general, to protect investors and the public interest; and are not designed to permit unfair discrimination between customers, issuers, brokers, or dealers, or to regulate by virtue of any authority conferred by this title matters not related to the purposes of this title or the administration of the exchange."

46. Securities Exchange Act of 1934, Pub.L. 73–291, 48 Stat. 881, (1934), codified

at 15 U.S.C. §78a et seq.).

47. Commodity Exchange Act, Ch. 545, 49 Stat. 1491 as amended, (1936).

48. Stan Higgins, CFTC Aligns With SEC: ICO Token Can Be Commodities, CoinDesk, Oct. 17, 2017, https://www.coindesk.com/cftc-no-inconsistency -sec-cryptocurrency-regulation/

49. "DCMs" (Designated Contract Markets) are trades or exchanges that operates under the authority of the CFTC. They are like traditional futures exchanges, which may allow access to their facilities by all types of traders, including retail customers. They may list for trading futures or option contracts based on any underlying commodity, index, or instrument. Designated Contract Markets, U.S. Commodity Futures Trading Commission, http://www.cftc.gov/IndustryOversight/ TradingOrganizations/DCMs/index.htm

50. LabCFTC, A CFTC Primer on Virtual Currencies, Oct. 17, 2017, http:// www.cftc.gov/idc/groups/public/documents/file/labcftc_primercurrencies 100417.pdf

51. Coinflip, Inc. d/b/a/ Derivavit, CFTC Docket No. 15-29, Sept. 17, 2015, http://www.cftc.gov/idc/groups/public/@lrenforcementactions/documents /legalpleading/enfcoinfliprorder09172015.pdf

52. §2(c)(2)(D) provides that such an agreement, contract, or transaction shall be subject to Sections 4(a), 4(b), and 4b of the Act "as if the agreement, contract, or transaction was a contract of sale of a commodity for future delivery." 7 U.S.C. §2(c)(2)(D)(iii).

53. In re BFXNA Inc. d/b/a BITFINEX, CFTC Docket 16-19, June 2, 2016, http://www.cftc.gov/idc/groups/public/@lrenforcementactions/docu ments/legalpleading/enfbfxnaorder060216.pdf

54. Ch. 545, 49 Stat. 1491

55. U.S. Commodity Futures Trading Commission, Order of Registration of LedgerX, LLC, July 24, 2017, http://www.cftc.gov/idc/groups/public/@ otherif/documents/ifdocs/ledgerxdcoregorder72417.pdf

56. U.S. Commodity Futures Trading Commission, CFTC Grants DCO

Registration to LedgerX LLC, July 24, 2017, http://www.cftc.gov/PressRoom/PressReleases/pr7592-17

57. Camila Russo, Bitcoin Options Will Be Available This Fall, Bloomberg, July 24, 2017, https://www.bloomberg.com/news/articles/2017-07-24/Bitcoin-options-to-become-available-in-fall-after-cftc-approval

58. About Ledger X, Ledger X, https://ledgerx.com/about-ledgerx/

59. A NDF (non-deliverable forward) is a foreign exchange hedging strategy pertaining to the settlement of a profit or loss usually prior to the settlement date with respect to a foreign currency futures contract. Generally, it involves a thinly traded currency in emerging markets settled in major foreign currencies in offshore financial centers. Investopedia, http://www.investopedia.com/video/play/nondeliverable-forward-ndf/

60. U.S. Commodity Futures Trading Commission, CFTC Grants Registration to 3 Swap Execution Facilities, May 26, 2016, http://www.cftc.gov/PressRoom/PressReleases/pr7375-16

61. In re TeraExchange LLC, CFTC Docket No. 15-33 (Sept. 24, 2015), http://www.cftc.gov/idc/groups/public/@lrenforcementactions/documents/legalpleading/enfteraexchangeorder92415.pdf

62. U.S. Commdity Futures Trading Commission, CFTC Statement on Self-Certification of Bitcoin Products by CME, CFE, and Cantor Exchange, Press Release pr7654-17, Dec. 1, 2017. http://www.cftc.gov/PressRoom/PressReleases/pr7654-17

63. The Futures Industry Association, founded in New York in 1955 under the then name of the Association of Commodity Exchange Firms, now encompasses offices through the globe, particularly in Europe and Asia, with its mission to "support open, transparent, and competitive markets; protect and enhance the integrity of the financial system, and promote high standards of professional conduct," About FIA, https://fia.org/about-O

64. Walt Lukken, Open letter to CFTC chairman Giancarlo regarding the

listing of cryptocurrency derivatives, Futures Industry Association, Dec.7, 2017, https://fia.org/articles/open-letter-cftc-chairman-giancarloregarding-listing-cryptocurrency-derivatives

65. Blooming futures? The Economist, Dec. 16, 2017, at 67.

66. Commissioner J. Christopher Giancarlo, Keynote Address J. Christopher Giancarlo Before SEFCON VII, Jan. 18, 2017, http://www.cftc.gov/PressRoom/SpeechesTestimony/opagiancarlo-19

67. U.S. Commodity Futures Trading Commission, CFTC Issues Proposed Interpretation on Virtual Currency "Actual Delivery" in Retail Transactions, Dec. 15, 2017, Release No. Pr7664-17, http://www.cftc.gov/PressRoom/PressReleases/pr7664-17

68. U.S. Commodity Futures Trading Commission, CFTC Backgrounder on Oversight of and Approach to Virtual Currency Futures Markets, Jan. 4, 2018, http://www.cftc.gov/idc/groups/public/@newsroom/documents/file/backgrounder_virtualcurrency01.pdf

69. Id.

70. U.S. Commodity Futures Trading Commission, Chairman Giancarlo Statement on Virtual Currencies, January 4, 2018, http://www.cftc.gov/PressRoom/SpeechesTestimony/giancarlostatement010418

71. U.S. Commodity Futures Trading Commission, CFTC Launches Virtual Currency Resource Web Page, Dec. 15, 2017, Release No. pr7665-17, http://www.cftc.gov/PressRoom/PressReleases/pr7665-17

72. U.S. Treasury Department, Financial Crimes Enforcement Network, Guidance, Mar. 18, 2013, FIN 2013-G001, https://www.fincen.gov/sites/default/files/shared/FIN-2013-G001.pdf

73. An Act to amend the Federal Deposit Insurance Act to require insured banks to maintain certain records, to require that certain transactions in U.S. currency be reported to the Department of the Treasury, and for other purposes. Bank Secrecy Act, Pub.L. 91-508, 84 Stat. 1114-2.

74. U.S. Department of the Treasury, Financial Crimes Enforcement Network, Application of FinCEN's Regulation to Persons Administering,

Exchanging, or Using Virtual Currencies, FIN-2013-G001, Mar. 18, 2013, https://www.fincen.gov/resources/statutes-regulations/guidance/application-fincens-regulations-persons-administering. A discussion of regulatory enactments of virtual currencies may be found in Latham & Watkins, The Other Side of the Coin: Bitcoin, Blockchain, Regulation & Enforcement, Mar. 24, 2016, https://lc.fia.org/events/other-side-coin-Bitcoin-blockchain-regulation-and-enforcement

75. U.S. Office of the Comptroller of the Currency, Bank Secrecy Act, https://www.occ.treas.gov/topics/compliance-bsa/bsa/index-bsa.html

76. The Act defines an "MSB" as "a person wherever located doing business, whether or not on a regular basis or as an organized or licensed business concern, wholly or in substantial part within the United States, in one or more of the capacities…" as stated in the Rule including any agent, agency, or branch or office in the United States. 31 CFR §1010.100(f).

77. 31 CFR§1010.100(ff)(1-7) and 31 CFR§1010.100(ff)(5)(i)(A). See supra, note 48 at 2–3.

78. Id., 31 CFR §1010.100(ff)(5)(i)(A).

79. Supra, Id., note 198.

80. Id.

81. Supra, note 165 at 13–14.

82. U.S. Department of the Treasury, Financial Crimes Enforcement Network, Application of FinCEN's Regulation to Virtual Currency Software Development and Certain Investment Activity, Jan. 30, 2014, FIN-2014-R002, https://www.fincen.gov/resources/statutes-regulations/administrative-rulings/application-fincens-regulations-virtual/

83. Id.

84. U.S. Department of the Treasury, Financial Crimes Enforcement Network, Request for Administrative Ruling on the Application of FinCEN's Regulations to a Virtual Currency Trading Platform, Oct. 27, 2014, FIN-2014-R011.

85. Id.

86. U.S. Department of the Treasury, Financial Crimes Enforcement Network Financial Crimes Enforcement Network, Application of FinCEN's Regulations to Virtual Currency Mining Operations, Jan. 30, 2014, FIN-2014-R001, https://www.fincen.gov/resources/statutesregulations/administrative-rulings/application-fincensregulations-virtual-0

87. Id.

88. 31 U.S.C. §5318(h)(1)(D). The regulation is §103.125, Anti-money laundering programs for money services businesses, https://www.gpo.gov/fdsys/pkg/CFR-2004-title31-vol1/pdf/CFR-2004-title31-vol1-sec103-125.pdf

89. For an excellent discussion of the regulation in connection with virtual currencies, see Peter Van Valkenburgh, The Bank Secrecy Act, Cryptocurrencies, and New Tokens: What is Known and What Remains Ambiguous, Coin Center, May, 2017, https://coincenter.org/entry/aml-kyc-tokens

90. U.S. v. Lord, Cr. No. 15-00240-01/02 (W.D.La, Apr. 20, 2017), https://scholar.google.com/scholar_case?case=4687444852356921249

91. Id.

92. Randal K. Quarles, Thoughts on Prudent Innovation in the Payment System (Nov. 30, 2017), Speech, U.S. Board of Governors of the Federal Reserve, https://www.federalreserve.gov/newsevents/speech/quarles20171130a.htm

93. For a lengthy discussion of the Council and the ramifications attendant to a finding of "systemically important" financial firm, see Roy J. Girasa, The Rise, Risks, and Rewards of Non-Bank Financial Services, (2016), Palgrave Macmillan.

94. Katie Little, Fed lacks authority to regulate Bitcoin: Janet Yellen, CNBC, Feb. 27, 2014, https://www.cnbc.com/2014/02/27/fed-chain-janetyellen-discusses-Bitcoin-regulation.html?view=story&%24DEVICE%24=native-android-tablet

95. Dodd-Frank Wall Street Reform and Consumer Protection Act, Pub.L 111-203, H.R. 4173, enacted into law, July 21, 2010.

96. U.S. Consumer Financial Protection Bureau, Risks to consumers posed by virtual currencies consumer advocacy, Aug. 2014, http:// files.consumerfinance.gov/f/201408_cfpb_consumer-advisory_virtual-currencies.pdf

97. U.S. Office of the Comptroller of the Currency, Recommendations and Decisions for Implementing a Responsible Innovation Framework, Oct. 2016, https://www.occ.gov/topics/responsible-innovation/comments/ recommendations-decisions-for-implementing-a-responsibleinnovation-framework.pdf

98. Id., at 4.

99. Federal Trade Commission Act, 15 U.S.C. §§41–58 as amended.

100. Federal Trade Commission v. BF Labs, Inc., No. 4:14-cv-00815-BCW (D.C. Mo. filed Sept. 14, 2014), https://www.ftc.gov/system/files/documents/ cases/140923utterflylabscmpt.pdf

101. U.S. Federal Trade Commission, Operators of Bitcoin Mining Operation Butterfly Labs Agree to Settle FTC Charges They Deceived Consumers, Press Release, Feb. 16, 2016, https://www.ftc.gov/news-events/ pressreleases/2016/02/operators-bitcoin-mining-operation-butterflylabs-agree-settle

102. North American Securities Administrators Association, NASAA Reminds Investors to Approach Cryptocurrencies, Initial Coin Offerings and Other Cryptocurrency-Related Investment Products with Caution, Jan. 4, 2018, http://www.nasaa.org/44073/nasaa-reminds-investors-approachcryptocurrencies-initial-coin-offerings-cryptocurrency-relatedinvestment-products-caution/

— 5 —

가상화폐에 관한 미국의 주 정부 규정

연방정부에서 암호화폐에 관한 규정을 공포하기까지 그 과정이 더디게 진행되므로, 최근 연방정부는 주 정부 관할권 내에 속한 암호화폐 사용에 관해 해당 주에 법률이나 지침 제정을 위임해오고 있다. 문제는 주 정부가 법률을 제정하기 위해 수용 가능한 통일된 입법 모델이 없다는 것이었으나, 오히려 이러한 점이 주 정부로 하여금 다양한 법규를 채택하게 했다. 일반적으로 가상화폐에 관한 법률을 제정한 주들은 몇 가지 제도 중 한 가지를 택했다. 가령 화폐 송금에 면허를 요구하거나, 자금세탁과 같은 기타 법률 요건에서 가상화폐를 참조하는 것, 또는 가상화폐의 위험성에 대한 경고를 게시하는 것 등이다.[1] 몬태나Montana, 뉴멕시코New Mexico, 사우스캐롤라이나South Carolina주를 제외한 미국의 모든 주에서는 일반적으로 송금을 위한 교환 서비스업에 종사하려면 등록이나 면허가 필요하다는 내용의 송금법을 갖고 있다.[2] 관련 주와 그 주의 법률은 다음과 같고, 특히 송금자money transmitter 법률은 50개 주의 조사에 기초했다.[3]

가상화폐업에 면허를 요구하는 주

앨라배마

앨라배마는 가상화폐 사용을 포함해, 송금업자에게 면허license를 요구한다. 새로운 개정 법률은 송금 목적의 금전적 가치의 정의 규정에 가상화폐를 포함시키고 있다.[4]

캘리포니아

2014년 6월, 캘리포니아는 미국의 합법적 금전 이외의 다른 금전의 유통을 금지했던 한 법령을 최초로 폐지했다. 캘리포니아 송금법Money Transmission Act에 따르면, 사업 감독기관에서 면허를 발급받지 못하거나 송금법에 따른 면허 교부가 면제되지 않는 한, 캘리포니아에서 송금에 관한 광고, 권유, 대행은 금지된다. 현재 캘리포니아 의회가 제안한 법률안인 가상통화법Virtual Currency Act[5]은 감독기관에서 면허를 발부받지 못한 자가 주에서 정한 가상화폐업에 종사할 수 없도록 하고 있고, 면허 발부 요건에서 면제되지 않는 자의 경우도 마찬가지로 가상화폐업 종사가 금지된다.

이 법안에 따르면 면허 신청인은 적정한 수수료를 납부해야 한다. 가상화폐 사업에 대한 정보와 함께 신청인이 이전에 행했던 가상화폐 서비스에 관한 상세 정보를 제공해야 하며, 가상화폐업 관련 거래 영수증의 견본 양식과 명시된 재무제표를 제출해야 한다. 뿐만 아니라 면허 소지자의 안전과 건전성, 지속적인 운영 및 소비자 보호 유지 차원에서 면허 소지자는 구체적 요인에 따라 감독기관이 정한 충분한 자본금을 항상 유지해야 한다. 또한 이 법안은 소비자 이익을 위해 면허 소지자가 감독기관이 특정한 형식 및 수량의 미국 달러 채권이나 신탁계좌를 소유할 것을 요구한다. 그 밖

에 요건 미준수의 경우 민사 처벌과 사법 구제 조항을 두고 있다.[6]

코네티컷

코네티컷은 면허 발부가 소비자의 재정 손실 위험을 야기하지 않는 한 은행 감독기관Commissioner of Banking이 가상화폐의 형태로 금전 가치를 양도하는 업에 종사하는 자들에게 면허를 발급할 수 있도록 하는 개정 '송금법Money Transmission Act'을 시행했다. 가상화폐업Virtual currency businesses이란 "교환의 매개체로 이용이 되거나 디지털로 저장된 가치의 형태로 이용되거나, 혹은 지급 결제 시스템 기술에 편입되는 모든 형태의 디지털 구성 단위를 말한다." 온라인 게임과 고객 보상 프로그램에서 가상화폐가 일정 부분 사용되는 경우 이러한 가상화폐는 신용화폐로 전환될 수 없으므로 이들은 가상화폐업에 제외된다. 감독기관은 이러한 서비스에 보증 채권surety bond의 발행을 요구할 수 있다.[7]

조지아

조지아는 가상화폐 관련 지침을 소비자들에게 2014년 최초로 공표했다.[8] 이후 2016년 조지아 주 의회는 은행금융국Department of Banking and Finance에 가상화폐를 포함하는 금전 송금에 관한 규칙과 규정의 제정권을 부여하고 모든 송금자가 거래를 위한 면허를 신청하고 소지할 것을 요구하는 내용의 법안을 제정했으며, 주지사는 이 법안에 서명했다.[9]

아이다호

주 송금법에 따르면 송금자는 반드시 주 금융국으로부터 면허를 취득해야 하며 가상화폐 거래소를 포함한 송금자는 반드시 주 금융국이 발행한 면허를 취득해야 한다. 여기서 가상화폐 거래소란 가상/디지털 화폐 거래소로 역할을 하면서 장래에 가상화폐의 구입에 관여한 제삼자에게 이를 이전하기 위해 법정통화(예를 들어 정부가 보증하고 발행한 '신용'화폐)를 수취하는 자를 말한다.[10]

네바다

네바다는 블록체인 이용에 대한 증서, 면허 또는 허가, 기타 사항을 요구함으로써 블록체인 기술을 인정한다.[11] 아울러 블록체인 및 스마트 컨트랙트의 면허에 대해 주 감독기관이 어떠한 세금도 부과하지 못하게 함으로써 블록체인 기술 사용에 있어서 과세를 금지한 최초의 주가 됐다.[12]

뉴욕

뉴욕은 디지털 화폐업을 다룬 규정을 최초로 발표한 주였다.[13] 2015년 6월 3일 뉴욕주 금융서비스국NY Department of Financial Services이 공포한 규정에 따르면 가상화폐 영업 활동 종사자는 은행 감독관이 발급한 면허(비트라이선스 BitLicense)를 취득해야 한다. 가상화폐 영업 활동이란 뉴욕 거주민을 대상으로 하는 행위로, 비금융 목적으로 수행되는 경우를 제외하고 거주민이 가상화폐를 수취 또는 송금하는 행위와 관련된다. 또한 가상화폐를 저장·보유·수탁 관리·통제하는 행위, 고객 사업으로서 가상화폐를 매매하는 행위, 고객사업으로서 교환 서비스를 수행하는 행위, 가상화폐를 통제·관리·발행하는 행위를 의미한다.[14] 온라인 게임은 면허 요건에서 제외된다. 통일주법위원회의National Conference of Commissioners on Uniform State Laws의 통일가상화폐업법Uniform Regulation of Virtual Currency Business Act은 동 위원회의가 각 주에 제안하는 모델법으로, 뉴욕주의 규정을 일부 따랐기 때문에 해당 규정을 다음에 제시한다.

비트라이선스

해당 면허의 요건에 따르면 가상화폐 영업 활동에 종사하는 자는 누구든지 면허를 취득해야 한다. 면허 신청서를 받으려면 5천 달러의 수수료가 필요하며 다음의 사항이 포함돼야 한다. (1) 사업 명칭을 포함한 신청자의 정확한 성명 (2) 신청인의 모든 계열사 목록과 신청자와의 관계를 보여주는 조직도 (3) 신청인과 이사의 목록. 여기에는 개인의 이름, 물리적 주소 및 메일 주소가 포함되며 개인의 이력, 경험, 자격에 관한 정보 및 문서가 포함된다. 이는 금융서비스국에 정보를 제공하려는 공인된 서식으로, 각 개인에 의해 수행된 것이어야 한다. (4) 해당되는 경우, 감독기관이 인정하는 독립조사기관이 개별 신청인, 주요 임원, 주요 주주, 신청인의 주요 수익자에 대해 작성한 배경 보고서 (5) 개별 신청인의 지문과 사진, 고객의 자금이 법정화폐 또는 가상화폐로 표시됐든 상관없이 이 자금에 접근 가능한 신청인이 고용한 모든 개인의 지문과 사진 (6) 신청인의 조직도와 경영구조 (7) 신청인과 주요 임원, 주요 주주 및 신청인의 주요 수익자에 대한 현재 재무제표. 해당되는 경우 신청인의 다음 사업 연도 추정대차대조표와 손익계산서 (8) 신청자가 제안한 현재 사업 및 과거 사업에 관한 설명 (9) 모든 은행 계약의 세부 사항 (10) 필요한 모든 서면화된 정책 및 절차 (11) 계류 중이거나 직면해 있는 법적 조치 또는 모든 종류의 소송에 관한 진술서 (12) 신청인이 세금 의무를 준수하고 있다는 뉴욕 관세금융국[NY Department of Taxation and Finance]의 확인 (13) 신청자, 이사, 임원, 또는 고객의 이익을 위해 유지되는 보험 정책 (14) 가상화폐의 가치를 법정화폐로 계산하는 데 사용되는 방법론에 대한 설명이 그것이다.

이 밖에 자금세탁 방지 규칙의 의무적 준수에 대한 조항, 장부와 기록 유지 조항, 기록과 최소 자본금 요건에 대한 감독기관의 조사를 허용할 의무 조항, 고객 자산을 보호할 의무를 허용하는 조항이 있다.[15]

2015년 5월 7일 비트코인 거래소, 잇비트 신탁 유한책임회사[ItBit TrustCompany LLC]는 이 같은 규정에 따라 면허를 발급받기 위해 최초로 신탁회사 설립 허가를 받았다.[16] 최초의 비트라이선스는 2015년 9월 가상화폐 회사 서클 인터넷 파이낸셜[Circle Internet Financial]에 발급됐다.[17] 테오 치노[Theo Chino]와 그의 회사인 주식회사 차이나[China Ltd.]는 제78조(행정 규정에 관해 뉴욕 법원에 이의를 제기하는 소송 절차)에 따라서 면허 규정의 타당성에 관한 이의 제기 소송을 시작했다. 금융서비스국은 소송을 기각하기 위한 명령 신청을 제출했고, 해당 소송은 근거 부족이 인정됐다.[18] 동일 당사자의 후속 소송도 같은 이유로 기각됐다. 원고와 청원자 들은 해당 규정이 자의적이고 불규칙할 뿐만 아니라 규정 시행이 해당 규정을 대체하는 연방법에 위배됨을 근거로 비트라이선스의 무효를 주장했다. 그들은 법률의 위반으로 여겨지는 규정은 차치하고서라도, 금융서비스국이 그들의 관할권을 넘어섰다는 점과 그 밖의 구제 조치에 관한 명령을 구했다.

위에서 언급한 부분 외에 현재까지 추가로 발행된 비트라이선스는 거의 없다. 추가적인 비트라이선스는 2016년 7월에는 리플, 2017년 1월에는 코인베이스에 주어졌다.[19] 다른 모든 신청은 기각됐다. 비트라이선스에 대한 요건 사항이 최초로 공포됐을 때 기존의 비트코인 스타트업이 뉴욕주를 떠났고 잠재적으로 많은 관련 스타트업도 뉴욕주 밖에서 플랫폼을 개시했다. 부담스러운 요건이 블록체인 신생기업들을 뉴욕주로부터 이탈하게 할 것인지는 지속적으로 지켜볼 문제다.[20]

노스캐롤라이나

노스캐롤라이나에서는 면제가 없는 한 모든 송금업 종사자는 은행 감독기관으로부터 면허를 발부받아야 한다. 여기에서 종사engagement란 "노스캐롤라이나 주민들이 전자적 방법으로 그러한 거래를 하기 위해 접속할 수 있는 웹사이트에서 금전 송금 서비스를 권유하거나 광고하는 자"에 한정된다. 보증 채권surety bond은 전송 금액에 따라 규모가 달라질 수 있다.[21]

텍사스

텍사스주 은행국Texas Department of Banking의 2014 감독 각서Supervisory Memorandum에 서술된 것처럼, 텍사스는 주의 모든 가상화폐 업체에 면허를 요구할 수 있다.[22] 가상화폐에 관한 이 각서에서 주 은행국장은 교환 목적을 위한 화폐란 "법정화폐로 지정되고, 유통돼, 관습적으로 사용되며, 발행국에서 교환의 매체로 받아들여지는 미국 또는 다른 지역의 주화와 지폐"로 정의되므로, 이러한 점에서 볼 때 주권sovereign(법정)화폐로 가상화폐를 교환하는 것은 텍사스 금융법Texas Finance Code에 따른 화폐 교환이 아니라고 상술했다. 따라서 텍사스에서는 어떤 식이든 가상화폐와 법정화폐를 교환하는 거래를 수행하는 경우 화폐 교환 면허가 필요치 않다.

"금전 또는 금전적 가치를 장래에 또는 다른 장소에서 이용 가능토록 하기 위한 약속의 대가로 어떤 수단에 의하든지 금전 또는 금전적 가치를 수령하는 것"으로 정의되는 송금과 관련해, 주 은행국장은 암호화폐는 청구권이 없고 암호화폐의 소유자에게 어떠한 권한도 부여하지 않으며, 암호화폐를 주고 팔고 이전하는 자에게 어떤 의무와 책임도 부여하시 않을 뿐만 아니라 아무 단체도 암호화폐의 가치를 받아들이거나 혹은 법정화폐로 암호화폐를 교환해줄 의무가 없다는 점에서 암호화폐는 화폐가 아니라고 언급했다. 따라서 암호화폐는 화폐서비스법Money Services Act이 말하는 금전이 아니므로, 장래 또는 다른 장소에서 이용 가능하도록 하기 위한 약속의 대가로 암호화폐를 받는 것은 송금에 해당하지 않는다.[23] 암호화폐 거래에 법정화폐가 포함되는 경우, 그러한 거래는 법정화폐가 처리되는 방법에 따라 송금에 해당될 수 있다. 만일 거래가 양 당사자 사이에서 이뤄지는 경우라면 면허는 필요하지 않으나, 만일 제삼의 당사자인 거래소가 활용된다면 그러한 거래는 제삼자가 면허 요구 사항을 준수해야 하는 송금이 될 수 있다. 반면 비트코인 ATM은 판매자와 구매자 간의 거래를 촉진하는 제삼자로써 역할을 하는지 여부에 따라 송금이 될 수도, 혹은 그렇지 않을 수도 있다. 비트코인 ATM을 사용자와 ATM 간의 직접 거래로 볼 수 있다면 그러한 ATM은 텍사스 법률에 따른 송금자가 아니다.

버몬트

버몬트주 법은 블록체인에 입력되고 수신된 날짜 및 시간 기록이 법정 증언할 자격이 있는 자의 서면 신고서에 수반되는 경우 블록체인에 전자적으로 등록된 디지털 기록은 버몬트 증거 규칙에 따른 자체 인증self-authenticating이 필요하다고 규정한다. 해당 날짜와 시간은 규칙적으로 수행되는 행위에 따라 블록체인에 주기적으로 기록되며, 정기적으로 수행되는 활동은 정기 영업 행위에 따라 기록을 만들어낸다. 송금에 관한 사실이나 기록, 날짜와 시간, 관련자가 인증되는 것과 당사자들이 블록체인 포맷을 인증의 수단으로 합의한 것은 법률의 문제로서 추정될 것이다. 인증의 추정은 계약 당사자, 재산의 소유권, 당사자 식별, 기록의 진위 및 관련 이슈에 적용된다.[24] 나아가 가상화폐 거래소 등 송금업에 종사하는 자는 면허가 요구된다.[25]

버지니아

버지니아주 금융기관국Virginia Bureau of Financial Institutions은 가상화폐를 규제하지 않는다는 점을 언급해왔다. 만일 가상화폐 거래가 법정화폐를 포함하는 것이라면 주의 송금 조항이 규정한 요건의 대상이 될 수 있으므로 송금에 대한 면허가 필요하다.[26]

워싱턴

워싱턴은 노스캐롤라이나에 버금가는 법령을 제정했다. 따라서 송금 및 송금의 광고와 권유, 또는 보유에 종사하려는 자는 면허가 필요하다. 해당 법 제7조는 각각의 온라인 화폐거래소의 면허 소지사는 전년도 화폐 거래소 거래량에 근거한 금액으로 보증채권을 유지해야 하며 이는 동법의 면허 조항 위반을 이유로 손해를 입은 워싱턴 주 및 당사자의 손실 보전을 위한 것 라고 규정한다.[27]

와이오밍

와이오밍은 가상화폐를 포함한 금전의 송금에 종사하는 자에게 면허를 요구한다. 최근 허용 투자금permissive investments 요건이 추가됨에 따라 가상화폐 회사들은 와이오밍주에서의 영업을 회피하게 됐다. 이 조항은 "개별 면허 소지자는 일반적으로 인정되는 회계 원칙에 따라 계산된 총 시장 가치를 갖는 허용 투자금을 항상 보유해야 하며, 적어도 미국 내에서 면허 소지자가 발행하거나 판매한 모든 미지급 증권 및 저장 가치의 총 액면 금액 이상이 돼야 한다. 이 요건은 면허 소지자의 미지급 증권 및 저장 가치의 달러 금액이 면허 소지자가 게시한 채권이나 그 밖의 증권을 초과하지 않을 경우 위원회에 의해 면제될 수 있다. 허용 투자금은 면허 소지자가 파산했을 경우 미지급 증권의 구매자와 보유자의 이익을 위해 신탁된다"고 명시하고 있다.[28]

그 밖의 주의 가상화폐 관련 인식

애리조나

애리조나는 블록체인으로 보안된 서명은 물론 이 기술을 통한 기록이나 계약이 전자서명, 전자 형식 및 전자 기록으로 간주되도록 함으로써 다른 주들과 블록체인 기술에 관한 인식을 함께하고 있다. 스마트 컨트랙트를 "분산, 탈중앙, 공유 및 복제된 원장에서 실행되며, 그러한 원장에서 자산을 보관하고 자산의 이전을 지시하는 이벤트 주도형 프로그램"으로 정의하며, 이 스마트 컨트랙트에 유효성과 법적 효력, 집행 가능성을 부여하고 있다.[29]

델라웨어

2017년 7월 21일 델라웨어주는 분산원장 혹은 블록체인을 인정하는 법안을 통과시켰다.[30] 해당 법률 조항은 회사가 주주 명부를 준비하고 무자격 주식 소유자에게 공지를 전달하기 위한 전자 데이터베이스 네트워크(분산원장 혹은 블록체인) 사용 권한을 델라웨어에 있는 기업에게 명시적으로 부여함으로써 주식 장부 등 법인의 기록을 생성하고 관리하도록 한다. 이러한 입법은 「포춘」 선정 500대 기업의 2/3가 델라웨어주를 본거지로 삼도록 만들었을 뿐만 아니라 이 새로운 기술이 엑셀 스프레드시트나 SQL 데이터베이스 같은 종래의 수단보다는 오히려 블록체인상에서 주주 명부 관리에 더

필요하다는 인식을 심어줬다.[31]

플로리다

미첼 에스피노사Mitchell Espinosa라는 한 개인의 자금세탁 사건에서, 플로리다
주 담당 판사는 가상화폐는 금전으로 볼 수 없다는 이유로 사건을 기각
했다. 법률이 명확하지 않은 이상 다른 선택의 여지가 없다는 믿음에 따른
이 결정은, 관련 법률이 개정되는 데 상당한 원인을 제공했다. 결국 플로
리다주는 자금세탁방지법 금지 조항에 가상화폐를 추가함으로써 이 문제
를 해결했다.[32]

하와이

하와이는 디지털 화폐(블록체인)에 관한 법률을 제정한 최초의 주 가운데 하
나로 블록체인 기술을 통해 사이버 공격을 방어하고 경제 성장을 고무하
기 위한 모범 사례를 조사, 교육, 촉진하기 위해 공공부문과 민간부문의 대
표로 구성된 실무 그룹을 설치했다. 하와이는 블록체인이 본디 사이버 회
복력이 있고, 중첩적이며, 변경 불가하고, 검증 가능한 구조라는 점에 주
목했다. 해당 법안은 비트코인을 넘어서 블록체인 기술을 사이버보안, 재
난 복구, 청산 및 지급 결제, 공급망 투명성, 권리 등록, 통신, 문서 검증 부
문에 채택하고자 시도했다. 그 밖에 의료 분야, 계약 검증 등의 법률 서비
스, 수십억 달러의 간접비와 수수료가 절약되는 금융 서비스, 위조품 감축
및 지역 비즈니스의 경쟁력 제고 등 책임성과 투명성을 제공하는 제조업,
아시아와 그 밖에 사람들이 접근하기 쉬운 관광업을 블록체인 기술의 적용
분야로 채택했다.[33]

그러나 디지털 화폐 시설의 진출을 환영했던 처음과 달리 이후 하와이주는

송금법에 따른 면허 취득을 요구하는 것은 물론 허용 투자금을 보유하도록 했으므로 가상화폐 거래소 사이에 우려를 낳은 것으로 보인다. 이 허용 투자금은 모든 미지급 채무의 총액보다 더 많은 총 시장 가치를 가져야 한다. 하와이주의 거래소들은 채권과 증권을 발행해야 하고 거래소와의 계약에 따라 가상화폐로 완결해야 하는 미지급 채무와 동종, 동량의 가상화폐를 보유해야 한다. 감독기관은 거래소가 적절하게 유지해야 하는 허용 투자금의 수준과 종류에 대한 결정 권한이 있다.[34] 이 법률의 제정으로 결국 미국 대부분의 주와 해외에서 사업을 운영 중이었던 코인베이스는 과도한 규제를 이유로 하와이를 떠나기로 결정했다.[35]

일리노이

일리노이 송금자법Illinois Money Transmitters of Money Act[36]에 따르면 송금자란 주에 소재하거나 보상을 받고 이 주에서 지급 증권을 판매 및 발행, 송금 또는 금전의 교환 사업을 영위하는 자를 말하며, 이러한 자는 별도의 면제가 없는 한 반드시 면허를 발부받아야 한다. 가상화폐의 교환은 화폐와 송금의 정의에 포섭된다.[37]

매사추세츠

매사추세츠 역시 송금자에 대한 면허 요건을 두고 있긴 하지만, 이 법령의 범위 안에 가상화폐와 그 양도가 포섭되는지는 확실치 않다. 매사추세츠주 증권과Securities Division는 주 법의 준수 여부를 조사하게 될 것임을 시사했다. 2017년 12월 15일 주 장관 윌리엄 갤빈William Galvin은 디지털 코인의 판매와 구매에 관계된 ICO는 달리 면제되지 않는 한 매사추세츠주에 등록이 필수적인 증권이라는 견해를 밝힌 바 있다.[38]

암호화폐 ICO에 대한 매사추세츠주의 첫 번째 조치로써, 증권과 집행 팀은 케이맨 제도^{Cayman Island} 법인인 캐비아^{Caviar}와 이 법인의 설립자이자 매사추세츠주 거주민 키릴 벤소프^{Kirill Bensonoff}를 주 증권법 위반으로 제소했다.[39] 소장에는 캐비아가 관리하는 부동산과 블록체인 자산 등 여러 다양한 자산의 지분을 나타내는 캐비아 토큰이 발행됐다는 주장이 담겼다. 이 회사는 310만 달러 이상을 모금했고 투자자들은 블록체인을 통해 그들의 소유권을 공지받았다. 토큰 하나의 값은 0.10달러였다. 피고인들은 총 3억 7천 5백만 캐비아 토큰을 배포할 계획이었다. 또한 피고인 벤소노프^{Bensonoff}는 ICO를 통해 얻은 수익금을 주택용 부동산의 단기 "전매^{flips}"를 위한 자금으로 조성할 것임을 투자자들에게 발표하기도 했다. 투자자들은 공동투자 기금에서 나온 수익금의 75% 중에서 그들의 지분 비율에 비례해 분기별로 동일한 배당금을 받기로 돼 있었다. 비록 캐비아 웹사이트상에는 매사추세츠주 등 미국 거주자들은 공모 참가 자격이 제한된다는 점이 명시됐지만 그럼에도 캐비아는 고객 식별에 대한 합리적 요건들을 결했기 때문에 미국 거주자들에 대한 토큰 판매를 막지 못했다는 점이 해당 소송에서 지적됐다.

뿐만 아니라 미국 거주자에 대한 토큰의 판매를 막기 위한 피고인들의 절차가 부적절했다는 점, 캐비아 ICO가 일반 권유를 통해 홍보된 점, 캐비아 토큰이 증권에 해당한다는 점, 캐비아 토큰 구매자는 투자 수익을 합리적으로 기대했으며 그 수익은 매사추세츠주 법령에 따라 투자를 등록하지 않은 타인의 노력을 통한 것이었다는 점 등이 주장됐다(매사추세츠주 일반법 110A장. 제201조 및 301조). 이에 따라 매사추세츠주는 즉각적인 중지 명령, 주민에 대한 철회, 수익 환급, 회계 및 행정상 벌금과 기타 구제 조치를 요청했다.[40]

뉴저지

뉴저지는 현재까지 가상화폐 관련 법률을 채택하진 않았지만 세금 목적의 가상화폐는 언급해왔다. 뉴저지는 납세자들이 실제 화폐와 동등한 가치가 있는 전환형 가상화폐를 재화와 용역에 대한 세금 납부에 이용할 수 있다는 입장을 취했다. 이에 따라 주 납세당국은 전환형 가상화폐에 대해 연방 과세 처리에 부합하는 입장을 취해왔다(7장, '크라우드 펀딩과 가상화폐 과세'에서 논한다). 가상화폐를 이용한 거래는 납세자로 하여금 결제일이나 수취일 현재 전환형 가상화폐의 공정한 시장 가치를 미국 달러로 결정하게끔 요구하는 연방 과세 목적상 미국 달러화로 보고돼야 한다. 뉴저지주는 유효한 면제가 없는 한 개인의 유형 자산, 특정 디지털 제품 및 법령에 열거된 서비스의 소매 판매에서 발생하는 수입에 대해 판매세sale tax 또는 사용세use tax 를 부과한다. 가상화폐는 무형 자산으로 처리되며, 따라서 어떤 거래에서 이러한 화폐를 매입하거나 사용하는 것은 판매세의 부과 대상이 아니다. 판매세나 사용세는 과세 대상 재화나 용역에 대한 대가로 전환형 가상화폐를 이전하는 경우 적용된다. 과세 대상 재화나 용역의 판매자나 소매업자가 전환형 가상화폐를 지급 수단으로 받아들이는 경우에는 지급일 현재 해당 통화의 시장 가치를 미국 달러로 결정하고, 기본 거래에 대해 구매자에게 판매세를 부과해야 한다.[41]

웨스트버지니아

웨스트버지니아는 송금의 정의에 가상화폐를 포함시킴으로써 누구든지 금융 거래에 관련된 자산이 범죄 활동의 수익금을 나타낸다는 사실 또는 이 자산이 범죄 활동의 수익금으로부터 직간접적으로 파생됐다는 사실을 알면서 범죄 활동의 수익금과 관련된 금융 거래를 행하거나 혹은 행하고자

시도하는 것을 금지한다.[42]

가상화폐 관련 법률을 제정하지 않은 주

대부분 주들이 가상화폐 거래소에 적용되는 법규를 고려하는 초기 단계에 있긴 하지만, 많은 경우 이들은 가상화폐 거래에 등록이나 면허를 요구하는 법률 제정에는 이르지 못했다. 보통 이러한 주들은 가상화폐의 구매 위험에 대한 경고는 게시해왔지만 관련 법규를 명확하게 규범화하진 못했다. 물론 사기와 기타 부정 행위에 대해서는 여전히 형사 처벌이 적용된다. 면허나 등록이 필요하지 않는 주는 알래스카, 아칸소, 콜로라도, 인디애나, 아이오와, 캔자스, 켄터키, 루이지애나, 메인, 메릴랜드, 미시간, 미네소타, 미시시피, 미주리, 뉴멕시코, 몬태나, 네브래스카, 노스다코타, 오하이오, 오클라호마, 오리건, 로드아일랜드, 사우스다코타, 웨스트버지니아, 위스콘신 등이 있다.

캔자스는 가상화폐 및 주 송금법에 관한 지침을 발표했다. 이는 양자 간 화폐 교환 행위 그 자체는 제삼자가 거래에 관여하지 않는 한 법령의 적용을 받지 않는다고 명시한다. 다시 말해 교환 거래에 관여하는 제삼자가 있다면 송금법의 적용을 받을 가능성이 높다. 이 지침은 특히 현존하는 여럿 중앙화된 가상화폐에 관한 송금 행위는 다루지 않는다고 명시한다. 또한 많은 가상화폐 제도들은 복잡 미묘한 차이가 있으므로 발생 가능한 모든 유형의 가상화폐를 충분히 다루는 것은 불가능하다고 한다. 지침은 가상화폐는 미국 달러와 달리 어떠한 내재 가치도 없고 상품으로 청구도 할 수 없다는 견해를 취한다. 송금법은 '금전money'에 관한 것이므로, 가상화폐가 과연 금전인지 아닌지 먼저 질문해봐야 한다. 이 지침이 지속적으로 말하는 바는 단위 암호화폐의 가치는 단지 암호화폐 구매자가 자발적으로 암호화폐의 대가를 지불하려 하고 판매자 역시도 암호화폐 가치를 기꺼이 받아들이기 때문에 생기는 것이므로 이러한 점에서 본다면 암호화폐는 본질적이거나 내재된 가치를 갖지 않는다는 것이다. 그렇다면 "금전"이나 "금전적 가치"로 볼 수 없는 암호화폐는 송금법의 적용 대상이 될 수 없다. 그럼에도 가상화폐 이전에 법정화폐의 거래가 수반된다면 그 거래가 어떻게 구성되는지에 따라서 암호화폐의 이전은 송금으로 간주될 수도 있다.[43]

메릴랜드는 가상화폐에 대해 면허나 등록을 요구하는 법률이 없다. 주 법원은 회사의 영업 기간 중에는 가상의 상품 및 서비스를 "진짜 돈real money"이나 금전적 가치를 지닌 재화나 기타 품목으로 상환해줄 수 없다던 한 가상화폐 카지노의 불법 도박 가담 혐의를 기각했다. 이 회사는 달러가 아닌 가상의 금을 오락 목적으로 사용한 것이었다. 이 게임은 "현금화" 기능이 없었으므로, 마치 영화나 놀이공원의 표를 사는 것과 다름없었다.[44] 캘리포니아 법원도 이와 유사하게 슬롯머신이나 장치를 제조 또는 보유하는 것을 범죄로 보는 캘리포니아주의 형법 위반 혐의로 집단 소송이 제기된 머신존 주식회사Machine Zone Inc.에 대해 기각 결정을 내렸다. 주 법원은 이 기계는 기술이 필요한 게임이지 우연이 아니고, 어떤 경우에도 원고들은 원고적격을 갖지 못했으며, 캘리포니아 불공정 경쟁법률Unfair Competition statute에 따른 피해도 입증된 바 없고, 부당이득 청구도 없었다고 판시했다.[45]

미주리는 가상화폐와 관련된 면허나 등록 요건을 갖고 있지 않다. 하지만 이미 버추얼 마이닝사Virtual Mining Corp., 케네스 슬로터Kenneth E. Slaughter, 비트코인 채굴 장비의 개발, 제조, 판매를 목적으로 투자자들에게 자금을 요청하기 위해 "비트코인톡Bitcointalk"이라는 온라인 포럼을 이용한 회사들에 대해 주 증권법에 따른 정지 명령을 내린 바 있다. 투자금은 슬로터가 지배했던 버추얼 마이닝사와 액티브 마이닝사Active Mining Corp.에 투자금으로 주어질 것이었으며 2년 동안 2,812%에서 100%의 수익을 올릴 것으로 기대했다.

이 계획으로 비트코인 투자금 20만 달러가 모였다. 하지만 피고인들은 투자자 위험과 비트코인의 가치 변동성, 비트코인에 대한 정부의 지원 부족, 기타 관련 자료를 권고하지 않았다. 미주리주의 해당 조치는 비트코인 열풍이 불기 전인 2014년 이뤄졌다.[46]

몬태나는 가상화폐에 관한 면허나 송금 규정은 없지만 주 행정국과 은행금융기관에 가상화폐 소송 메커니즘을 제공한다.[47] 뉴햄프셔는 특별히 가상화폐 이용자에게 금전의 송금 시 요구되는 등록을 법령에 따라 면제한다.[48] 앞서 말했지만 오하이오는 비트코인 ATM의 설치에 대한 면허나 그 사용에 대한 어떠한 제한도 없다.[49]

통일가상화폐업법의 제안

통일가상화폐업법

통일법률위원회Uniform Law Commission[50]는 통일가상화폐업법Uniform Regulation of Virtual Currency Business Act을 제안하고 모든 주에 이 법의 제정을 권고하고 인가했다.[51] 가상화폐업법은 기본적으로 현금과 은행 예금 혹은 기타 가상화폐를 특정 가상화폐와 교환해주거나, 고객 간 가상화폐를 전송하는 것, 혹은 관리나 수탁 서비스를 포함하는 상품과 서비스를 제공하는 사업자들에게 면허를 요구하는 것은 물론 고객 보호 규정을 적용한다. 이 규정은 통일화폐서비스법Uniform Money Services Act을 모델로 했을 뿐만 아니라, FinCEN의 지침과 이하에서 논할 주은행감독협의회Conference of State Bank Supervisors에서 발표한 체제를 따랐다고 명시한다.[52] 위원회가 제안한 이 모델법에 가장 근접한 법규는 앞서 논의한 뉴욕의 "비트라이선스BitLicense" 규정이다.

이 모델법은 개별 주가 가진 "금전 서비스money services" 또는 "송금자money

transmitter" 법규와는 다르게 다음의 "참신한" 조항들이 포함돼 있다. (a) 공급자가 법의 면제를 받는 것으로 간주되는지 여부를 결정하기 위한 3단계 시스템-(1) 오직 사소한 활동에만 종사하는 개인 (2) 가상화폐 혁신을 촉진하기 위해 규제 요건을 단순화하는 "진입로on-ramp" 또는 "규제 샌드박스regulatory sandbox"처럼 모델링된 중간 등록 상태 (3) 지정된 사업 규모를 가진 공급자를 위한 본격적인 면허 시스템 (b) 주거민이 보유하는 가상화폐를 "지배control"하는 가상화폐업은 주거민 모두의 이익을 위해 각 유형의 가상화폐의 요구 사항을 만족시킬 만큼 충분한 특정 유형의 가상화폐를 반드시 유지하도록 하며, 면허 소지자의 채권자 지분을 통제함으로써 가상화폐를 지배를 하는 자들의 지분을 유리하게 하기 위해도 특정 종류의 가상화폐를 충분히 유지하도록 하는 조항 (c) 공급자에 대한 규제 비용을 낮추기 위해 주 상호간의 면허 교부를 강화하는 조항 (d) 가상화폐 고객 계좌에 대한 통제권을 가진 공급자는 위의 (b)에서 언급된 관리 약정을 준수하는 경우, 현재 주 송금법에서 발견되는 것보다 더 유연한 순자산과 지급준비율에 관한 조항이 그것이다.[53]

지금까지 어떠한 주도 통일 규정을 제정한 바는 없으나 대부분 가상화폐의 교환(제안된 모델법에 상당하는 것)에 종사하는 회사들이 면허를 취득하도록 하거나, 쉽게는 화폐를 거래하는 소비자에게 잠재적 위험에 대한 경고문을 게시하도록 하는 접근 방식을 취해왔다. 해당 통일 규정의 채택은 "블록체인 기술과 비트코인 같은 암호화폐에서 일어나는 포괄적인 금융 혁신을 저해할 것"이라는 비트코인 재단의 주장에 대해, 위원회는 강한 반대를 표시해왔다.[54] 류 클라센Llew Claasen 비트코인 재단 이사장은 뉴욕주 규정을 모델로 삼은 이 제안 규정이 금융 기술 산업의 소규모 기업에게 부담스러운 면허 조건 및 규제 준수 요건을 부과함으로써 이들을 주 밖으로 내몰았다고 주장했다.[55] 클라센은 어떤 것은 상품과 비슷하게 사용할 수도 있고, 또 어떤 것은 가치를 저장하고 교환의 매개로 사용할 수도 있기 때문에 다양한 암호화폐를 규제하는 것은 시기상조일 수 있다는 입장을 내놨다. 클라센은 나중에는 특정 결과에 따라 적절한 규제를 받게 되더라도 초기에는 스타트 업이 새로운 창조물을 개발할 수 있도록 관망적인 태도를 취해야 할 것이라고 조언했다.[56]

주은행감독협의회: 모델 프레임워크

주은행감독협의회[CSBS]는 신흥지급 결제대책반[Emerging Payments Task Force]을 구성하고 가상화폐와 그 참여자에 관한 규제 접근 방식을 채택하기 위해 주 감독기관과 주법 그리고 지급 결제 사이의 교점을 검토했다. 요약하자면 대책반은 각 주가 중앙집중식(제삼자) 가상화폐에 관한 면허 요건을 제정하고 이를 감독해야 한다고 결론지었다.[57] 하지만 오로지 상품과 서비스를 구매하기 위해 가상화폐를 이용하는 상인과 소비자, 법정화폐 또는 가상화폐로는 상환이 불가능한 보상으로 발행된 가치에 관한 부기[簿記] 활동에 블록체인 기술을 활용하는 등의 비금융행위 그리고 오직 온라인 게임만을 위한 활동은 이 권고안의 적용 대상이 아니다.

주은행감독협의회 즉, CSBS는 권고안에서 신용화폐 활동에 적용되는 주법은 가상화폐에도 역시 적용 가능토록 만들어져야 한다고 언급했다. 최소한, 주들은 가상화폐 송금, 가상화폐와 법정화폐의 교환, 제삼의 거래소 및 보관소를 이용하는 서비스, 지갑 및 은행 금고, 지급 결제 프로세서를 이용하거나 그 밖의 수단을 이용한 가상화폐의 송금을 다루는 법률과 규정, 해석을 세공해야 한다. 면허 요건에는 기업의 사업 계획, 리스크 결정 방법 및 소비자 보호에 관한 세부 사항이 포함돼 있어야 한다. 규제자들은 실시간으로 정보를 공유하고 면허의 절차적 측면을 간소화해야 한다. 가상화폐 이전에 종사하는 기업에 요구되는 투자 준비금과 관련해, 협의회는 사업 모델에 따른 대안 가능성을 주 규제 당국에 제안했다. 투자 준비금은 현금, 가상화폐 또는 고품질의 유동성이 높은 투자 등급을 갖는 자산의 형태를 띨 수 있다.[58]

공시와 통지, 불만 해결 절차 및 수령 요건에 관한 소비자 보호 요건이 있어야 한다. 회사의 감사는 사이버보안 감사와 사이버보안 예방 수단의 장려를 포함해 독립한 제삼자에 의해 수행돼야 한다. 사기 및 기타 불법 행위를 탐지하고 방지하기 위한 고객 식별 프로그램이 요구된다. 기업은 관련 주 기관에 정기 보고를 해야 하며 이러한 요건 사항은 표준화돼야 한다. 컴플라이언스는 공식적으로 제시돼야 했던 충분한 정보에 관한 문제였다. CSBS는 회사 나름의 유연성, 정보의 유용성, 정보의 효율적 전달에 대한 실현 가능성을 촉구했다. 나아가 회사가 실패할 경우에도 고객의 접근권을 보호할 수 있는 견고성과 안정성의 구성 요소들이 준비돼 있어야 한다고 촉구했다. 최소한 개인 키를 이전하고 복구하는 방법에 관한 정책과 절차는 다뤄야 한다. 그 밖의 가상 기업에 의한 은행업 부문에의 접근이 우려됐다. 권고안은 은행으로 하여금 특정 고객에 대한 평가와 함께 현재 및 잠재 고객 관계를 평가해, 그 고객이 주법 및 규정에 따라 행동하는지를 포함하도록 했다.

마지막으로 암호화폐와 이들의 생성, 관리 및 평가에 관한 주 직원에 적합한 교육이 있어야 한다.[59]

이어지는 6장, '가상화폐 관련 형사소추와 민사소송'에서는 대중의 신기술에 대한 무지에 편승하는 자들과 기업들의 잘못된 행동을 막기 위해 연방 정부가 어떻게 형사고발과 민사소송을 실시했는지에 대해 논의한다.

참고문헌

1. For an excellent summary of the laws and regulations pertaining to virtual currencies or the lack thereof, see Carlton Fields, Matthew Kohen, and Justin Wales, State Regulations On Virtual Currencies and Blockchain Technologies, Nov. 10, 2017, https://www.jdsupra.com/legalnews/state-regulations-on-virtual-currency-14945/

2. State Survey on the Treatment of Virtual Currency, https://advance.lexis.com/open/document/lpadocument/?pdmfid=1000522&crid=13b9c497-adf7-4e02-b764-76be211e569b&pddocfullpath=%2Fshared%2Fdocument%2Fforms%2Furn%3AcontentItem%3A5FV2-K6T1-JFSV-G1GF-00000-00&pddocid=urn%3AcontentItem%3A5FV2-K6T1-JFSV-G1GF-00000-00&pdcontentcomponentid=102984&pdteaserkey=sr0&ecomp=5vkg&earg=sr0&prid=66adc6fe-f905-4247-96b9-525fa86b58a6

3. The review relies heavily on the analysis of Thomas Brown, 50-STATESURVEY: Money Transmitter Licensing Requirements, http://abnk.assembly.ca.gov/sites/abnk.assembly.ca.gov/files/50%20State%20Survey%20-%20MTL%20Licensing%20Requirements%2872986803_4%29.pdf and Latham & Watkins' The Other Side of the Coin: Bitcoin, Blockchain, Regulation & Enforcement, FIA, Mar. 24, 2016, https://lc.fia.org/sites/default/files/LW_2016%20FIA%20Bitcoin%20Webinar%20Presentation.pdf

4. Alabama Money Transmission Act, H.B. 215, 2017 Leg., Reg. Sess. (Ala.2017) §8-7A-2(8).

5. Cal. Stat. §320.6.

6. Cal. Assembly Bill AB-1123, Virtual Currency: Regulation (Feb. 17, 2017), https://leginfo.legislature.ca.gov/faces/billTextClient.xhtml?bill_id=201720180AB1123

7. Conn. Pub. Act 15-53, An act Concerning Mortgage Correspondent Lenders, The Small Act, Virtual Currencies and Security Freezes on Consumer Credit Reports, Sec. 7(7)(c)((d), https://www.cga.ct.gov/2015/ACT/PA/2015PA-00053-R00HB-06800-PA.htm

8. Georgia Department of Banking and Finance, Consumer and Investor Guidance on Virtual Currency, April 30, 2014, https://dbf.georgia.gov/sites/dbf.georgia.gov/files/related_files/document/consumer-advisoryvirtual-currencies.pdf

9. Ga. Code Ann. §7-1-680(26), discussed in Justin S. Wales and Matthew E. Kohen, State Regulations on Virtual Currency And Blockchain Technologies, Oct. 17, 2017, https://www.carltonfields.com/state-regulations-on-virtual-currency-and-blockchain-technologies-10-17-2017/. This article was also used as a source for discussion of the laws and regulations governing virtual currencies among the 50 states.

10. Idaho Department of Finance, Idaho Money Transmitters Section, http://www.finance.idaho.gov/MoneyTransmitter/MoneyTransmitter.aspx

11. An Act relating to electronic transactions; recognizing blockchain technology as a type of electronic record for the purposes of the Uniform Electronic Transactions Act; prohibiting a local government from taxing or imposing restrictions upon the use of a blockchain; and providing other matters properly relating thereto. SB 398, June 5, 2017, https://www.leg.state.nv.us/App/NELIS/REL/79th2017/Bill/5463/Overview

12. Stan Higgins, Nevada Becomes First US State to Ban Blockchain Taxes, CoinDesk, June 6, 2017, https://www.coindesk.com/nevada-first-usstate-ban-blockchain-taxes/

13. New York Statutes. Title 23, Ch. 1, Part 200, Virtual Currencies, http://www.dfs.ny.gov/legal/regulations/adoptions/dfsp200t.pdf

14. Id. Part 200.2(q).

15. Taken from the recitation by the court in Chino v. New York Dept. of Financial Services, 2017 NY Slip Op 51908, NY: Supreme Court 2017, https://scholar.google.com/scholar_case?case=15872102065273065030. The regulation is 23 NYCRR §§200.7–200.22.

16. New York State Department of Financial Services, NYDFS Grand First Charter to a New York Virtual Currency Company (May 7, 2017), Press Release, http://www.dfs.ny.gov/about/press/pr1505071.htm

17. New York State Department of Financial Services, NYDFC Announces Approval of First BitLicense Application From a Virtual Currency Firm, Sept. 22, 2015, Press Release, http://www.dfs.ny.gov/about/press/pr1509221.htm

18. Chino v. Dept. of Financial Services, Claim No. 124835, Index No.101880-15 (NY Ct. Cl., 2015), http://vertumnus.courts.state.ny.us/claims/html/2015-049-021.html

19. Michael del Castillio, Bitcoin Exchange Coinbase Received New York BitLicense, Coindesk, Jan. 17, 2017, https://www.coindesk.com/bitcoin-exchange-coinbase-receives-bitlicense/

20. Daniel Roberts, Behind the "exodus" of bitcoin startups from New York, Aug. 14, 2015, Fortune, http://fortune.com/2015/08/14/bitcoinstartups-leave-new-york-bitlicense/

21. The North Carolina Money Transmitters Act, N.C. Gen. Stat. §53-208.1, et seq. §53-208.43 and §53-208.47, https://www.nccob.org/Public/financial institutions/mt/mtrules.aspx

22. Texas Department of Banking, Supervisory Memorandum – 1037, April 3, 2014, http://www.dob.texas.gov/public/uploads/files/consumer-infor mation/sm1037.pdf

23. Texas Money Services Act, Ch. 1099 (H.B. 2218), Sec. 1, eff. September 1, 2005.

24. Vermont statutes, Title 12, Ch. 081, §1913.

25. Josh Garcia, Vermont changes money transmitter law to formally include virtual currency, Cooley Fintech, May 8, 2017, https://fintech.cooley.com/2017/05/08/vermont-changes-money-transmitter-law-toformally-include-virtual-currency/

26. Virginia State Corporation Commission, Notice to Virginia Resident Regarding Virtual Currencies, https://www.scc.virginia.gov/bfi/files/virtcur.pdf, citing Chapter 19 of Title 6.2 of the Code of Virginia (Money Order Sellers and Money Transmitters), §6.2-1900, et seq.

27. An Act Addressing licensing and enforcement provisions applicable to

money transmitters and currency exchanges under the uniform money services act, §3, Wa SB 531, eff. July 31, 2017, https://legiscan.com/WA/drafts/SB5031/2017

28. Wy Stat §40-22-107 (1997 through Reg Sess), https://law.justia.com/codes/wyoming/2011/title40/chapter22/section40-22-107/

29. An Act amending Section 44-7003, Arizona Revised Statutes by amending Article 5 relating to electronic transactions, HB2417, signed into law March 29, 2017, https://legiscan.com/AZ/text/HB2417/id/1497439

30. An Act to Amend Title 8 of the Delaware Code Relating to the General Corporation Law, signed into law on July 21, 2017, https://legis.delaware.gov/BillDetail/25730

31. John Roberts, Companies Can Put Shareholders on a Blockchain Starting Today, Fortune, Aug. 1, 2017, http://fortune.com/2017/08/01/blockchain-shareholders-law/

32. Florida Money Laundering Act, Fl. Stat. §896.101(j), http://www.leg.state.fl.us/Statutes/index.cfm?App_mode=Display_Statute&URL=0800-0899/0896/0896.html

33. Hawaii-2017, https://legiscan.com/HI/text/HB1481/2017

34. Hawaii Sen. Bill No. 3082, eff. July 1, 2018, https://www.capitol.hawaii.gov/session2018/bills/SB3082_.HTM

35. Jamie Redman, Hawaii's New Money Transmitters Act Will Require Virtual Currency Licenses, bitcoin.com Jan. 31, 2018, https://news.bitcoin.com/hawaiis-new-money-transmitters-act-will-require-virtual-currency-licenses/, and Kevin Helms, Coinbase Exits as Hawaii Requires Bitcoin Companies to Hold Fiat Reserves, bitcoin.com, (Feb. 28, 2017), https://news.bitcoin.com/coinbase-exits-as-hawaii-requires-money-transmitter-license/

36. Illinois Transmitters of Money Act, 205, ILC§6571, http://www.ilga.gov/legislation/ilcs/ilcs3.asp?ActID=1201&ChapterID=20

37. Id., 205 ILCS 605/10, P.A. 88-643, eff. 1-1-95.

38. Justin Marble, Massachusetts Announces ICO Sweep (Dec. 18, 2017), Foley Hoag, http://www.foleyhoag.com/our-firm/technology-andentre preneurship/insights/2017/massachusetts-announces-ico-sweep

39. In re Caviar and Kirill Bensonoff, Docket No. E-2017-0120 (Ma. Adm. Proceeding, Jan. 17, 2018).

40. Id.

41. State of New Jersey, Convertible Virtual Currency, TAM-2015-1(R), July 28, 2015, http://www.state.nj.us/treasury/taxation/pdf/pubs/tams/tam-2015-1.pdf

42. W. Va. Code §61-15-1-4 (2017).

43. Kansas Office of the State Bank Commissioner Guidance Document, Regulatory Treatment of Virtual Currencies Under the Kansas Money Transmission Act, MT-2014-01, https://www.scribd.com/document /233896435/Kansas-Virtual-Currency-Guidance-June-2014

44. James G. Gatto, Maryland Court Rules Virtual Currency Casino Not Illegal Gambling Despite Secondary Market, National Law Review, Nov. 15, 2016, https://www.natlawreview.com/article/maryland-court-rules-virtualcurrency-casino-not-illegal-gambling-despite-secondary

45. Angie Jin, Virtual Casino Doesn't Violate California's Gambling Laws-Mason v. Machine Zone, Technology and Marketing Law Blog, Jan. 12, 2016, http://blog.ericgoldman.org/archives/2016/01/virtual-casino-doesnt-violate-californias-gambling-law-mason-v-machine-zone-guest-blog-post.htm

46. In re Virtual Mining, Corporation, Mo. Sec. State, Case No. AP-14-09, June 2, 2014, https://www.sos.mo.gov/cmsimages/securities/orders/AP-14-09.pdf

47. Department of Administration, Department of Financial Institutions, http://banking.mt.gov/Complaints

48. N.H. 436, 2017 165th Sess. (N.H. 2017), https://legiscan.com/NH/bill/HB436/2017

49. Amanda Garrett, First Bitcoin ATM Arrives in Akron as virtual currency challenges the real thing, Akron Beacon Journal, April 30, 2016, https://www.ohio.com/akron/business/first-bitcoin-atm-arrives-in-akronas-virtual-currency-challenges-the-real-thing

50. The Uniform Law Commission, also known as the National Conference of Commissioners on Uniform State Laws, was established in 1892 whose mission is "provide states with non-partisan, well-conceived and welldrafted legislation that brings clarity and stability to critical areas of state statutory law," http://www.uniformlaws.org/Narrative.aspx?title=About the ULC

51. National Conference of Commissioners on Uniform State Laws, Uniform Regulation of Virtual-Currency Businesses Act, July 14–20, 2017. http://www.uniformlaws.org/shared/docs/regulation%20of%20virtual%20currencies/2017AM_URVCBA_AsApproved.pdf

52. Id. at 2.

53. Id.

54. State Legislators: Reject the "Uniform Regulation of Virtual Currency Business Act," The Bitcoin Foundation, July 19, 2017, https://bitcoinfoundation.org/reject-uniform-regulation-virtual-currency-businesses-act/

55. Citing Daniel Roberts, Behind the "exodus" of bitcoin startups from New York, Fortune, Aug. 14, 2017, http://fortune.com/2015/08/14/bitcoin-startups-leave-new-york-bitlicense/

56. Llew Claasens, Letter to the National Conference of Commissioners on Uniform State Laws, The Bitcoin Foundation, Inc., July 14, 2017, https://bitcoinfoundation.org/wp-content/uploads/2017/07/ULCVirtual-Currencies_Jul142017-final.pdf

57. Conference of State Bank Supervisors, CSBS Policy on State Virtual Currency Regulation, Sept.15, 2017, https://www.csbs.org/model regulatory-framework-virtual-currencies

58. Conference of State Bank Supervisors, State Regulatory Requirements

for Virtual Currency Activities: CSBS Model Regulatory Framework (Sept. 15, 2015), https://www.csbs.org/sites/default/files/2017-11/CSBS-Model-Regulatory-Framework%28September%2015%202015%29.pdf

59. Id.

— 6 —

가상화폐 관련 형사소추와 민사소송

명시적 금지

가상화폐와 관련 있는 연방법령과 주법령이 다수 시행되고 있다. 다음은 현재까지 형사소추와 유죄 판결을 이끌어낸 주요 연방법령이다.[1]

위반 사항	법령	최고 형량
무면허 자금 서비스 사업 운영	U.S.C. 제18편 제1960조[a]	징역 5년
자금세탁 모의	U.S.C. 제18편 제1956조 (h)[b]	징역 20년 및 벌금 50만 달러 또는 거래에 관련된 자산 가치의 두 배
자금세탁	U.S.C. 제18편 제1956조 (a)(1)[c]	징역 20년 및 벌금 50만 달러 또는 거래에 관련된 자산 가치의 두 배(개별 소인)
불법적 금전 거래 관여	U.S.C. 제18편 제1957조[d]	징역 10년 및 벌금 50만 달러 또는 거래에 관련된 자산 가치의 두 배(개별 소인)
송금업의 등록 요건	U.S.C. 제31편 제5330조[e]	위반 건당 5000 달러의 민사 벌금
증권법 위반	U.S.C. 제15편 제77a조 이하 및 제78a조 이하[f]	최대 징역 20년, 벌금, 귀속 재산 몰수[g]

위반 사항	법령	최고 형량
텔레뱅킹을 이용한 금융 사기	U.S.C. 제18편 제1343조[h]	최대 징역 30년, 최대 1백만 달러의 벌금
이메일 사기	U.S.C. 제18편 제1341조[i]	징역 5년 및 금융기관이 관련된 경우라면 최대 30년의 징역 그리고 25만 달러 또는 1만 달러의 벌금

[a] 미 연방법전 제18편 제1960조 (a) 무면허 송금업의 전부 또는 일부를 고의로 집행, 통제, 관리, 감독, 지시 또는 소유하는 자는 본 편[title]에 따라서 벌금을 부과하거나 5년 이하의 징역 또는 이 두 가지 모두에 처한다.

(b) 본 절에서 사용된 바와 같이,

(1) "무면허 송금업[unlicensed money transmitting business]"이란 용어는 어떤 방식으로든 주간 또는 국가 간 상거래에 영향을 미치는 송금 사업을 의미하며,

(A) 면허를 소지해야 하는지 또는 그렇게 처벌할 수 있는지를 피고가 알았는지 여부에 관계없이 그러한 운영을 주법에 따른 경범죄 또는 중범죄로 처벌할 수 있는 주(미국 속령, 푸에르토리코 포함)에서 적절한 송금 면허 없이 운영되는 경우

(B) 미국법전 제31편 제5330절 또는 그 절 이하에 서술된 규정에 따라 송금 사업 등록 요건을 준수하지 않는 경우 또는

(C) 그렇지 않은 경우, 피고의 범죄로부터 파생된 것으로 알려지거나 불법적인 활동을 촉진 또는 지원하기 위해 사용할 목적의 자금 이전 또는 전송을 포함한다.

(2) "송금[money transmitting]"이라는 용어는 국내 또는 외국에서 유선, 수표, 어음, 팩스 또는 택배로 송금하는 것을 포함하되 이에 국한되지 않는 모든 수단으로 일반 대중을 대신해 자금을 이전하는 것을 포함한다.

b 미 연방법전 제18편 제1956조 (h) 통화수단의 자금세탁

　(h) 동 조 또는 제1957조에서 정한 범죄를 공모한 자는 공모의 대상이 된 범
　　죄에 대해 규정된 것과 동일한 처벌을 받아야 한다.

c 미 연방법전 제18편 제1956조 (a) 통화수단의 자금세탁

　(a) (1) 금융 거래에 관한 자산이 불법 활동으로 형성된 수익이라는 것을 알면
　　서 특정 불법 활동의 수익과 관련된 그러한 금융 거래를 행하거나 행하고
　　자 시도한 자가

　(A) (i) 특정 불법 활동의 실행을 조장할 목적으로, 또는 (ii) 1986년 연방세법
　　Internal Revenue Code of 1986 　제7201조 또는 7206조의 위반으로 여겨지는 행
　　위에 가담할 의도로 혹은

　(B) 해당 거래가 전체 또는 부분적으로 — (i) 특정 불법 활동의 수익의 성질,
　　장소, 출처, 소유권 또는 통제권을 숨기거나 위장하기 위한 것이거나, 또
　　는 (ii) 주법 또는 연방법에 따른 거래 보고 요건을 피하기 위해 계획됐다
　　는 것을 아는 경우에는, 50만 달러 이상의 벌금 또는 그 거래에 관련된 자
　　산 가치에 2배액 중 다액 이하의 벌금형, 또는 20년 이하의 징역에 처하
　　도록 하고, 징역형과 벌금은 병과할 수 있다. 이 단락의 목적상 금융 거래
　　가 일련의 병렬적 또는 종속적인 거래의 일부인 경우, 즉 그중 어떤 것은
　　특정 불법 활동의 수익과 관련된 것이며, 모든 것이 하나의 계획이나 약
　　정의 일부분인 금융 거래는 특정한 불법 활동의 수익에 관련된 거래로 간
　　주된다.

d 미 연방법전 제18편 제1957조. 특정 불법 활동에서 유래한 자산에 대한 금전
　거래의 관여

　(a) (d)항이 정한 상황에서, 특정 불법 활동으로부터 불법하게 유래한 1만 달
　　러 이상 가치가 있는 자산에 대한 금전 거래에 고의로 관여한 자 및 관여
　　를 시도한 자는 (b)항에 명시된 대로 처벌한다.

(b) (1) (2)항에 명시된 경우를 제외하고, 본 조에 따른 범죄에 대한 처벌은 미연방법전 제18편에 따른 벌금 또는 10년 이하의 징역에 처하며 벌금과 징역은 병과할 수 있다. (670조에 정의된 바와 같이) 만일 범죄가 사전 소매pre-retail 의약품과 관련된 경우, 그 범죄는 본 하위 조항에 따른 처벌보다 더 크지 않는 한, 제670조에 따른 범죄에 대한 처벌과 동일해야 한다.

^e 미 연방법전 제33편 제5330조. 부분적으로 제공된 송금 사업의 등록

(a) 재무장관에 등록 요건.

(1) 일반 조항 ─ 송금 사업을 소유하거나 지배하는 자는 사업(어느 주^州의 송금 사업으로 면허를 받든지)을 재무 장관에게 등록해야 하며, 늦어도

(A) 1994년의 자금세탁방지법Money Laundering Suppression Act 제정일 또는

(B) 사업 설립일로부터 180일 이내에 해야 한다.

^f 미 연방법전 제15편 제77a조 이하는, 면제되지 않는 한, 1933년 증권법 이하 규정의 위반 시 민형사상 처벌이 결부된 SEC 등록이 요구되는 증권에 관해 규정하며, 제78a는 1934년 증권거래법에 따른 증권 거래소의 등록 요건 및 증권거래위원회의 설립에 관해 규정한다.

^g 미 연방법전 제18편 제1963조

^h 미 연방법전 제18편 제1343조 유선, 라디오, 텔레비전에 의한 사기는 다음과 같이 명시한다.

거짓 또는 부정한 행위, 표현 또는 약속으로 금전이나 자산을 사취하거나 획득하기 위해 어떤 계획이나 책략을 강구하기를 고안하거나 착안하는 자, 이러한 계획이나 책략을 실행하기 위한 목적으로 주간 또는 국가 간 통상에서 유선, 라디오 또는 텔레비전 통신에 의해 어떤 글, 징표, 신호, 그림 또는 소리를 전송하거나 또는 전송을 유발하는 자는 이 편의 규정에 따른 벌금 또는 20년 이하의 징역에 처하며 벌금과 징역은 병과될 수 있다. 만일 이러한 위

반이 대통령령으로 선포된 중대한 재해 또는 긴급사태에 의해 승인, 운송, 전송, 양도, 지출 또는 지급된 수익에 연관해 발생된 경우이거나 또는 금융기관에 영향을 미치는 경우에는 그러한 자는 100만 달러 이하의 벌금 또는 30년 이하의 징역에 처하고 벌금과 징역은 병과될 수 있다.

i 미 연방법전 제18편 제1341조, 사기 및 사취는 다음과 같이 규정한다.

누구든지 사기를 칠 어떤 계책이나 계략을 고안할 목적으로, 또는 금전이나 재산을 허위 표시, 진술이나 약속을 통해 습득하려는 목적으로, 또는 위조됐거나 가짜인 주화, 채무, 증권 내지는 다른 항목 또는 그러한 물건으로 암시되는 것을 판매, 처분, 대출, 교환, 변경, 수여, 배포, 보급, 또는 조달할 목적으로 이와 같은 계획을 수행하기 위해 우체국이나 우편물 수납을 위한 보관소에 우체국 내지는 다른 사설 운송업체가 배달하도록 하기 위한 목적으로 수납하거나, 그러한 물건을 수령하거나, 사전에 알고 있는 채로 이러한 물건이 우편을 통해 전송되도록 조력할 경우에는 본 조항에 따라 벌금형 내지는 20년 이하의 징역에 처하며, 벌금과 징역은 병과될 수 있다. 만약 위반 사항이 대통령이 선포한 재난 또는 비상사태와 관련해서, 또는 그러한 재난 또는 비상사태를 통해 인가되거나 운반되거나 전송되거나 이체되거나 분배되거나 이와 관련해 지불됐거나, 금융기관에 영향을 끼쳤을 경우 그러한 자는 최대 100만 달러의 벌금 또는 30년 이하의 징역형에 처하며, 벌금과 징역은 병과될 수 있다.

향후 사건에서 적용해볼 수 있는 추가적인 법규에는 미국 및 외국의 주화, 화폐, 채무증서의 위조에 관한 위배 가능성이 포함된다.[2] 비록 연방법에 따른 기소 건이 많진 않겠지만, 그럼에도 의심이 없는 투자자들을 함정에 빠뜨리는 가짜 디지털 코인 내지는 가상 코인과 관련한 기소는 필연적으로 등장할 것이다. 주 정부는 또한 주 내부에서 발생하거나 주거민에게 영향을 미치는 법률 위반 행위와의 전쟁에 돌입할 수 있다.[3] 증권법과 상거래에 영향을 미치는 불공정한 경쟁 수단 및 불공정하거나 기만적인 영업을 금지하는 연방통상위원회법에 따르면 민사 집행의 가능성 또한 존재한다.[4] 연방통상위원회법은 이전에 논의된 바 있는 버터플라이랩Butterfly Labs에 동의 명령을 도출한 한 민사소송의 근거법으로 사용됐는데, 이 소송은 비트코인 채굴기가 납품되지 않았거나 지연 배송돼 구매자의 이익이 상실된 것에 대해 수천 달러를 청구한 사건이었다.[5]

형사소추

미국 대 머지오

연방정부는 가상화폐에 관련해 제기된 범죄 혐의, 특히 불법적인 비트코인 거래소 운영에 관해 기소를 시작했다. 미국 대 머지오United States v. Murgio 사건에 대한 비공개 기소장[6]에 따르면, 피고인 안토니 머지오Anthony R. Murgio 와 유리 레베데프Yuri Lebedev 그리고 신원 불명의 공동 공모자들은 비트코인 인터넷 거래소, Coin.mx 운영 혐의로 기소됐다. 플로리다에 본사를 둔 Coin.mx는 서비스 이용 수수료를 받고 고객에게 수백만 달러의 비트코인을 현금으로 교환해줬다. 피고인들은 등록 및 보고 규제를 피할 목적으로 유령 회사와 그 웹사이트를 운영하면서 자금세탁방지법상의 위반 행위에 가담했다. 또한 뉴욕에 은행 계좌를 개설하고 위 회사를 "수집품 클럽 Collectibles Club"이라 칭하는 회원 전용 수집품 협회라는 허위 주장을 했다. 이들은 고객들에게 거래의 특질을 거짓으로 증언하도록 지시했고, 무면허 송금 사업을 공모했으며, 은행 관계자들에게 뇌물을 공여했다. 또한 텔레뱅킹을 통한 금융 사기를 공모하고 이에 관여했으며, 자금세탁에 가담했다. 머지오는 검찰 구형의 절반인 5년 6개월을 선고받고 연방 교도소에 수감됐다.[7]

미국 대 BTC-e

BTC-e와 알렉산더 빈닉[Alexander Vinnik]은 국제 수사를 통해[8] 무면허 송금 사업의 운영과 자금세탁의 공모, 불법 금전거래 등의 혐의로 기소됐다. 이들은 2011년부터 2017년까지 유령회사와 그 계열사를 통해 세계 최대의 디지털 화폐 거래소 중 하나를 운영하면서 70만 명의 고객을 대상으로 미국 달러, 유로, 루블을 포함해 수십 억 달러를 환금 처리했다. 빈닉이 이 거래소를 지휘 감독했던 것으로 알려졌다. 거래소는 미국, 키프로스, 세이셸 제도, 프랑스 등지에서 운영되며 사이버범죄자들의 범죄 수익금을 세탁하고, 비트코인과 기타 화폐로 신용화폐를 교환해주는 자금세탁 사업체로써 역할을 한 것으로 알려졌다. 이들의 범죄 행위에는 BTC-e가 랜섬웨어 수익금의 도관으로 기능했다는 사실도 포함됐다. 랜섬웨어는 컴퓨터에 영향을 주는 전 세계적으로 잘 알려진 악성 암호화 소프트웨어로 미국인들을 상대로 수억 달러의 비트코인을 탈취했을 뿐만 아니라, 일본의 마운트곡스[Mt.Gox] 거래소로부터 53만 개의 비트코인을 탈취하며 거래소의 파산을 불러왔으며, 그 밖에 다양한 법률 위반 혐의를 받고 있다. 무죄를 주장하고 있는 러시아 국적의 빈닉은 그리스에서 체포돼 미국 송환을 기다리고 있다.[9]

"다크넷" 소추

이 책에서 다루고 있는 다크넷[Darknet]은 자금세탁, 신용카드 사기, 신분 탈취, 기타 인터넷 범죄를 목적으로 블록체인 및 그 관련 기술을 이용한다. 신원을 은폐하는 다크넷의 면모를 활용하면 탐지와 기소를 피할 수 있다. 비록 범죄를 구성하는 요소들이 기술의 힘을 빌어 상당한 수익을 낸 것 같아 보여도, 대안적인 출처를 통해 신원이 색출된 자들에 대한 주요 기소 사례가 잇따랐다. 형사소추가 개시된 표본적 사례는 다음과 같다.

미국 대 부드프스키(리버티 리저브)

최대 디지털 화폐 회사 가운데 하나인 리버티 리저브^{Liberty Reserve}는 이용자를 대신해 5천 5백만 건의 불법 거래를 처리한 혐의로 검찰에 소추됐다. 리버티 리저브는 네덜란드, 스페인, 모로코, 스웨덴, 스위스, 키프로스, 오스트레일리아, 중국, 노르웨이, 라트비아, 룩셈부르크, 영국, 러시아, 캐나다 등 17개국에서 최소 100만 명 이상, 미국에서 20만 명 이상의 이용자를 보유하고 있었다. 고소장에는 이 업체가 신용카드 사기, 신분 탈취, 투자 사기, 컴퓨터 해킹, 아동 포르노, 마약 밀매를 포함하는 범죄의 수익으로 의심되는 60억 달러 이상의 자금을 세탁한 혐의가 적시됐다. 리버티 리저브의 창업자 아서 부드프스키^{Arthur Budovsky}와 공동 창업자 블라디미르 카츠^{Vladimir Kats}를 포함한 다수가 해외에서 체포됐다. 연방 요원들은 5개의 도메인명, 4개의 거래소 웹사이트, 45개의 은행 계좌 및 기타 자산을 압수했다. 거래소 도메인명을 소송물로 하는 35개 거래소에 대한 민사상 몰수 조치가 단행됐다.[10]

부드프스키 외 피고들은 불법 영업을 수행하고 범죄 수익금을 세탁할 목적으로 범죄 사업체 리버티 리저브^{Liberty Reserve}를 의도적으로 설립, 조직, 영업한 혐의로 고발됐다. 이들은 금융 활동을 익명화하고 추적 불가능하게 함으로써 범죄자들을 끌어들였다. 해당 업체와 업체의 주요 당사자들은 연방 수사를 인지하고, 범죄 혐의가 있는 수익금을 감추기 위해 해외 곳곳에 유령 회사를 설립했다. 이전 회사 이골드^{E-Gold}가 해산된 이후, 지속적인 불법 활동을 위해 리버티 리저브가 설립됐고, 실제로 전 세계에서 가장 큰 범죄자금세탁업체가 됐다. 리버티 리저브 이용자들은 자신의 성명과 기타 식별 정보를 명시해야 했지만, 그 정보를 인증할 필요는 없었다. 이용자 등록을 하는 즉시 이들은 개인의 신원이나 그 밖의 개인 정보가 식별될 걱정 없이 리버티 리저브를 통해 효과적으로 자금을 전송할 수 있었다. 이 업체는 그들의 영업 활동에 연계돼 작동하는 다수의 "사전 승인된pre-approved" 거래소를 사용했다.[11] 무면허 화폐 송금 사업의 운영으로 이미 유죄가 확정된 부드프스키는 2014년 10월 스페인에서 송환돼 체포됐다. 이로써 2016년 1월 29일 자금세탁 공모 혐의 1건에 대한 유죄를 인정하고 징역 20년을 선고받아 연방 교도소에 수감됐다.[12]

미국 대 카제스(알파베이)

2017년 7월 미 법무부는 알파베이AlphaBay라는 "다크넷" 사이트가 펜타닐과 헤로인 유통으로 수많은 이들의 죽음을 초래했을 뿐만 아니라 전 세계적 불법 이용을 초래했다고 보고 이 사이트를 폐쇄 조치했다. 외국 정부기관과의 협력으로 법무부는 약 20만 명의 이용자와 4만 명의 판매업자들이 관여된 이 사이트에서 수백만 달러어치 암호화폐를 불법 활동 수익금으로 압수했다. 세계 도처에 흩어져 있는 알렉산드르 카제스Alexandre Cazes와 그의 아내 소유의 상당한 자산을 압수하기 위해 민사상 몰수 소송이 제기됐다. 알파베이는 6만 건 이상의 불법 마약과 독성 화학물질 목록, 훔치거나 허위로 작성된 신분증과 접근 장치, 위조품, 악성 프로그램 및 기타 컴퓨터 해킹 도구, 총기, 사기 서비스 등 10만 건 이상의 목록을 가진 것으로 알려졌다. 알파베이는 범죄자들이 익명으로 사업을 행하기 위해 이용하는 최대의 다크넷이자 지하 시장이었다.[13]

이민관세수사청

ICE 대 허바드(PDXBlack)

이민관세수사청ICE은 노스다코타주 그랜드 포크 출신의 18세 청소년이 2015년 1월 3일 펜타닐 과다 복용으로 사망함에 따라 "작전 거부Operation

^{Denial"}에 착수했다. 이후 펜타닐 과다 복용으로 고통을 호소한 다른 네 명을 추가 발견했으나 그중 한 명은 사망에 이르렀다. 이 불법 약물의 판매는 다크넷 시장 사이트 에볼루션^{Evolution}과 후에 신원이 확인된 펜타닐 판매업자, 오레곤주 포틀랜드 출신의 브랜든 허바드^{Brandon Hubbard}가 연루됐던 것으로 밝혀졌다. PDXBlack을 사용자명으로 사용한 허바드는 자신이 약 150만 달러 상당의 불법 약물을 판매한 미국 최대의 약물 공급책이라고 시인했다. 허바드는 주로 중국에서 물건을 입수한 콜롬비아 국적의 해외 공급원으로부터 약물을 공수했다. 약 9백만 달러로 평가된 약물의 대량 구매가는 2년여에 걸쳐 법정화폐와 비트코인으로 지불됐다. 다크넷 시장에서 마약 판매에 대한 보수는 비트코인으로 이뤄졌다. 실크로드^{Silk Road}와 아고라^{Agora} 같은 다른 다크넷 시장도 이 약물 매매에 관여돼 있었다. 세 가지 범죄 혐의가 유죄로 인정된 허바드는 종신형을 선고받았다.[14]

"실크로드"에 대한 기소

주식회사 토르 프로젝트

일반적으로 "실크로드"란 고대로부터 아시아와 유럽, 북아프리카 국가를 포함한 지중해 국가 사이에 존재해온 교역로를 말한다. 그러나 여기서 말하는 실크로드란 2011년 2월 로스 윌리엄 울브리히트^{Ross William Ulbricht}에 의해 설립돼 미 연방정부가 폐쇄한 다크넷을 말한다. 울브리히트는 매사추세츠 비영리 법인 토르 프로젝트사^{TOR Project}의 컴퓨터 과학자들이 합법적으로 손수 탄생시킨 토르^{TOR} 익명성 네트워크를 활용했다. 토르 웹사이트는 토르가 공용 네트워크를 통해 정보를 공유함과 동시에 이용자의 프라이버시를 보호하는 가상 터널로 연결된 네트워크를 이용함으로써 인터넷 사용자의 프라이버시와 보안을 유지하는 자발적 운영 서버의 집합이라고 설명

한다. 토르는 차단된 수신자나 콘텐츠에 접속을 가능하게 하고, 새로운 사이트로 연결시키며 인스턴트 메시징 서비스를 허용하므로 겉보기엔 정부의 검열을 막기 위해 존재한다. 토르는 ".onion" 알고리즘을 사용해 IP 주소를 숨긴다. 거의 모든 새로운 혁신 기술이 그렇듯 토르의 사용은 유익하긴 하지만 해롭고 불법적인 것을 위한 것일 수도 있다. 토르는 일렉트로닉 프런티어 재단Electronic Frontier Foundation과 같이 사인의 자유를 수호하는 단체 및 영업 비밀을 보호하는 기업, 심지어는 오픈소스를 수집하는 미 해군으로부터 칭송을 받아왔다.[15]

미국 대 울브리히트(컴퓨터 하드웨어 비트코인)

앞서 언급했던 로스 윌리엄 울브리히트는 4개 범죄 혐의로 기소됐다가 마약 밀매와 유통, 컴퓨터 해킹 방조에 대한 음모, 범죄 사업의 지속, 허위 신분증 밀매, 자금세탁 공모 등 7개의 범죄 혐의로 정정 기소됐다. 또한 사이트 이용자의 신상을 공개하겠다는 위협과 이용자와 관계 있는 특정인을 살해하는 데 50만 달러를 제안한 혐의로 기소됐다.[16] 울브리히트는 2011년 1월 실크로드를 만들고 정부가 2013년 10월 이를 폐쇄할 때까지 이 웹사이트를 운영했다. 이 사이트는 불법 상품 및 서비스를 판매하기 위한 암거래 시장 역할을 했다. 수천 명의 마약상이 불법 마약류를 대량으로 유통시켜 수억 달러를 벌어들였고, 이 돈을 세탁했다.

울브리히트는 '드레드 파이럿 로버츠Dread Pirate Roberts'라는 이름으로 토르 네트워크(오니언 라우터The Onion Router)상에서 이 웹사이트를 고의로 불법 운영하면서 네트워크에 있는 컴퓨터의 진정한 IP 주소를 세계 도처에 은닉할 수 있게 함으로써 익명의 유통을 가능하게 만들었다. 웹사이트는 이 사이트에서 일어나는 거래를 용이하게 만들기 위해 비트코인 지급 결제 시스템을 갖추고 있었다. 웹사이트에는 헤로인, 코카인, 대마초, 엑스터시와 미국,

독일, 캐나다, 네덜란드, 영국 그리고 다른 서유럽 국가 사용자에게 팔린 1만 3천여 개의 불법 약물이 올라와 있었다. 그 밖에 컴퓨터 해킹, 위조, 해적판 미디어 콘텐츠, 신용카드 명세서, 신분증 등이 웹사이트에서 서비스 됐다.

울브리히트는 이 사이트에서 수백만 달러의 수수료를 받고 6건의 살인 청부를 받았다. 실제로 살인 여부에 관한 증거는 찾지 못했다. 정부는 실크로드의 운영 서버와 울브리히트의 하드웨어에서 17만 3천 개 이상의 비트코인을 압수했다. 게다가 정부는 맨해튼 연방지방법원에 소장을 제출하고 울브리히트 기업 관련자들을 기소했다. 미 남부지방 검사는 해당 작전 종결에 있어서 오스트레일리아, 아일랜드, 아이슬란드, 프랑스의 외국법 집행 담당자들이 협력한 데 대해 공을 돌렸다.[17] 2015년 5월 29일 울브리히트는 가석방 없는 종신형을 선고받았다.

앞서 미 연방보안국은 울브리히트의 컴퓨터 지갑 파일에 보관돼 있던 4만 4천 개 비트코인을 공개적으로 판매하는 절차를 진행했다. 컴퓨터 하드웨어에서 그가 가지고 있던 비트코인은 자금세탁에 연루된 것이었다. 법원은 컴퓨터 하드웨어 비트코인의 전부 또는 일부를 연방보안국 계좌에 보관하도록 판결했으며, 미국과 울브리히트는 이러한 이 법원 명령에 동의했다.[18]

미국 대 벤달

뉴욕 남부지방 검사가 제출한 공소장에 따르면 블레이크 벤달Blake Benthall 은 2013년 11월부터 2014년 10월까지 '데프콘Defcon'이라는 가명으로 마약의 유통을 공모함으로써 실크로드 네트워크를 부활시키려 한 혐의로 체포됐다. 컴퓨터 해킹과 허위 신분증 사용 등의 혐의도 적용됐다. 그는 "실크로드 2.0"이라는 지하 웹사이트를 운영하고 전 세계 15만 명 이상의 구매자에게 불법 약물을 유통시켜 매달 8백만 달러를 벌어들인 혐의를 받았다. 정부가 울브리히트의 실크로드 네트워크를 폐쇄하자 벤달은 울브리히트처럼 토르 네트워크를 활용했다. 원래의 실크로드에는 웹사이트 운영 중단 안내가 공지돼 있었지만, 벤달의 실크로드 웹사이트에는 "감춰졌던 사이트의 부활"이라는 문구가 들어갔다.

이 웹사이트는 울브리히트의 사이트와 거의 유사한 약물 판매처였다. 또한 벤달 사이트의 결제 시스템은 비트코인을 기반으로 했으며 이곳에서 약물 구매자는 비트코인을 보내고 물건을 구했다. 실크로드는 블록체인에서 수많은 공갈 거래를 일으켜 비트코인을 이전시킴으로써 당사자들의 신분을 숨기는 "텀블러(믹서기)"를 사용한다. 외국법 집행 당국의 협조로 가명 데프콘과 벤달의 관련성이 밝혀지면서 결국 체포됐다.

위 소송은 비트코인과 토르 네트워크 사이의 연관성과 불법 목적 이용에 대해 상세하게 설명하고 있어 주목할 만하다.[19] 이 사건 이후 실크로드 2.0의 직원이었던 브라이언 패럴Brian Farrell이 징역 8년형을 선고받았다고 알려지긴 했지만, 어떤 결론에 다다랐는지는 확실치 않다.[20]

미국 대 슈렘과 페이엘라

미국 대 슈렘United States v. Shrem 사건의 비공개 기소장을 보면 피고인 찰리 슈렘Charlie Shrem과 로버트 페이엘라Robert Faiella는 '실크로드'로 알려진 무면허 송금업을 운영한 혐의로 기소됐다. 2년 동안 1백만 달러 이상의 비트코인이 거래됐는데, 이는 마약 밀매 지원 행위에 관한 U.S.C. 제15편 제5330조를 위반하는 것이었다.[21] 자금세탁과 모의, 기타 관련 혐의 등이 추가로 포함됐다. 피고들은 미국 안팎에서 일어나는 송금에 관해 관련법이 요구하는 대로 사업을 등록하지 않은 채, "BTCKing"이라는 사용사명을 써 가며 의도적으로 웹사이트를 운영, 통제, 소유했다는 혐의를 받았다. 슈렘은 2011년부터 2013년까지 비트코인 대량 구매에 관한 의심스러운 행위를 보고하지 않은 혐의로도 기소됐다. 슈렘은 온라인에서 암시장 바자회를 주최했으며 마약 밀매에 주로 이용되는 가상화폐 거래소 역할을 했다.[22] 그는 무면허 송금 방조에 대한 유죄가 인정돼 징역 2년을 선고받았다.[23]

미국 대 포스[24]와 미국 대 브리지스[25]

실크로드 연관 사건을 한 가지 소개하자면, 전직 미국 마약단속국Drug Enforcement Administration 요원 칼 포스Carl M. Force와 전직 비밀정보국Secret Service 요원 숀 브리지스Shaun W. Bridges는 실크로드 범죄 네트워크를 수사하는 중에 비트코인 탈취 목적의 자금세탁과 텔레뱅킹을 통한 금융 사기 혐의로 2015년 3월 기소됐다. 포스는 수사 중 찾아낸 비트코인을 자신의 계좌로 이체한 것으로 알려졌으며, 컴퓨터 포렌식 전문가인 브리지스 역시 당시 실크로드 사건에 연루된 울브리히트와 그밖의 사람들을 조사하는 과정에서 80만 달러의 비트코인을 자신의 수중으로 빼돌린 혐의로 기소됐다. 포스는 놉Nob이라는 가명으로 울브리히트가 가명으로 썼던 드레드 파이럿 로버츠와 내통했는데, 정부의 내사 정보를 빼돌려 당시 5만 달러 상당의 비트코인을 갈취했다. 후에 놉의 개인 계좌로 거의 80만 달러의 금액이 이체됐다.[26] 브리지스는 자금세탁과 공무집행방해죄가 인정돼 71개월의 징역형을 선고받았다. 징역형이 시작되기 하루 전날, 그는 1600개 비트코인을 탈취한 혐의로 다시 체포됐으며 자금세탁 소인에 대한 기존 형량에 2년이 추가됐다.[27] 칼 포스는 78개월의 실형 선고에 더해, 추가적으로 커티스 그린과 PR이라고 알려진 두 사람에 대한 금전 배상 명령을 받았다.[28]

금전으로서의 비트코인

초기 대처는 우유부단했지만 이후 증권거래위원회는 증권에 해당될 가능성이 있음에도 ICO에 대한 등록 요건을 준수하지 못한 자, 사기 가능성이 있는 공모, 부실 표시 행위에 대해 적극적인 법 집행을 추진해왔다. 비트코인이 금전인지 아닌지에 대해서는 여전히 많은 논란이 있으며, 이 문제는 연방 및 주 형법에 따라 이뤄진 기소와 매우 밀접한 관련이 있어 보인다. 나중에도 언급하겠지만 미 국세청은 비트코인과 기타 가상화폐를 자산으로 처리한다. 한편 앞서 언급한 미국 대 머지오 사건에서 법원은 비트코인을 '금전money'으로 봤고, 이에 따라 비트코인은 송금 거래소를 등록하도록 한 법령의 적용 대상이 됐다. 법원은 머지오가 Coin.mx를 무허가 거래소로 이용한 데 대한 두 가지 혐의를 기각해 달라는 피고 측 요청을 받아들이지 않았다. 법원은 가상화폐는 송금업자에게 면허를 발부받도록 한 법령에 정의된 '자금funds'에 해당한다고 판시했다.[29]

그 밖에도 플로리다주 법원은 플로리다 개발자를 상대로 한 소송에서 비트코인은 금전이 아니므로 피고인은 자금세탁 법규를 위반하지 않았다고 판결하기도 했다. 해당 개발자는 당시 비트코인 판매 웹사이트를 통해 3만 1천 달러 상당의 비트코인을 첩보 경찰에게 판매하고 자금세탁과 무허가 송금 행위로 기소됐다. 법원은 비트코인의 가치가 유동성 부족, 미래 가치의 불확실성, 안정화 메커니즘의 결여로 인해 심하게 변동된다는 점에 주목했다.[30] 이 사건으로 플로리다주 법률은 가상화폐를 "금전적 상품monetary instruments"에 포함시키고, 불법적 목적을 위해 허가되지 않은 가상화폐 양도에 관여하는 행위를 중죄로 다루도록 개정했으며, 2017년 7월 1일부터 시행됐다. 개정 법령에서 "가상화폐"란 "미국이나 미국의 다른 지역의 주화나 통화가 아닌 전자적 또는 디지털 형식의 교환 매체"를 의미한다.[31]

기소의 어려움

가상화폐가 가진 탈중앙적 특성과 이용자 숨김 현상으로 인해 법 집행 공무원이 겪는 어려움에 대해서는 문서화가 꽤 잘돼 있다.[32] FBI는 보고서를 통해 많은 나라들이 자금세탁 방지 및 고객 식별 프로그램이 미미하거나 아예 없는 경우가 있어서 범죄자가 그 지역에 거주하는 원인이 되는 것은 물론 기소가 어려워지는 규제 컴플라이언스의 편차가 발견된다고 짚었다. 그 밖에 수사를 매우 복잡하게 만드는 거래 난독화와 익명성, 시스템의 글로벌적 특성을 법 집행 공무원이 당면한 과제로 꼽았다. 이러한 난관들은 날 선 경계 태세를 갖춘 국가에서조차도 범죄적 거래의 식별과 기소를 어렵게 만든다. "지갑 탈취", "봇넷 채굴", "랜섬웨어"는 비트코인과 관련된 범죄에 해당되고 마약과 기타 불법 영업에 자금을 대기 위해 비트코인을 대량으로 이용하는 범죄도 발생하고 있다. 비트코인 지갑 탈취란 지갑 서비스 제공자나 거래소를 악성코드에 감염시키거나 해킹해서 피해자의 컴퓨터로부터 이용자의 개인 키를 빼냄으로써 이뤄진다. 그리고 나서 범죄적 요소들은 "텀블러"나 "믹스" 서비스를 이용해 라우팅되고 재분배돼 신원과 거래 내용이 은폐된다. 이러한 범죄는 절도 사건의 표준 사이버 수사 기법, 피해자 컴퓨터 시스템의 이미징과 인터넷 서비스 제공자의 로그 확보, 가상화폐가 발송된 주소를 판단하기 위한 피해자의 공개 키 확보 등의 방법으로 수사가 이뤄진다.[33]

예로부터 '자금 추적'을 통해 기소에 이른 사례는 많았다. 보통 체포가 일어나는 단계에서는, 가상화폐를 사용하는 범죄 네트워크와 그들의 활동을 식별하는 데 도움이 되는 정보를 얻게 되는 경우가 많다. 비트코인은 프라이버시를 보호하면서도 동시에 수많은 데이터를 생성해 그 흔적을 남기므로, 수사관들은 공개된 거래 및 판매 기록을 온라인 마약 시장과 그 판매자들에게 연결짓는 데 활용할 수 있다. 만일 거래소나 다른 제삼자를 활용하면 추적은 훨씬 더 용이해진다. 울브리히트 사건으로 돌아가보면, 울브리히트를 조사해 유죄 판결을 이끌어낼 수 있었던 것은 수사관이 비트코인이 가진 프라이버시 측면을 무너뜨렸기 때문이 아니라 동일한 가명을 수년 동안 사용한 나머지 샌프란시스코의 한 인터넷 카페에서 FBI에게 추적 당한 울브리히트의 부주의 때문이었다.[34]

SEC의 민사 집행

증권법 위반자에 관한 소송 개시가 다소 더디게 진행된 감이 없진 않지만, 지금의 증권거래위원회 즉, SEC는 증권법을 위반한 기업의 영업을 중단시키기 위해 공격적인 행보에 나서고 있다. 형사사건에 있어서 수사 및 기소는 법무장관실에 회부된다. 이와 같은 사건들의 경우 SEC는 합리적인 의심의 수준을 넘어서는 추가적인 입증 책임을 지기 때문에, 입증 책임에 있어 상당한 우위를 점할 수 있는 민사소송을 선호하게 된다.

SEC 대 플렉스콥스

SEC는 긴급 조치의 일환으로 미 증권법을 위반한 도미니크 라크로익스Dominic Lacroix와 그의 파트너인 캐나다 퀘벡 출신 사브리나 파라디스 로거스Sabrina Paradis-Rogers를 상대로 민사소송을 제기했다. 라크로익스와 파라디스 로거스는 2017년 8월부터 조치가 개시된 2017년 12월 1일까지 이른바 사기적이며 미등록 공모이자 판매였던 "플렉스코인FlexCoin" 또는 "플렉스코인 토큰FlexCoin Tokens" 증권 ICO를 통해 투자자들로부터 약 15만 달러를 모금했다. 그들은 29일 이내에 1,354%의 수익률을 약속하는 등 허위이자 오해의 소지가 있는 글을 기재한 것으로 알려졌다. 퀘벡 재판소는 이미 이들이 후일 미국에서 저지른 일과 동일한 행위에 대해 금지 명령을 내린 바 있었다. 이 ICO의 목적은 투자자들이 블록체인 기술을 기반으로 자신의 돈을 "통제"할 수 있도록 하기 위해 토큰화된 화폐를 획득하려는 것이었다. 약속된 수익은 토큰의 사용으로 인한 투자 가치의 상승과 전문가 팀으로 구성된 "플렉스콥스PlexCorps"의 경영 노력에서 나오게 될 것이었다. 따라서 SEC는 자산 동결, 민사 벌금 지불, 피고인들이 증권 회사의 임원 자격으로 행위하고 디지털 증권 공모에 참여하는 것을 금지하는 것을 포함한 기타 구제 조치와 함께 해당 토큰의 판매를 중지시키기 위한 예비적이고 영구적인 금지 명령을 요청했다.[35] 이후 2017년 12월 8일 라크로익스는 퀘벡 고등법원에서 징역 2개월과 11만 캐나다 달러의 벌금형을 선고받았다.[36]

이 사건을 맡은 변호사는 한 논평에서 캐나다 증권관리청CSA이 소프트웨어 제품으로 마케팅을 표기한 암호화폐 공모에 대해 캐나다 증권법을 적용한다는 내용의 CSA 직원 고시 46-307을 발표했다는 점을 고려한다면 이 사건의 결과가 캐나다인들에게 그리 놀라운 일은 아니라고 짚었다. 특정 ICO에 증권법이 적용 가능한지 여부를 판단함에 있어서 증권관리청은 형식보다 실질을 검토하게 될 것이다. 이러한 캐나다의 관점은, 증권법 집행에 대한 판단을 내리는 데 있어서 명확한 규칙을 정하기보다는 각각의 공모별로 검토가 이뤄져야 한다는 제이 클레이튼 미 증권거래위원회 의장의 관점과 거의 일맥상통하는 것이다. 또한 2017년 10월 17일 온타리오 증권위원회가 토큰 펀더사Token Funder Inc.의 ICO를 승인한 것은 암호화폐 발행자가 규정에 따라 업무를 수행한다면 암호화폐 공모를 수용하겠다는 정부의 입장을 잘 보여주는 것이라고 지적했다.[37]

SEC 대 부레스

SEC는 한 행정 절차에서 비트코인에 관련한 두 개 웹사이트의 공동 소유주인 에릭 부레스Erik T. Voorhees를 고소했다. 에릭 부레스는 2012년 5월부터 미등록 상태로 웹사이트에서 주식을 공모해 1933년 증권법 제5조(a)와 제5조(c) 및 관련 규정을 위반했으며 이로 인해 SEC의 동의 명령을 받았다. 부레스는 인터넷에 계획서를 게시하고 투자자들에게 비트코인으로 사토시다이스^{SatoshiDICE}와 피드제버드^{FeedZeBirds} 주식을 사라고 권유했다. 부레스는 3만 5천 달러의 벌금 부과에 동의한 것은 물론 5년 동안 비트코인을 포함한 가상화폐 거래소에 등록되지 않은 거래라면 그 어떤 증권 발행에도 참여하지 않기로 동의함으로써, 거의 1만 6천 달러의 수익을 얻었다. 부레스는 피드제버드 3만 주를 매각하고 2,600개의 비트코인을 모금했으며 자신들이 지원하는 문자 메시지를 전달하는 트위터 사용자에게 비트코인을 나눠주겠다고 약속했다. 2012년 8월부터 2013년 2월까지 두 차례에 걸쳐 이뤄진 공모에서 사토시다이스는 1,300만 주를 팔아 당시 약 72만 2,659 달러 상당의 비트코인 50,600개를 모금했다.³⁸

SEC 대 샌드 힐 익스체인지

SEC는 샌드 힐 익스체인지^{Sand Hill Exchange}, 제릿 홀^{Gerritt Hall}, 일레인 오우 ^{Elaine Ou}에 대해 발한 정지 명령 조치에서 2015년 2월 중순부터 홀과 오우가 합병, 초기 공모, 청산과 같은 유동성 이벤트와 연계된 계약을 사고 팔기 시작한 것과 관련해, 이들을 1933년 증권법 제8조(등록 요건) 및 1934년 증권법 제21조(정지 명령 절차의 개시) 위반으로 기소했다. 이들은 주로 친구와 지인에게 샌드 힐의 계좌로 달러나 비트코인을 펀딩할 것을 권유했다. 투자자들은 유동성 이벤트에 관련된 계약은 물론 회사의 가치와 회사 증권에 관련된 계약들도 사고 팔았다. SEC가 제기한 위반 사항은 도드-프랭크 ^{Dodd-Frank} 조항으로, 이 법 조항은 증권 기반의 스왑에서 부적격 계약 참여자와의 거래를 제한하고 있는 증권거래법을 수정한 것이다. 더불어 이들이 샌드 힐의 거래와 운영, 관리 및 재정 지원을 부풀렸다는 점도 주장됐다.

이들은 즉각 영업을 중지했으며 비교적 적은 액수의 벌금 명령을 부과받았다.[39]

SEC 대 윌너

SEC는 관련 행정 조치를 보류하는 동시에, 조셉 윌너Joseph P. Willner를 불법적 증권 계좌에 대한 인수 가담과 제이의 신원미상 상대와의 무허가 거래 계획 혐의로 기소했다. 그는 다수의 상장기업의 주가에 인위적인 영향을 미칠 목적으로 2014년 9월부터 2016년 8월까지 약 100여 개의 증권계좌에 무허가 접속해 증권을 거래했다. SEC는 그가 1933년 증권법 제17a조(사기 또는 기만을 목적으로 하는 주간 통상거래의 이용), 1934년 증권거래법 제10b조(주식의 부정거래), 자금세탁 규정을 위반했다고 봤다. 윌너는 지급금payments을 감추기 위해 수익성 있는 거래에서 나온 돈을 디지털 화폐 업체로 송금했고, 이 디지털 화폐 업체는 미 달러를 비트코인으로 전환했으며, 비트코인은 그 후 수익 공유 계약을 체결한 신원미상의 상대에게 양도됐다. 이에 따라 SEC는 법원에 피고가 증권법을 위반하는 불법 거래에 관여하는 것을 금지하는 영구적 금지명령, 이익 환수, 민사 금전벌에 대한 명령을 요청했다.[40]

SEC 대 UBI 블록체인 인터넷사

SEC는 암호화폐와 블록체인 기술 관련 기업을 규제하고자 노력하는 가운데, 증권 법규를 엄격히 준수할 것을 기업들에게 지속적으로 상기시키고 있다. 2018년 1월 5일, 중화인민공화국, 홍콩의 UBI 블록체인 인터넷사 UBIA, UBI Blockchain Internet, Ltd의 증권 거래가 잠정 중단됐다. 이 중단은 2018년 1월 8일부터 2018년 1월 22일까지 지속됐는데, 그 이유는 2017년 11월부터 회사의 A급 보통주에 대한 당시 이례적이고 설명되지 않은 시장 활동에 대해 UBIA가 SEC에 제출한 사업 운용 및 결과 보고서 내용에 정확성 의문이 제기됐기 때문이었다.[41] 일반적으로 증권 가격의 갑작스럽고 과도한 변동으로 특징지어지는 주요한 시장 교란이나 혹은 시장의 공정성과 질서에 대한 상당한 위협이 주식 시장과 옵션 시장에 미칠 파장에 대해 불확실성이 존재하는 경우, SEC는 1934년 증권법 제12조(k)에 따라 증권의 판매를 중단, 변경 및 제한할 권한을 갖는다.[42]

SEC 대 어라이즈뱅크

SEC는 2018년 1월 어라이즈뱅크^Arisebank에 소송을 제기했다. 소에서 SEC는 피고 즉, 어라이즈뱅크와 자레드 라이스 시니어^Jared Rice Sr., 스탠리 포드^Stanley Ford가 세계 최초의 "탈중앙은행"이라고 홍보한 ICO를 즉각 중단할 것을 요구했으며 이에 대한 법원의 명령을 받았다. 소장에는 텍사스주 댈러스에 근거지를 둔 해당 은행이 700개 이상의 다양한 가상화폐를 활용한 은행 상품과 서비스를 이용할 수 있는 "어라이즈코인^AriseCoin" 암호화폐에 대한 미등록 투자를 권하고 이를 판매했다는 주장이 제기됐다. 다양한 암호화폐를 자동으로 거래하는 알고리즘 트레이딩 애플리케이션에 기반한 해당 회사를 홍보하기 위해 소셜미디어, 유명 연예인의 지지 등의 여러 수단이 활용됐다. 또 두 달 만에 10억 달러의 목표 금액 대비 6억 달러의 자금이 조성됐다는 주장이 제기됐다. 그 밖에 어라이즈뱅크가 투자자들에게 연방예금보험공사^FDIC의 금전적 보호를 제공할 목적으로 FDIC가 보증한 은행을 매입했으며, 어라이즈뱅크 비자카드로 물건 구입이 가능하다는 허위의 보고서를 낸 것과 주요 임원들의 범죄 경력이 누락된 것 등을 포함해 투자 사기라고 여겨지는 것들이 모두 소에서 주장됐다.

법원은 피고에 대한 긴급 자산 동결을 명령하고 은행과 디지털 자산을 인수할 파산 관재인을 지정했다. 법원 명령에 앞서, 2017년 12월 26일로 예정된 해당 은행의 공개 모집도 2018년 1월 27일에 마무리될 예정이었다. SEC는 정지 명령 외에도 이자 및 벌금, 개별 피고인들의 상장법인 임원 또는 이사 자격의 영구적 박탈, 향후 디지털 증권의 모집 금지, 부당 이득에 대한 반환을 요청했다. 법원이 확보한 암호화폐는 비트코인, 라이트코인 Litecoin, 비트쉐어Bitshares, 도지코인Dogecoin, 비트USDBitUSD 등이었다.[43]

CFTC의 민사 집행

SEC 외에도 상품 규제를 담당하는 상품선물거래위원회, 즉 CFTC는 비양심적인 개인의 부정행위를 적극적으로 추적해왔다. CFTC가 취한 조치는 다음과 같다.

CFTC 대 겔프만

CFTC는 뉴욕 연방지방법원에 니콜라스 겔프만Nicholas Gelfman과 겔프만 블루프린트사Gelfman Blueprint에 대해 법원의 명령과 금전벌을 요구하는 민사소송을 제기했다.[44] 2014년 1월부터 2016년 1월까지 피고 겔프만 블루프린트사와 이 회사의 CEO 니콜라스 겔프만은 비트코인 폰지를 실행에 옮길 당시 CFTC가 주간 통상interstate commerce에서 상품으로 지정한 가상화폐 비트코인을 거래할 목적으로, 공동 출자pooled fund에 대한 참여를 부당하게 권유했으며, "직소Jigsaw"라 이름하는 피고들의 컴퓨터 프로그램에서 실행되는 고주파 알고리즘 트레이딩 전략을 채택했다. 피고들은 이 같은 부당 권유를 통해 적어도 80명의 투자자들로부터 약 60만 달러를 모금한 것으로 알려졌다.

더군다나 SEC는 해당 트레이딩 전략은 속임수였으며 알려진 성과 보고서는 허위이자 여타의 폰지 사기와 유사하며 추정 수익에 대한 고객 지급금은 다른 고객의 자금을 유용해 구성한 것이었다고 주장했다. 또한 그들이 직소의 성능과 신뢰성에 대해서 허위이자 오해의 소지가 있는 주장을 일삼고 정보를 누락했을 뿐만 아니라 허위 보고서 발행, 비트코인 잔액에 대한 월간 증가율과 회사 자산 및 실적에 대한 허위 표기, 허위의 거래 결과, 거짓 해킹 등을 통해 자신들의 사기 행각을 감추려 했다고 주장했다. 모금된 돈은 피고들의 개인 계좌로 흘러갔다.

CFTC는 상품거래법CEA의 제6조(c)(1) 및 그에 따른 규정을 위반한 피고들에게 영구적인 금지 명령, 벌금형, 수령한 금전의 전부 환급, 회사 고객에 대한 완전한 배상 및 기타 관련 구제 조치를 명해줄 것을 법원에 요청했다. 이 법령은 주간 통상에서 스왑 거래, 상품의 판매 계약 또는 선도 계약과 관련해 위원회의 해당 규칙과 규정을 위반해 조작적이거나 기만적인 방법이나 수완으로 등록된 단체의 규칙의 적용을 받는 어떤 사람을 직간접적으로 사용 또는 고용하거나, 사용 또는 고용을 시도하는 것을 불법으로 규정하고 있다. 이 사건은 배심원단의 재판 결과를 기다리고 있다.[45]

CFTC 대 맥도넬

2018년 1월 18일 CFTC는 사기 혐의를 받는 복수의 피고들에 대해 뉴욕 연방법원에 두 건의 민사소송을 제기했다. 패트릭 맥도넬Patrick K. McDonnell과 코인드롭마켓Coin Drop Markets을 경영하는 케비지테크Cabbagetech사에 대한 첫 번째 소송에서, CFTC는 맥도넬이 기만적이고 사기적인 가상화폐 스캠을 운용하면서 비트코인과 라이트코인 등의 가상화폐 트레이딩에 관해 조언하는 대가로 피고들에게 돈과 가상화폐를 보내도록 유도했으며, 맥도넬의 지시하에 고객 대신 가상화폐를 매입하고 트레이딩했다고 주장했다.

CFTC는 이 같은 권유는 기만적이고 사기적이었을 뿐만 아니라, 고객 자금을 확보한 후에는 그 자금을 횡령하고 연락을 두절했다고 주장했다. 피고들의 기만 행위는 소셜미디어, 광고, 홍보물을 통해 이뤄졌다. 이에 따라 피고들은 위의 겔프만 사건과 마찬가지로 1934년 상품거래법 제6조(c)(1) 위반으로 기소됐다. CFTC는 영구적인 금지 명령, 민사처벌, 받은 이익의 전부 환급, 배상, 수령한 자금 전부에 대한 재정 거래 명세 보고서의 제출 및 기타 관련된 구제를 요청했다.[46]

CFTC 대 딘

딜런 마이클 딘^{Dillon Michael Dean}과 안트러프러너십 헤드쿼터^{Entrepreneurship Headquarters Limited}, 이하 TEH 유한책임회사를 상대로 제기된 CFTC의 두 번째 민사소송이 같은 날 같은 장소에서 열렸다. CFTC는 2017년 4월 딘이 그의 회사 TEH를 통해 고객 600여 명을 상대로 상품 증권을 거래하는 집합투자기구에 참여하게 함으로써 최소 110만 달러 상당의 비트코인을 권유했다고 주장했다. 딘과 그 회사는 고객 자금을 비트코인에서 신용화폐로 바꾸는 대신 폰지 사기 방식으로 유용하고 계좌 잔액에 대해서 고객에게 거짓말을 한 혐의를 받았다. 그들은 참여자를 모집하고 권유하는 과정에서 딘의 경험과 실적을 오기^{誤記}했을 뿐만 아니라 고객 자금의 40%를 고객의 이익을 위한 바이너리 옵션에 집중 투자해 고객 인출 자금에 비트코인으로 적립할 것이라고 발표하는 등 허위 자료를 만들고 정보를 누락하는 수법을 사용했다. 그러나 실제 거래는 일어나지 않았음은 물론 고객의 계좌를 반영한 것으로 알려진 전자 계좌 명세서는 가짜였다. 게다가 피고들은 선물신탁운영업자^{commodity pool operator}로 위원회에 등록도 돼 있지 않았다. 맥도널 사건에 버금가는 구제 조치가 법원에 요청됐다.[47]

CFTC 대 마이빅페이 주식회사

2018년 1월 CFTC는 매사추세츠주 연방 법원에 마이빅페이 주식회사^{MBP,}

My Big Pay, Inc.와 다수의 피고인에 대해 다양한 형태의 구제 명령을 요청했다.[48]

2014년 1월부터 2017년 6월까지 피고 회사와 랜달 크레이터Randall Crater, 마크 길레스피Mark Gillespie는 그들의 웹사이트와 수많은 호객 자료 및 거래소를 이용해 최소 28명의 고객에게 부정 권유를 하고, 가격과 사용법 및 거래 상태에 대해 허위와 오해의 소지가 있는 주장을 한 것은 물론 정보를 누락하는 식으로 약 6백만 달러를 확보했다. 이 회사는 MBC가 금으로 보증된다고 주장했으며, 실제로는 가격이 존재하지 않음에도 일일 거래가를 부정하게 보고했다. 또한 지급금은 정교하게 계획된 폰지 사기를 통해 MBC의 다른 고객들로부터 이뤄졌다. 고객들이 계좌에 대한 문제를 제기하자, 피고들은 추가로 코인을 제공함으로써 자신들의 사기 행각을 감추려 했고, MBC를 거래하는 또 다른 거래소를 확보했다고 허위로 발표했다. 그들은 또한 신규 거래소에서 거래가 활성화될 때까지 보유지분의 상환을 자제해 줄 것을 고객들에게 요청했다. 이후 그들은 모금한 6백만 달러의 대부분을 보석, 사치품, 가구, 기타 개인 물품과 서비스를 구입하는 데 썼다.

이에 따라 피고들의 허위 및 오해의 소지가 있는 진술, 중대한 누락 행위가 상당히 자세히 짚어진 가운데 피고들은 상품거래법 제6조(c)(1) 및 이에 따른 규정 그리고 기금 유용에 관한 규정 위반으로 기소됐다. CFTC가 요청한 구제책에는 피고들의 부당 행위의 관여, 거래소에서의 거래, 상품 거래의 개입, 회사 등록 신청을 영구적으로 금지하는 것과 함께 금전벌 지급, 수령한 금전의 반환, 완전 배상 및 기타 관련 구제 조치가 포함됐다. 법원은 심리와 추가 결정이 있을 때까지 잠정적 정지 명령을 내렸다.[49]

이로써 SEC와 CFTC라는 정부의 주요 두 영역에서 공격적인 행보가 시작된 것으로 보이며, 각각은 증권법과 증권거래위원회 규정, 상품거래법과 상품선물거래위원회 규정에 근거한 관할권을 주장하고 있다. 가상화폐가 보급됨에 따라 이들 두 기관은 형사소추 및 민사소송을 두려워하지 않고 불법 행위를 저지를 수 있다고 생각했던 개인과 그들 회사에 대해 이들의 위법 행위를 예방하고 기소에 앞장서게 될 것으로 예상된다.

민사소송

리플 랩스 대 R3

블록체인을 기반으로 하는 기술의 특성으로 말미암아 현재까지 제기된 민사소송은 그리 많지 않다. 뉴욕 주재 소송 당사자들이 관계된 중요 사건은 R3 엘알씨 유한책임회사^{R3 LRC LLC}와 리플 랩스사^{Ripple Labs Inc.} 간에 벌어졌다. 양측 모두 주요 은행들의 자금 지원을 받고 있는 터였다. 소송은 델라웨어 챈서리 법원에서 진행됐다. 해당 소송은 암호화폐 거래소에서 미국 달러로 거래되는 가상화폐 XRP 50억 개를 2019년 9월까지 개당 0.0085달러로 매입할 R3의 권리에 관해, 뉴욕에 본사를 둔 R3가 경쟁사인 리플 랩스에 대해 제기한 것이었다. 리플 랩스의 최고경영자는 매입에 대한 행사권을 주장하는 R3에 대해 옵션 계약 해지를 청구했다. 이 소송은 이 같은 옵션 계약 행사가 가능한지 여부에 대한 사법적 판단을 위한 것이었다. 리플이 옵션 계약을 거절하게 된 밑바탕에는 XRP의 가치가 개당 0.21달러로 급격히 상승하면서 옵션의 가치가 10억 달러 이상 증가했기 때문이라는 가능성이 제시됐다.[50]

2017년 9월 8일 리플 랩스 역시 샌프란시스코 고등법원에 R3를 상대로 한 소송에 착수했다. 리플 랩스는 R3가 자신들로 하여금 다수의 합의에 서명하도록 유도하고도 해당 합의들을 위반했다고 주장했다.[51] 리플 랩스는 R3가 허위 진술을 하고 있다고 주장하며 R3는 리플 랩스와 협력 관계를 맺을 수 있고 회사의 기술을 홍보할 수 있는 대규모 은행 컨소시엄이었다는 R3

의 진술을 인용했다. R3가 합의 사항을 지키지 않았다는 점이 주장된 이후, 리플 랩스는 해당 옵션 계약을 취소했다. 나아가 사기 은폐, 부주의한 허위 진술, 계약 위반, 신의칙 위반 및 기타 혐의도 주장했다. R3 역시 뉴욕 카운티 대법원(상고심)에 리플 랩스에 관한 세 번째 소송을 시작했으며, 델라웨어 소송에서 제기했던 주장을 반복한다.[52] 사건들은 법원의 결정을 기다리고 있다. 델라웨어 소송 결과에 대해서는 서로 상반된 주장이 제기돼 왔는데, 하나는 관할권 결여에 따른 소송 기각과 샌프란시스코 법원으로의 환송을 주장한 견해였으며 다른 하나는 뉴욕과 샌프란시스코 법원 모두 관할권 행사가 가능하리라고 보는 견해였다.[53]

이러한 소송들은 당사자들의 다양성으로 인해 연방 법원에 통합돼 판단될 필요성이 있을 것으로 보인다. 대통령 과학기술자문위원회[PCAST]는 R3를 50개 주요 은행이 참여하는 세계 최대 규모의 분산형 은행 컨소시엄으로 보고 있다는 점에 주목해야 한다.[54]

이어서 소개될 7장, '크라우드 펀딩과 가상화폐 과세'에서는 거래세 보고 방법, 적용할 과세 표준, 자산이나 화폐로 취급할지 여부, 거래 당사자 확인의 어려움, 개인정보보호의 문제, 외국인 과세에서 고려할 사항, 기타 세금과 관련한 문제 등 많은 논쟁의 대상이 된 가상화폐 과세 문제에 관해 논한다. 이러한 이슈와 함께 정부의 최근 지침과 조치도 집중적으로 살펴본다.

참고문헌

1. The table, in part, was taken from the U.S. Department of Justice press release concerning the prosecution of U.S. v. Vinnik, U.S. Dept. of Justice, Northern District Ca., Russian National and Bitcoin Exchange Charged in 21-Count Indictment for Operating Alleged International Money Laundering Scheme and Alleged Laundering From Hack of

Mt. Gox, News Release, July 26, 2017, https://www.justice.gov/usao-ndca/pr/russian-national-and-bitcoin-exchange-charged-21-count-indictmentoperating-alleged

2. 18 U.S.C. §§470–477 which criminalize counterfeiting acts both domestically and internationally including uttering, dealing, possession of plates, stones, or analog, or electronic images for counterfeiting obligations securities, and §§485–489 concerning making or possession or making impressions of dies or tokens or paper used as money.

3. For an excellent review of federal and state statutes and regulations governing counterfeiting including that of virtual currencies, see Ralph E. McKinney, R. E., Shao, L. P., Shao, D. H., Rosenlieb Jr., The evolution of financial instruments and the legal protection against counterfeiting: a look at coin, paper, and virtual currencies, Journal of Law, Technology, & Policy, 2015(2), 273–313, http://mds.marshall.edu/cgi/viewcontent.cgi?article=1146&context=mgmt_faculty

4. 15 U.S.C. §45(a)(1).

5. U.S. Federal Trade Commission, Operators of Bitcoin Mining Operation Butterfly Labs Agree to settle FTC Charges They Deceived Customers (Feb. 18, 2016), Press Release, https://www.ftc.gov/news-events/pressreleases/2016/02/operators-bitcoin-mining-operation-butterfly-labsagree-settle

6. Sealed Complaint, U.S. v. Murgio, No. 15-MAG-2508 (S.D.N.Y., July 17, 2015), https://www.justice.gov/usao-sdny/file/830616/download

7. Jonathan Stempel, UPDATE 1-Bitcoin exchange operator tied to hacks gets 5-1/2 years U.S. prison (July 27, 2017) Reuters, https://www.reuters.com/article/cyber-jpmorgan-murgio/update-1-bitcoin-exchange-operator-tied-to-hacks-gets-5-1-2-years-u-s-prison-idUSL1N1JO1BH. For a discussion of actions pertaining to electronic payments including Bitcoin, see Sarah Jane Hughes, Stephen T. Middlebrook, and Tom Kierner, Developments in the Law Affecting Electronic Payments and Financial Services (2107), at 259–261, Articles by Maurer Faculty, 2445, http://www.repository.law.indiana.edu/cgi/viewcontent.cgi?article=

3445&context=facpub

8. U.S. v. BTC-e, No. CR 16-00227-SI (N.D. Ca., Jan. 17, 2017), sealed indict ment, https://www.justice.gov/usao-ndca/press-release/file/984661/ download

9. Nikhilesh De, Alleged BTC-e Operator Claims Innocence in New Interview, CoinDesk, Sept. 11, 2017, https://www.coindesk.com/ alleged-btc-eadministrator-i-do-not-consider-myself-guilty/

10. U.S. Department of Justice, Manhattan U.S Attorney Announces Charges Against Liberty Reserve, One of the World's Largest Digital Companies, and Seven of Its Principal Employees For Allegedly Running a $6 Billion Money Laundering Scheme (May 28, 2013), Press Release, https://www. justice.gov/usao-sdny/pr/manhattan-us-attorney-announces-charges-againstliberty-reserve-one-world-s-largest

11. Sealed indictment, United States v. Liberty Reserve, No. 13cr368 (DLC) (D.C. N.Y. Sept. 23, 2015), https://www.justice.gov/sites/default/files/ usao-sdny/legacy/2015/03/25/Liberty%20Reserve%2C%20et%20al.%20 Indictment%20-%20Redacted.pdf

12. U.S. Department of Justice, Liberty Reserve Founder Arthur Budovsky Sentenced In Manhattan Federal Court to 20 Years for Laundering Hundreds of Millions of Dollars Through His Global Digital Currency Business, Press Release, May 6, 2016, https://www.justice.gov/usao-sdny/pr/liberty-reserve-founder-arthur-budovsky-sentenced-manhattan-federal-court-20-years

13. U.S. v. Cazes, No. 1:17-at-00597 (N.D. Ca., July 17, 2017), https://www. justice.gov/opa/press-release/file/982821/download. See, also, commen tary by the Department of Justice, AlphaBay, the Largest Online 'Dark Market' Shut Down, Justice News, July 20, 2017, https://www.justice. gov/opa/pr/alphabay-largest-online-dark-market-shut-down

14. The three offenses Hubbard pled guilty to were 21 U.S.C. §841(b) (1)(E), Conspiracy to Distribute Controlled Substances Resulting in Serious Bodily Injury and Death; 21 U.S.C. §841(b)(1)(E), Distribution of a Controlled Substance Resulting in Death, and 18 U.S.C. §1956,

Money Laundering Conspiracy, https://www.ice.gov/sites/default/files/documents/Report/2017/CSReport-13-2.pdf

15. TOR, Tor Overview, https://www.torproject.org/about/overview.html.en

16. United States v. Ulbricht, 14-cr-68 (KBF) (S.D.N.Y., Sept. 27, 2013).

17. U.S. Bureau of Investigation, Manhattan U.S. Attorney Announces the Indictment of Ross Ulbricht, the Creator and Owner of the Silk Road Website, Press Release, Feb. 4, 2014, https://archives.fbi.gov/archives/newyork/press-releases/2014/manhattan-u.s.-attorney-announces-theindictment-of-ross-ulbricht-the-creator-and-owner-of-the-silk-roadwebsite

18. United States v. Ulbricht, 1-13 06919-JPO Civ. (D.C.N.Y. Jan. 27, 2014), https://www.usmarshals.gov/assets/2015/dpr-bitcoins/sale-order.pdf

19. U.S. v. Benthall, 14 MAG 2427 (S.D.N.Y. 2016), http://documents.latimes.com/united-states-america-vs-blake-benthall/

20. Nate Raymond, An alleged staff member of Silk Road 2.0 was sentenced to 8 years in prison, Reuters, cited in Business Insider, June 4, 2016, http://www.businessinsider.com/r-key-player-in-silk-road-successor-site-getseight-years-in-us-prison-2016-6

21. 31 U.S.C.§5330. Registration of money transmitting businesses provides in part:

(a) Registration with Secretary of the Treasury Required.—

(1) In general.—Any person who owns or controls a money transmitting business shall register the business (whether or not the business is licensed as a money transmitting business in any State) with the Secretary of the Treasury not later than the end of the 180-day period beginning on the later of—

(A) the date of enactment of the Money Laundering Suppression Act of 1994; or

(B) the date on which the business is established....

22. U.S. v. Faiella, No. 14 MAG 0164 (S.D.N.Y., Jan. 24, 2013), https://www.j

ustice.gov/sites/default/files/usao-sdny/legacy/2015/03/25/Faiella%2C% 20Robert%20M.%20and%20Charlie%20Shrem%20Complaint.pdf

23. U.S. v. Ulbricht, 15-1815 (2d Cir. Mar 31, 2017), http://caselaw.findlaw. com/us-2nd-circuit/1862572.html

24. U.S. v. Force, No. 3:15-cr-01319-RS-2 (N.D. Ca., Oct. 20, 2015).

25. U.S. v. Bridges, No. 1:15-mj-02125-BPG (D.C.Md., Oct. 17, 2016).

26. Benjamin Weiser and Matt Apuzzo, Inquiry of Silk Road Website Spurred Agents' Own Illegal Acts, Officials Say, New York Times, March 30, 2015, https://www.nytimes.com/2015/03/31/nyregion/silk-road-case-federalagents-charges.html

27. Andrew Blake, Ex Secret Service agent sentenced again for stealing from the government, The Washington Times, Nov. 8, 2017, https:// www.washingtontimes.com/news/2017/nov/8/shaun-bridges-ex-secret-serviceagent-sentenced-ag/

28. Stan Higgins, Rogue Silk Road Agent Carl Force Jailed for 78 Months, Coindesk, Oct. 19, 2015, https://www.coindesk.com/rogue-silk-roada gent-carl-force-jailed-for-78-months/

29. CNBC, Bitcoin is money, US judge says in case tied to JPMorgan hack, Reuters, Sept. 20, 2016, https://www.cnbc.com/2016/09/20/bitcoin-ismoney-us-judge-says-in-case-tied-to-jpmorgan-hack.html

30. Rob Price, Bitcoin isn't money, a Florida judge rules, Business Insider, July 26, 2016, http://hp.myway.com/flightsearch/ttab02/index.html?n= 7839260D&p2=%5EC73%5Exdm007%5ETTAB02%5Eus&ptb=C444429A-0C1B-499B-8321-6C4D6EF256B&si=CIO_kYacvdECFZmKswodM-4Gcw& coid=52bafe06493b4978be01745e48707b39

31. Florida Money Laundering Act, Ch. 2017-155, §896. 101 as amended, eff. July 1, 2017, https://www.flsenate.gov/Session/Bill/2017/1379/BillText/ er/PDF

32. For an earlier report exhibited much frustration about the FBI in investigating crimes involving virtual currency, see (U) Bitcoin Virtual Currency: Unique Features Present Distinct Challenges for Deterring

Illicit Activity (April 24, 2012), FBI Intelligence Assessment, http://www.sciencemag.org/news/2016/03/why-criminals-cant-hide-behind-bitcoin

33. Bret Nigh and C. Alden Pelker, Virtual Currency: Investigative Challenges and Opportunities, U.S. Bureau Of Investigation, Sept. 8, 2015, https://leb.fbi.gov/articles/featured-articles/virtual-currency-investigative-challenges-and-opportunities

34. John Bohannon, Why criminals can't hide behind Bitcoin, Science Magazine, Mar. 9, 2016, http://www.sciencemag.org/news/2016/03/why-criminals-cant-hide-behind-bitcoin

35. SEC v. PlexCorps, 17-Civ-7007 (E.D.N.Y., Dec. 1, 2017), https://www.sec.gov/litigation/complaints/2017/comp-pr2017-219.pdf

36. Autorite Des Marches Financiers, Dossier PlexCoin, Dominic Lacroix condamne a la prison, https://lautorite.qc.ca/grand-public/salle-depresse/actualite/fiche-dactualite/dominic-lacroix-condamne-a-la-prison/

37. Lisa R. Lifshitz, Cracking Down on a Bad Coin Offering, Canadian Lawyer, Dec. 11, 2017, http://www.canadianlawyermag.com/author/lisa-r-lifshitz/cracking-down-on-a-bad-coin-offering-15064/

38. Voorhees, SEC 3-15902, (2014). See, also, U.S. Securities and Exchange Commission, SEC Charges Bitcoin Entrepreneurs with Offering Unregistered Securities, Press Release, 2014-111, https://www.sec.gov/news/press-release/2014-111

39. In re Sand Hill Exchange, SEC 3-16598 (2015), https://www.sec.gov/litigation/admin/2015/33-9809.pdf

40. SEC v. Willner, 1:17-cv-06305 (E.D.N.Y., Oct. 30, 2017), https://www.sec.gov/litigation/complaints/2017/comp-pr2017-202.pdf

41. Securities and Exchange Commission, Release No. 82452, Jan. 5, 2018, https://www.sec.gov/litigation/suspensions/2018/34-82452.pdf

42. Securities and Exchange Commission, Release No. 44791, Sept. 14, 2001.

43. SEC v. Arisebank, No.-cv- (N.D.Tx, filed Jan. 2018). A summary of the case may be viewed in Securities and Exchange Commission, SEC Halts

Alleged Initial Coin Offering Scam, Press Release, Jan. 20, 2018, https://www.sec.gov/news/press-release/2018-8. A copy of the complaint can be found at https://www.sec.gov/litigation/complaints/2018/comppr2018-8.pdf

44. CFTC v. Gelfman Blueprint, Inc., No. 1-17-cv-07181 (S.D.N.Y., filed Sept. 21, 2017).

45. Id.

46. CFTC v. McDonnell, No. 18-cv-0361 (E.D.N.Y., Jan. 18, 2018), http://www.cftc.gov/ide/groups/public/@lrenforcementactions/documents/legalpleading/enfcdmcomplaint011818.pdf

47. CFTC v. Dean, No. 18-cv-00345 (E.D.N.Y., Jan. 18, 2018).

48. CFTC v. My Big Pay, Inc., No. 18-cv-10077-RWZ (D.C. Ma. Jan. 16, 2018), http://www.cftc.gov/idc/groups/public/@lrenforcementactions/documents/legalpleading/enfmybigcoinpaycomplt011618.pdf

49. Order Granting Plaintiff's Motion, for an Ex Parte Temporary Restraining Order, Jan. 16, 2018, http://www.cftc.gov/idc/groups/public/@lrenforcementactions/documents/legalpleading/enfmybigcoinpayorder011618.pdf

50. Reuters, Blockchain Startup R3 Sues Rival Ripple Labs, Fortune, Sept. 8, 2017, http://fortune.com/2017/09/08/blockchain-r3-sues-ripple-labs/

51. Ripple Labs Inc. v. R3 LRC LLC, No. CGC 17-561205 (Sup. Ct. San Fran. Sept. 8, 2017). For a copy of the complaint and other court documents, see XRP Chat, Ripple Labs v. R3 (actual court documents) (Sept. 19, 2017), https://www.xrpchat.com/topic/9857-ripple-labs%C2%A0vr3-actual-court-documents/

52. R3 Holdco LLC v. Ripple Labs, Inc., No.655781/17 (Sup. Ct. N.Y. Cty). A copy of the documents filed may be found at https://www.xrpchat.com/topic/9857-ripple-labs%C2%A0v-r3-actual-court-documents/

53. Jeff John Roberts, Ripple Claims Early Victory in Court fight with Blockchain Rival R3, Fortune, Oct. 13, 2017, http://fortune.com/2017/10/13/blockchain-ripple-r3/

54. President's Council of Advisers on Science and Technology, R3 and

Distributed Ledger Technology, May 2016, https://obamawhitehouse. archives.gov/sites/default/files/microsites/ostp/PCAST/10.40%20D%20 Gran.pdf

— 7 —

크라우드 펀딩과 가상화폐 과세

과세 당국은 분산원장기술의 고유한 특성상 이 기술을 이용한 거래에서 과세 가능성을 파악하는 데 겪게 될 어려움을 충분히 우려하고 있다. 이는 많은 경우 사법 권한을 부여하는 중심축이 어디에 있는지 의문이었던 사이버법률cyberlaw의 맥락에서 사법 관할권 이슈를 떠올리게 한다.[1] 분장원장기술의 익명성, 국경을 초월한 P2P 거래라는 점 등은 정부 당국이 과세 대상 사건을 분석하는 데 있어 차이를 발생시킬 수 있다. 따라서 누가 언제 어떻게 그러한 거래에 세금을 부과할지 결정하는 것은 중요한 문제. 국제통화기금 즉, IMF는 가상화폐를 비금전성 자산으로 취급할지 아니면 화폐의 한 형태로 취급할지의 이슈, 신규 채굴한 가상화폐에 대한 조세 특례의 적용 이슈와 함께 부가가치세와 매출세에 관한 이슈들이 정부기관에 주어졌다고 지적했다. 또한 IMF는 세무당국의 기록 보관 요건과 그 복잡성이 일상의 상거래에서 가상화폐의 매력을 감소시킬 수 있다는 점에도 주목했다.[2]

크라우드 펀딩과 가상화폐[3]

크라우드 펀딩Crowd Funding에 관한 이야기로 시작해보자. 크라우드 펀딩은 최근 생겨난 수많은 암호화폐의 출처로 새롭고 독특한 자본금의 공급원이 되고 있다. 이더리움도 크라우드 펀딩에서 나온 가상화폐다.[4] 크라우드 펀딩이란 상당수의 사람들이 특정한 신규 프로젝트에 참여하는 투자로, 자본을 조달하기 위한 전통적 방법 이외의 것을 말한다. 과거 몇 년 동안 신규 프로젝트에 대한 펀딩은 금전적 이점이 있다고 여겨지는 혁신적 아이디어에서 좀 더 많은 재정적 보상을 취하려는 벤처 투자가들의 위험을 감수한 투자에 따른 것이었다. 비록 벤처캐피털 펀딩이 새롭게 생기고 있는 벤처 기업에 대한 지속적이고 중요한 자금의 공급원이긴 하지만, 현재의 크라우드 펀딩은 벤처캐피털을 뛰어넘어 벤처 기업에 대한 주요한 자금 공급원이 됐다. 통계적으로 크라우드 펀딩은 2013년 61억 달러에서 2014년 162억 달러로 증가했고, 2015년에는 343억 달러로 전망됐다. 벤처캐피털 투자는 2017년까지 그 총액이 상당히 증가해오긴 했지만(약 700억 달러)[5], 비슷한 기간에는 약 300억 달러에 머물렀다. 「포브스」는 크라우드 펀딩이 2025년까지 3천억 달러에 달할 것으로 추정했다.[6]

크라우드 펀딩은 타인의 노력으로 수익을 얻기 위해 자본금의 투자가 이뤄지므로, 면제가 되지 않는 한 SEC에 등록을 요구하는 하위Howey 평가 요소 안에 들게 된다.[7] 하지만 2012년 신생기업지원법JOBS Act, Jumpstart Our Business Starts Act의 제정으로 크라우드 펀딩은 이 같은 등록 요건이 면제됐다.[8] 이 법은 총 7개 장으로 구성되며 그중 제3장에 크라우드 펀딩이 규정돼 있다.[9] 기본적으로 이 법은 SEC에 대한 실체적 신청 요건을 규정한 1933년 증권법 제4조를 적용하지 않는다.[10]

신생기업지원법 제3장 제302조는 추가적 면제를 제공하기 위해 1933년 증권법 제4조(a)에 6번째 면제 사항을 추가함으로써 1933년 증권법 제4조를

다음과 같이 수정했다.[11]

(6) 다음과 같이 발행인이 증권을 모집하거나 매도하는 거래(발행인과 공동
지배하에 있는 모든 기업을 포함한다)

(A) 해당 거래일 전 12개월 동안 이 규정에 따라 적용을 면제받아 판매된
금액을 포함해 발행인이 투자자들로부터 모집한 총 금액이 100만 달러
미만인 경우

(B) 거래일 전 12개월 동안 이 규정에 따라 적용을 면제받아 판매한 금액을
포함해 발행자가 투자자에게 모집한 총액이 다음을 초과하지 않는 경우

(i) 투자자의 연소득 또는 순자산이 10만 달러 미만인 경우에는 2천 달
러 또는 투자자의 연소득 또는 순자산의 5% 중 더 많은 금액

(ii) 투자자의 연소득 또는 순자산이 10만 달러를 초과한 경우에는 최
대 모집 합계액이 10만 달러를 넘지 않는 범위 내라면 투자자의 연
소득 또는 순자산의 10%[12]

따라서 의회는 다음과 같이 재정적 노출과 손실 가능성을 제한했다. (1) 12
개월의 기간 동안 신생기업이 모집한 총액을 100만 달러로 제한하고 (2) 비
전문적 투자자 보호를 위해 투자자의 수입이 연간 10만 달러 미만일 경우
에는 12개월의 기간 동안 2,000달러 또는 개인 투자자의 연간 순자산의 5%
중 더 많은 금액의 개인 투자를 금지하고 (3) 만일 투자자의 연수익이 10만
달러 이상이지만 투자자에게 판매된 총액이 10만 달러를 초과하지 않는 경
우라면, 그 투자자의 연소득의 10퍼센트를 넘는 금액은 투자가 금지된다.

SEC 최종 규칙

1933년 법의 크라우드 펀딩 개정안에 따라 SEC는 2016년 5월 16일 발효된
최종 규칙Final Rule을 발표했다. 최종 규칙은 발행인issuers, 중개인intermediaries

및 기타 요건에 대한 요구 사항을 상세히 기술한 685페이지 분량의 규칙과 논평으로 구성됐으며, 비전문 투자자의 노출을 제한하고 등록된 펀딩 포털 funding portals과 증권 중개업자를 중개인으로 취급하도록 하는 등록 체계를 제시했다.[13]

투자 제한

중개인이 투자자의 순자산을 어떻게 결정하는지에 관한 의문이 든다. 최종 규칙은 개인의 연수입과 순자산은 승인된 투자자 지위(기본적으로 100만 달러를 초과하는 순자산, 20만 달러를 초과하는 연소득)를 정하기 위해 계산된 값에 따라 산출돼야 한다고 규정하고 있다.[14] 발행자는 적절한 투자 한도가 준수됐는지 확인하기 위해 중개인의 노력에 의존할 수 있다.[15] 이 면제 조항은 미국 내에서 조직된 증권의 판매 또는 모집과 관련된 거래에만 적용될 뿐만 아니라 투자회사에 적용되는 조항이 아니며, 발행자는 달리 증권을 매도할 자격이 없다.

발행인 관련 요건

발행인은 이 용어가 사용되는 맥락에 따라 정의가 달라진다. 1934년 증권법 제2조(4)에 규정된 크라우드 펀딩의 맥락에서 살피자면, 몇 가지 예외는 있으나 발행인이란 "증권을 발행하거나 발행을 제안하는 모든 사람"으로 정의된다. 잡스법Jobs Act 제3장은 증권을 모집하거나 판매하려는 발행인은 위원회 그리고 투자자와 관련 중개업자 또는 펀딩 포털에 발행인의 성명, 법적 지위, 물리적 주소 및 웹사이트 주소, 이사와 임원의 성명, 발행자 지분의 20% 이상을 보유하고 있는 자 등에 관한 상세 정보를 제공하는 것은 물론 잠재적 투자자가 이것을 이용 가능하도록 해야 한다고 정한다. 추가 요건에는 사업 및 사업 계획에 대한 설명, 위험 또는 투기에 관련한 중요 요소, 세금 환급액이 포함되는 것은 물론, 이전 12개월 동안의 목표 모집액이 10만 달러 미만인 경우에는 발행자의 최고 경영자에 의해서, 10만 달러 초과 50만 달러 미만의 경우에는 독립된 공인회계사가 작성한 재무제표에 의해서, 50만 달러 초과인 경우에는 감사조서에 의해서 공인된 재정 상태, 수익금의 목적과 용도에 대한 설명, 공모 가격, 발행인의 소유권 및 자본 구조에 대한 설명, 가격 구조, 투자가 취소될 경우 자금의 수익, 주요 주주의 권리 및 기타 관련 자료에 관한 다수의 세부 사항이 포함된다. 따라서 투자자와 중개인에게 제출되고 제공될 정보의 수준은 목표 투자액이 증가함에 따라 기하급수적으로 증가한다.[16]

증권을 모집하거나 판매하는 발행인은 증권신고서는 물론 수정 보고서, 진행 상황 업데이트 보고서 및 연간 보고서를 위원회에 제출해야 한다.[17] 장래의 발행인에 의해 행해질 광고는 잠재적 투자자를 중개인 플랫폼으로 안내하는 것으로 엄격히 제한되며, 증권신고서, 중개인의 성명, 모집 조건, 제안된 사업과 장소에 대한 사실 정보, 중개인과의 의사소통 방법을 포함한다.[18] 발행인이 발기인에게 보상을 주는 것은 허용되나 보상 범위는 중개인을 통해 공개돼야 한다.[19] 최종 규칙은 규칙에 따라 요구되는 양식, 더 정확히는 증권신고서, 진행 상황 업데이트 보고서, 증권신고서에 대한 수정 보고서, 연간 보고서 및 수정 보고서, 보고의 종료에 관한 양식 등이 수록돼 있다.

중개인(브로커 및 펀딩 포털)에 관한 요건

투자자들은 일반적으로 중개인intermediary을 통해 증권을 사고 판다. 중개인은 "타인을 위해 증권 거래에 영향을 미치는 사업에 종사하는 자"[20]로 정의된 브로커 혹은 "증권의 모집 또는 매도에 관한 거래에서 타인을 위해 중개인으로 행위 하는 자로 투자 조언의 제공 또는 증권의 매매 권유 또는 그러한 증권을 보유하거나 운용하는 행위를 하지 않는 자"로 정의된 펀딩 포털funding portal 중의 하나로 SEC에 등록해야 한다.[21] 또한 이러한 자 또는 단체는 적용 가능한 자율규제기관(일반적으로 FINRA)으로 등록해야 하고[22] 위험에 대한 투자자 공시를 해야 하는 것은 물론 각 투자자가 크라우드 펀딩 모집에 대한 관련 정보를 검토하고, 투자에서 발생하는 총 손실을 포함한 투자 관련 위험 및 해당 투자의 위험도, 유동성 부족 위험에 대해 투자자 이해를 확립하도록 하기 위해 위원회가 요구하는 교육 자료를 제공해야 한다.[23]

중개인은 투자자 진술의 신뢰성에 의문이 없는 한 투자자의 연간 수익, 순자산, 투자자의 다른 투자총액 등에 대해 투자자 진술에 의존할 수는 있지만 투자 약정과 추가 약정을 수락하기 이전에는 그 투자자가 위에서 언급된 투자자 제한 요건을 충족한다는 합리적인 믿음을 가져야만 한다. 중개인은 투자자로부터 투자자가 중개인 교육 자료를 읽었고, 투자금 전체가 손실을 입을 수 있음을 이해하며, 투자자가 손실을 흡수할 수 있는 재무적 지위에 있다는 진술을 확보해야 한다. 투자자로부터 확보할 그 밖의 자료에는 투자 약정 취소에 대한 제한 또는 해당 증권 재판매의 어려움, 그 밖에 감당할 수 없는 손실 위험에 대한 이해를 나타내는 설문지가 포함된다.[24]

중개인에 관련된 추가 조항에는 각 임원, 이사, 잡스법에 따라 모집된 증권의 발행인이 발행한 지분의 20% 이상 보유자에 대한 배경 점검과 규제 이력을 의무화해 사기를 감소시킬 수 있는 조치를 취해야 한다는 요건이 포함된다. 즉 발행인은 오직 목표 공모액에 도달한 경우 모집된 모든 수익금을 제공하고 사용할 수 있으며, 그러한 목표금이 충족되지 않을 경우에는 투자자가 그 수익을 회수할 수 있도록 허용해야 하며 투자자로부터 수집된 정보를 제공하고 발기인, 중개업자finders 또는 구매 유발자lead generators와 관련된 보호를 제공해야 한다.[25] 중개인의 이사, 임원 또는 파트너는 중개인에게 제공한 용역에 대한 보상을 포함해, 발행자에 대한 재무적 지분("발행자의 증권에 대한 직간접적인 소유권 또는 경제적 지분"으로 정의된다)을 가질 수 없다. 또한 중개인은 특정 수준의 크라우드 펀딩 증권의 매출과 모집에 주어지는 용역에 대한 보상을 받지 않는 한 발행자에 대한 금융 지분을 보유할 수 없다.[26]

해당 규정들은 중개인이 사기 위험을 줄이기 위한 조치를 취할 것을 요구한다. 중개인은 발행자가 크라우드 펀딩 법령의 요구 사항을 준수했으며, 발행자가 중개인의 플랫폼을 통해 제공 및 판매할 증권의 보유자에 대한 정확한 기록을 할 수 있는 수단을 확립했다는 사실을 신뢰할 만한 합리적인 근거를 가져야 하며, 발행인(또는 그 임원)이 자격이 없다고 믿을 만한 합리적인 근거가 있는 경우에는 발행인이 중개인 플랫폼에 접근할 수 없도록 거부해야 한다.[27] 중개인은 투자자가 중개인이 전자적으로 제공한 동의서를 통해 계좌를 개설했다는 사실과 중개인 플랫폼상에서 모든 정보를 투자자에게 제공했음을 확인해야 한다. 더불어 모집의 과정, 위험성, 모집된 증권의 종류, 재판매 제한, 투자 한도 및 기타 관련 정보를 설명한 교육 자료, 발기인의 활용 여부 및 그에 대한 보상 여부, 중개인에 대한 보상의 공시에 관한 사항 등이 투자자에게 제공됐다는 사실을 확인해야 한다.[28]

통신에 관한 지침을 제공하는 것 외에는 의사소통에 참여하지 않는 펀딩 플랫폼이 아닌 이상 중개인은 당사자 간 그리고 대표 발행인과 소통할 수 있는 플랫폼상의 대화의 채널을 제공해야 하며, 통신이 남용되거나 잠재적으로 부실해지는 것을 막아야 함은 물론 채널에서 토론 내용을 볼 수 있도록 공개적인 접근을 허용해야 하고, 중개인의 플랫폼에서 계좌를 개설한 자에 대한 의견 게시를 제한해야 한다. 또한 중개인은 의견 게시자들이 창립자 혹은 발행인의 종업원으로서 홍보 활동 중인지 여부, 또는 그러한 의

견 개진을 통한 보상이 이뤄지는지 여부를 명확히 진술하도록 해야 한다.[29] 투자자가 발행자로부터 투자 약정을 받을 때 중개인은 투자자에게 투자 약정의 금액, 알려진 경우 증권의 가격, 발행인의 성명, 투자자가 계약을 취소할 수 있는 날짜와 시간을 즉시 제공해야 한다.[30]

브로커로 등록된 중개인은 인수underwritings에 관련한 지급금의 전송이나 유지에 관한 규칙을 준수해야 한다. 이 규칙은 (a) 수령한 돈 또는 그 밖의 대가가 자격이 있는 자에게 지체 없이 양도되는 경우 또는 (b) 수령한 돈이나 그 밖의 대가가 분배를 대신한 자에게 지급되지 않을 때 대리인이나 신탁관리자로서의 별도 은행 계좌에 지체 없이 입금되거나 수익권을 가진 자에 대한 에스크로에 보관되는 경우가 아니라면, 증권의 유통에 참여하는 브로커나 딜러가 유통되는 증권의 일부를 판매가로 인수하는 것을 증권법에 따른 "사기, 기만 또는 조작적 행위 또는 영업 활동"이라고 규정한다.[31]

펀딩 포털로 등록된 중개인의 경우는 투자자에게 자격을 갖춘 제삼자(그러한 자금을 보유한 등록된 브로커나 딜러 또는 보험에 가입한 은행이나 신용조합)에게 그 자금이나 그 밖의 대가를 송금하도록 지시해야 한다. 투자 약정의 총액이 모집된 목표 금액을 달성하게 되면 그 자금은 발행자에게 전달돼야 하고, 이것은 중개인이 자신의 플랫폼에서 필수 정보를 공개적으로 제공하는 날로부터 21일 이내에 이뤄져야 한다. 만일 투자 약정이 취소됐다면, 그 자금은 공모가 실패했을 때 투자자에게 반환돼야 한다. 투자자는 거래일, 매입한 증권의 종류, 신원, 증권 가격 및 증권의 수, 기타 관련 정보를 공개하는 확인서를 중개인으로부터 받게 된다.[32]

등록 펀딩 포털에 대한 특별 규정

앞서 설명한 바와 같이 펀딩 포털은 증권위원회 등록과 국가증권협회(예: FINRA)에 회원 가입이 필요하다. 펀딩 포털로 활동하는 경우에는 브로커 등록 요건이 면제된다.[33] 증권 모집이나 판매와 관련해 크라우드 펀딩 중개자의 역할을 하는 경우 투자 자문이나 추천을 제공하지 않을 수 있으며, 플랫폼에 표시된 모집 증권의 매입, 매도 또는 제공을 권유하지 않고, 그러한 권유에 대해 타인에게 보상을 제공하지 않을 수 있다. 펀딩 포털은 투자자의 자금이나 증권을 보유, 관리, 소유하거나 취급할 수 없다. 그러나 다음과 같은 경우도 있다.

- 발행자가 자신의 플랫폼에서 증권의 제공과 판매를 허용하도록 조건을 설정하는 경우
- 발행자의 공모를 돋보이게 하기 위해 합리적으로 설계된 플랫폼에서 공모 강조를 위한 객관적인 기준을 적용하는 경우
- 투자자가 펀딩 포털의 플랫폼을 통해 이용 가능한 공모를 검토하는 데 사용할 수 있는 검색 기능 또는 기타 도구를 제공하는 경우
- 투자자 간과 대표 발행자와 공모에 관해 소통할 수 있는 대화 채널을 제공하는 경우
- 발행자에게 공모 문서 작성에 대한 지원을 포함해 발행자의 공모 구조나 내용에 대해 통지하는 경우
- 제삼자가 펀딩 포털에 잠재적 투자자의 개인 식별 가능 정보를 제공하지 않았다면 그 포털에 사람을 언급한 것에 대해 제삼자에게 보상을 제공하고 그 보상은 등록된 브로커에게 지급된 보상을 제외하고는 크라우드 펀딩 증권의 매매에 근거하지 않는 경우
- 서면 약정에 따른 크라우드 펀딩 증권의 모집 또는 판매와 관련해 등록된 브로커 또는 딜러에게 보상하고, 이러한 서비스와 보상은 펀딩 포털이 회원으로 등록된 국가증권협회의 규정을 준수하는 경우
- 해당 증권의 판매 또는 제공을 위해 포털에서 수행하는 서비스에 대해 브로커 또는 딜러로부터 보상을 받는 경우

- 펀딩 포털의 존재를 홍보하고 특정한 지정 기준에 따라 이용이 가능한 하나 이상의 발행자 또는 공모를 식별하는 경우
- 부정행위가 있다고 판단되거나 투자자 보호가 우려될 때 플랫폼에 대한 접근을 거부하거나 발행자의 공모를 취소하는 경우
- 발행인을 대신해 제공된 크라우드 펀딩 증권에 대한 투자 약정을 인수하는 경우
- 투자자에게 해당 증권과 관련해 자금을 양도하고 지급금을 송금할 곳을 지시하는 경우
- 크라우드 펀딩 공모가 완료되면 제삼자가 수익금을 발행자에게 공개하도록 지시하는 경우[34]

비상주 펀딩 포털 요건

비상주non-resident 펀딩 포털이란 미국 이외의 지역에서 설립 또는 조직되거나, 미국 국경 밖에 주요 사업장을 갖는 펀딩 포털로 정의된다. 비상주 펀딩 포털에 의한 등록은 비상주 포털의 관할권 내에서 증권거래위원회와 관할권 있는 규제기관 사이의 정보 공유 협정을 조건으로 한다. 해당 포털은 소송 절차, 변론 서비스 또는 기타 서류를 제공할 수 있는 지정된 미국 대리인을 가져야 한다. 포털은 대리인과의 계약이 종료된 후 3년 동안 미국 대리인 임명에 대한 서면 동의서와 위임장 등의 장부와 기록을 유지해야 한다. 증권거래위원회는 비상주 펀딩 포털에 관한 모든 장부와 기록에 접근이 가능하고, 외국 관할권 내의 법률 문제로서 해당 포털이 그러한 기록에 대한 합법적인 접근 권한을 제공할 수 있다는 변호인 의견에 관한 모든 장부와 기록에 접근할 수 있다.

공모 완료와 취소

투자자는 어떤 이유로든 발행자의 공모 자료에서 확인된 마감일로부터 최대 48시간 이전에 투자 약정을 취소할 수 있다. 만약 공모 조건이나 발행자가 제공한 정보에 관해 중대한 변경이 있다면, 중개인은 그러한 변경 사항을 투자자에게 통지하고, 투자자가 통지를 수령한 이후 5 영업일 이내에 해당 약정을 재확인하지 않는 한 투자 약정이 취소됨을 알려야 한다.[35] 공모에서 확인된 마감일 전에 목표한 공모액이 달성되는 경우라면 발행자는 일정한 요건이 충족되는 경우 즉, 21일 동안의 공모의 진행, 잠재적 투자자에 대한 신규 마감일 공지, 신규 마감일로부터 최대 48시간 전에 투자를 취소할 권리가 있다는 사실에 대한 공지, 마감일로부터 48시간 이내에 투자 약정이 추가로 허용되는지 여부에 대한 공지 등이 충족된 경우에는 마감일 전에 공모를 종료할 수 있다.[36]

펀딩 포털에 적용되는 기타 조항

펀딩 포털은 증권거래위원회와 등록된 국가증권기관의 검사와 조사의 대상이다. 기록물, 즉 크라우드 펀딩 증권에 대한 투자자의 매수 또는 매수 시도에 관한 기록, 그러한 공모에 대한 발행인에 관한 기록, 플랫폼에 관한 통신 기록, 통신 채널을 이용하는 발행인의 증권 홍보 기록, 발행인과 투자자에 대한 통지, 공모에 관한 서면 계약서, 일어난 모든 거래에 대한 일별, 월별 및 분기별 일람, 기관의 문서, 통화 및 해외 거래에 대한 재무 기록 보존 및 보고에 관한 기록은 5년 (접근이 용이한 장소에는 2년) 동안 보관된다.[37]

재판매 제한과 결격 사유에 관한 조항

증권거래위원회를 통한 경우를 제외하고는 크라우드 펀딩 면제 조항에 따라 발행된 증권의 구매자는 증권의 발행인, 공인투자자, 또는 구매자 가족 이외의 자에게 증권을 발행한 때로부터 1년 동안 양도하지 못한다.[38] 발행인 또는 그 전임자, 임원, 이사, 무한책임사원 또는 관리 구성원 또는 발행인의 발행의결지분증권의 20% 이상을 소유한 수익권자가 증권신고서를 제출하기 10년 이내에 증권의 매매에 관련된 중범죄나 경범죄에 대한 유죄판결을 받은 경우, 또는 위원회에 허위 서류를 제출한 경우, 또는 권한 있는 관할 법원이 증권 매매를 금지한 경우에는 크라우드 펀딩 면제 조항을 발행인에게 적용할 수 없다. 또한 집행유예를 받은 자 또는 등록이 취소된 자 또는 위원회에 의해 다른 금지의 대상이 된 자 역시 이러한 금지 규정이 적용된다.[39]

크라우드 펀딩 플랫폼

펀딩을 얻고자 하는 사람들이 이용할 수 있는 수백 가지의 크라우드 펀딩 플랫폼 혹은 방법론(모델)이 존재한다.[40] 법률의 제정으로 지금까지 이러한 플랫폼은 스타트업을 위해 650억 달러 이상의 자금을 모금했으며, 그 결과 27만 개 이상의 일자리가 창출됐다.[41] 다음 소개된 처음 두 개의 크라우드 펀딩 모델은 가장 기본적인 펀딩 유형에 해당한다. 이를 간략히 설명한다.

보상 기반 모델

보상 기반의 크라우드 펀딩 모델은 비공인non-accredited 투자자에게 티셔츠, 영화 관람권, 무료 소프트웨어나 기타 특전을 적은 비용에 제공한다. 하지만 이런 특전에는 해당 회사의 소유에 관한 것은 어떤 것이든 포함되지 않는다.

지분 기반 모델

지분 기반 모델은 공인^{accredited} 투자자들이 잠재적으로 상당한 규모의 장래의 금전적 이익을 가져다 줄 수 있는 독특한 상품을 선보이는 신규 회사에 투자할 기회를 제공한다.

킥스타터닷컴^{Kickstarter.com}은 지분 기반 모델의 대표적 사례로 꼽힌다. 2009년 4월 28일 세 사람이 뉴욕 브루클린에서 출범시킨 킥스타터는 공익 법인^{PBC,} ^{Public Benefit Corporation}의 형태를 취하고 있다.[42] 1천만 명 이상에게서 21억 달러가 넘는 자금을 모금한 이 회사는 10만 개에 달하는 프로젝트에 자금을 조달했다. 창립자들은 자신의 사명을 창조적인 프로젝트가 생명을 갖도록 돕는 것이라고 말한다.[43] 지금까지 예술, 패션, 음악, 음식, 출판, 영화, 극장, 기타 주목할 만한 분야에서 프로젝트가 출범됐다. 그 밖에 지분 기반의 플랫폼은 이와 비슷한 류의 프로젝트에서 약 100억 달러 정도를 모금했다.[44]

자선 기반 모델

자선 기반 모델은 투자자들에게 금전과 같은 보상을 주기보다는 사회적 기업의 진흥에 일조하려는 가치 있는 비영리 단체에 대한 기부를 통해 투자자에게 도덕적 만족을 제공한다. 자선 크라우드 펀딩의 한 예로 저자의 대학교 웹사이트를 들 수 있다. 기부자들은 학부생들의 연구 여행 기금, 비영리 단체와 사회적 기업에서의 인턴십, 쿠바의 환경 연구 등을 포함한 수많은 학생들의 프로젝트와 노력에 기부할 수 있다.[45]

부채 모델(P2P)

크라우드 펀딩 부채 모델^{debt-model}에서 투자자들은 펀드 자금을 조성해 온라인에서 잠재적 대출자들에게 그들의 신용 위험 포트폴리오에 따른 무담보 자금 대출을 해주고 이자를 받는다. 이 모델은 은행이나 주택 자금 대출 업체를 이용할 수 없는 대출자들에게 대안이 될 수 있다.

소송 모델

크라우드 펀딩 소송 모델litigation model은 부정 행위를 한 것으로 인지되거나 혹은 그 밖에 관련 혐의가 있는 회사에 대한 소송을 시작하거나 계속할 목적에 대해 자금을 제공한다. 투자자들은 해당 소송의 잠재적인 최종 결과에 대해서 지분stake을 받는다. 이 모델의 예로는 렉스쉐어스LexShares를 들 수 있다. 모금된 자본금은 변호사 비용, 감정인, 재판 증거물 및 법정 수수료 같은 소송 비용과 임대료, 물품, 기타 사업 관련 비용을 위한 영업 자본, 소송 당사자의 개인 지출 비용에 사용될 수 있으며, 원하는 결과치를 위한 비용보다 적은 비용으로 사건을 해결할 필요가 없도록 수준급의 법률가를 확보하는 수단으로써 그 역할을 한다.[46]

제품 사전 주문 모델

제품 사전 주문 모델product pre-order model은 제품이 대중화되기 이전에 생산된 제품을 할인된 가격으로 받아볼 수 있게 해준다.[47] 이 모델은 보상 기반 모델과 어느 정도 유사성을 갖고 있다(http://backersmanual.com/2014/03/01/crowdfunding-is-not-a-preorder).

집행

금전적인 투자가 행해질 때면 부주의한 행동이나 범죄적 사업에서 나오는 남용 사건이 언제나 생기기 마련이다. 크라우드 펀딩과 관련된 첫 번째 집행 조치는 2015년 6월 연방통상위원회FTC 대 에릭 체발리에Erik Chevalier 사건[48]에서 시작됐다. FTC는 피고가 개인의 크라우드 펀딩 활동과 관련해 미배송된 제품에 수수료를 부과함으로써, "상거래에 있어서 불공정하거나 기만적인 행위나 영업 활동"을 금지하고 있는 FTC법 제5조(a)[49]를 위반했다고 주장하며 법원에 피고인에 대한 영구적 정지 처분 및 기타 구제 조치를 취해줄 것을 구했다. 특히 피고는 포킹패스사Forking Path, Co.로 사업하며 알려진 바와 같이 보드게임과 관련해 돈을 모금한 혐의를 받고 있다.

피고는 크라우드 펀딩 목표액 3만 5천 달러가 달성될 경우 투자한 소비자들이 보드게임 복사본과 피규어 같은 보상을 받게 될 것이라고 진술한 것으로 알려졌다. 피고는 1,246명의 투자자들로부터 12만 2천 달러를 모금한 뒤에 비로소 소비자이자 투자자들에게 게임이 제작되지 않을 것이며 환불이 진행될 것이라고 통보했다. 투자자들 중 금전 기여금을 돌려받은 사람은 거의 없었다.[50]

이 소송에서 법원은 체발리에게 해당 공모의 명시 환불 정책을 준수하지 못한 데 대한 청산 협정과 크라우드 펀딩 활동에 대한 허위 진술 금지 명령을 내렸다. 또한 고객 정보를 제대로 처리하지 못한 데 대해 고객 정보 공개 금지 및 그 밖에 고객 정보로부터의 이익 창출을 금지했다. 11만 1천 793.71달러의 벌금이 부과됐지만 이는 체발리에가 지급 불능을 주장했기 때문에 유예됐다. 하지만 피고의 재정 상태에 대한 허위 진술이 인정된다면 집행은 다시 이뤄질 것이다.[51]

크라우드 펀딩은 가상화폐의 성장에 주요한 기여를 해왔다. 미국 국세청IRS은 크라우드 펀딩의 세제 혜택에 대한 입장, 특별히 회사를 매입할 자금으로 사용되기 전에 기부금에서 인정수입constructive receipt을 받는 기여자들의 기금으로 어떤 회사를 매입하려는 크라우드 펀딩 활동에 대한 소득세 입장을 명확히 했다. IRS는 지침을 통해 세법Internal Revenue Code 제61조(a)에 따르면 총소득은 현금, 재산 또는 기타 경제적 효익에 따라 도출된 모든 출처의 소득을 모두 포함해야 한다고 명시하고 있다. 총소득에 포함되지 않는 예외는 다음과 같은 크라우드 펀딩 수익이다. (1) 상환해야 하는 대여금 (2) 거래소에 대한 지분이나 기업에 대한 지분권을 위해 출자되는 자본 (3) "대가quid pro quo" 없는 선물이 그것이다. 크라우드 펀딩 수익에는 일반적으로 서비스를 제공하거나 자산의 판매라는 맥락에서 얻어지는 수익을 포함시켜야 한다. IRS 규정 제1.451-2조에 따르면, 인정소득은 납세자가 해당 과세 연도에 소득을 자신의 계좌로 수령하거나 자신의 계좌에서 이용이 가능하도록 해 수령을 추정할 수 있는 경우를 포함한다.[52]

자산으로서 가상화폐에 대한 과세

IRS는 가상화폐에 관한 지침에서 전환형 가상화폐의 판매나 교환 또는 상품이나 서비스를 위한 사용은 납세 의무를 낳는 조세를 발생시킨다는 입장을 취했다. 즉 전환형 가상화폐는 미국의 과세 목적상 외화 손익을 발생시키는 통화로 간주되지 않고 오히려 기타 형태의 자산처럼 과세가 가능한 모든 "자산property"으로 다뤄진다는 것이다. 또한 그것은 확정될 수 있는 가치를 가지므로 법정통화나 기타 자산과 교환이 가능하다. 따라서 상품이나 서비스의 대가로 가상화폐를 받는 납세자는 가상화폐의 적정 시장 가격을 총소득에 반드시 포함시켜서 계산해야 한다. 과세 기준은 결제일 현재 가상화폐의 적정 시장 가격으로, 만일 거래소에 상장돼 있다면 환율에 따라 그 가상화폐를 미국 달러로 환산해 결정한다. 과세되는 손익gain or loss은 수취한 자산의 적정 시장 가격에 따라 달라진다. 손익은 가상화폐가 자본 자산인지 여부 또는 가상화폐 거래소가 주식, 채권 또는 기타 투자 자산과 관련되는지 여부에 따라 달라질 수 있다. 무역이나 영업상 지급 결제에 대해서 과세 대상자에 부과되는 과세 최저 한도는 600달러다.[53] 반면 폐쇄형(비전환형) 가상화폐는 게임, 항공 마일리지, 상품권 등 매우 한정된 용도 이상으로 전환이 불가하므로 과세 목적의 자산으로 취급되지 않는다.

IRS에 따르면 가상화폐를 "채굴"하는 납세자는 해당 화폐의 수령일 현재 가상화폐의 적정 시장 가격을 총소득에 포함해야 한다. 채굴이 무역이나 영업의 일부를 이루고 채굴 행위가 종업원에 의해 수행되지 않는 경우, 그러한 활동에 기인한 순이익은 자영업자의 소득으로 간주돼 과세의 대상이 된다. 서비스에 대한 보수로서 고용주가 지급한 가상화폐는 고용세 목적의 임금이 된다. 가상화폐로 이뤄진 지급 결제는 이와 다른 자산으로 이뤄진 지급 결제에 대해 법규가 요구하는 것과 마찬가지로 정보 보고 및 원천징수의 대상이 된다.[54] 다음에 제시된 비판적 논평에도, IRS의 2014년 지침 이후 추가 업데이트는 아직까지 나오지 않았다.

IRS의 지침은 미국 공인회계사협회[AICPA]가 다루는 바와 같이 상당한 논쟁을 일으켰다. 평론가들 역시 비트코인이나 기타 가상화폐의 "기준"에 대한 IRS의 판단에 대체로 비판적이다. 반복해서 문제가 된 것은 다른 가격, 다른 출처, 다른 시간에 가상화폐를 매입한 납세자가 어떻게 과세 목적을 위한 기준에 도달하느냐는 것이다. 한 평론가가 예로 든 난이도 사례는 첫째 날 10개의 비트코인을 특정 가격에 채굴한 채굴자가 다음 날 다시 10개의 비트코인을 채굴하고, 셋째 날 또 다시 10개의 비트코인을 전과 다른 시장 가격으로 채굴한 후에 10개의 비트코인을 매도하는 경우다. 만약 채굴자가 거래에 대한 과세 기준을 결정할 수 없다면 채굴자는 어떻게 정확한 세금 신고서를 작성하는가?[55] 또 다른 평론가도 IRS 지침이 비트코인의 평가, 비트코인의 채굴, 비트코인의 원천징수, P2P 거래에서 비트코인의 사용, 자본자산으로 이용되는 비트코인, 선물이나 기부금으로 시용되는 비트코인, 비트코인 거래의 검증 등을 해결하지 못했다는 점을 지적하며 비슷한 문제와 우려를 제기하고 있다.[56]

한편 세무 전문가에게도 불분명한 가상화폐 거래에 관한 복잡한 세법과 규칙들을 가상화폐 고객이 알지 못하리란 점을 우려하는 평론가도 있다. 아울러 IRS와 주 정부 그리고 지방정부는 각기 다른 방법으로 다양한 세율을 적용하는 것은 물론 거래의 성격에 따라서도 세금 징수에 차이가 난다고 지적했다. 더불어 가상화폐로 지불되는 임금에 대한 과세 방법의 이슈와 함께 매장 과세에 의존하는 판매세와 주식, 기타 투자, 외국인 매수, 그밖의 거래에 관련된 판매세 이슈도 제기했다. 이들은 보통 소득으로 과세돼야 하는가, 아니면 자본의 손익으로 과세돼야 하는가? 비트코인과 동종의 가상화폐는 자산으로 취급된다는 점에서 이후 이 문제는 자산을 1년 이상 보유해 좀 더 낮은 양도소득세율의 적용 대상이 되느냐, 아니면 1년 미만의 자산 보유로 보통과세율의 적용 대상이 되느냐 중의 하나가 된다. 이러한 판단은 매수와 매도의 측정 방법에 기초하며, 쉽게 달성되지 않을 부담스러운 의무가 될 것이다. 이 평론가는 비트코인을 자산으로 취급하는 IRS의 결정은 일상에서 비트코인을 통화로 사용하는 사용자보다 투자자들에게 유리하다고 지적했다. 그렇다면 비트코인은 투자 목적일 때보다는 시장에서 사용될 때 피해를 입게 된다. 일일 거래는 적용 가능한 판매세의 대상이 되는 동시에 이용자가 사용일 현재 화폐의 적정 시장 가격을 결정하도록 요구하는 자본 손익의 대상이 된다. 결국 가상화폐 사용에 대한 실망, 일상 이용자에게 끼치는 과도한 불편, IRS가 자체 규칙을 집행하려 할 때 직면하는 극심한 어려움 등이 그 결과로 나타날 것이다.[57]

IRS가 비트코인과 기타 가상화폐를 자산으로 보는 것과 관련한 또 다른 문제는 비과세 교환Tax Free Exchange에 관한 제1031조의 적용에 있다. 이 규정은 일정한 시간 제약에 따라서 동종의 투자 자산으로 교환이 이뤄질 경우에는 판매된 자산에 대한 과세 소득이 이연移延될 수 있다고 규정하고 있다. 언급된 바와 같이 IRS는 비트코인과 기타 가상화폐를 자산으로 취급하므로, 이로써 제1031조의 과세 이연 처리가 비트코인 및 기타 가상화폐의 교환에도 적용될 수 있을 것으로 보인다. 그러나 전문가들은 제1031조가 이러한 전환(예를 들어 유로에서 달러로, 또는 한 가상화폐의 종류에서 다른 종류로)에 적용될지에 대해 의문을 제기하고 있다. 우려되는 점은 과세 손익을 제대로 신고하지 않으면 형사처벌이나 민사처벌 또는 양자 모두의 성립 가능성이 있다는 것이다.[58] 새로운 조세법은 IRS가 가상화폐를 자산으로 취급함에도, 제1031조의 적용이 불가능하리라는 평론가들의 우려를 확인하는 것으로 보인다. 해당 조세법에 따르면 오직 부동산real property만이 과세 이연 처리를 위한 조건을 갖추고 있으며, 비트코인을 이더리움 및 다른 암호화폐로 전환하는 것은 여기에 해당되지 않는다. 이 세금 변동tax shift은 IRS가 암호화폐나 디지털 자산이라고도 부르는 가상화폐로부터 생긴 잠재적인 미신고 차액에 대한 개별 납세 신고에 관한 조사를 단행함에 따라 이뤄진다. 이러한 통화 교환은 과세 대상 사건으로 간주되며 해당 납세 의무의 대상이 될 것이다.[59]

AICPA는 협회 회원과 그 서비스를 제공받는 고객에게 경종을 울렸다. 우려되는 바 가운데 하나는 IRS가 가상화폐를 실물화폐가 아닌 과세 목적의 자산으로 모순되게 취급한다는 주장인데, 이는 자본 손익을 마치 자산과 관련된 교환인 것처럼 기록하되 재판매를 위해 보유한다면 재고자산으로 처리해야 한다는 것을 의미한다. 그렇다면 보통 손익을 얻을 수 있을 것이나, 만약 가상화폐를 지급 수단으로 사용한다면 가상화폐는 교환시에 적정 시장 가격을 확인해야 하는 그 밖의 다른 통화로 취급해야 한다. 예를 들어 종업원의 임금을 비트코인으로 지급한다면 가상화폐는 실물 화폐로 취급되고, 독립적 수급자에게 지급하고자 사용하게 되면 자영업세를 물게된다. 비트코인을 교환으로 매입하거나 매도할 때의 손익이란 수령 시 가치와 매도 시 가치의 차액이다. 납세자가 거래의 표준이 무엇인지 판단할

수 없다면, 납부할 양도소득세를 결정할 수 없게 된다.[60]

AICPA는 회사 임원과 감사인에 대한 우려 또한 표명했다. 감사인에게 신기술의 복잡성, 특히 DLT에 거래를 기록하는 것과 이를 내부 통제에 적용하는 것은 중대한 부실 기재를 초래할 수 있다. 회사 임원의 경우 실물 화폐로 취급되는 비트코인은 대차대조표 기준일의 환율을 고려해야 하며, 미국 달러로의 전환을 반영해 항목을 조정해야 한다.[61] AICPA는 2016년 6월 16일자로 IRS에 보낸 서신에서 다음의 사항 같이 현재까지 불명확한 상태에 있는 지침에 관한 추가 설명을 요청했다.

- **수용 가능한 평가 및 문서화**: 납세자는 합리적인 방법으로 가상화폐의 적정 시장 가격을 계산해야 한다. 제기될 수 있는 몇 가지 의문은 납세자가 하나의 교환마다 적정 시장 가격을 사용해야 하는지, 아니면 다수의 교환에서 평균값을 사용해야 하는지 여부 그리고 사용 기간에 관한 것이다.
- **가상화폐 취득 비용**: 가상화폐 채굴 비용 및 취득에 드는 비용의 처리와 취득 비용을 자산 항목으로 기입하는 경우에 관한 지침이 필요하다.
- **손익 계산에 요구되는 구체적 식별을 위한 과제**: 납세자는 개별 거래의 손익을 파악하기 위한 목적으로 개별 거래에서 사용된 가상화폐를 구체적으로 식별해야 하지만, 납세자가 특정 거래에 어떤 가상화폐가 사용됐는지 추적하기란 불가능할 수 있으므로, AICPA는 전환형 가상화폐의 처리에 대체 수단을 허용해줄 것을 제안한다.
- **자산 거래 규칙에 관한 일반 지침**: 만일 IRS가 제1031조 같은 자산 거래의 규칙을 가상화폐에 차별적으로 적용해야 한다고 판단한다면, 투자나 영업을 위해 보유하는 가상화폐의 거래를 다른 가상화폐와 동일하게 취급하도록 허용하는 등의 추가 지침이 필요하다.
- **상인이 보유하는 가상화폐의 성격**: 상인이 보유하고 있는 가상화폐가 자

본인지 보통 자산인지에 대한 지침이 필요하다. 문제는 상인이 해당 화폐를 종업원과 공급업자에게 지급 수단으로 사용할 때 생긴다.

- **자선 기금**: 5천 달러를 초과한 가상화폐가 자선단체에 기부될 때, 해당 총액이 자선 기금이라는 주장을 뒷받침하기 위해 적격 평가가 필요한지 여부에 대한 지침이 요구된다.

- **"상품"으로 취급되는 가상화폐**: IRS 규정에 따른 시가주의 회계 목적상 가상화폐가 상품으로 간주되는지에 대한 지침이 요구된다.

- **최소 선택의 필요성**: IRS 규정에 따르면 만일 사적 거래에서 외국환차익이 나왔다면, 거래당 최대 200달러까지 공제할 수 있게 하고 있다. 소량 구매용으로 최소한의 화폐를 갖고 있는 납세자가 적정 시장 가격을 탐지하는 것은 최저 수준의 손익을 계산해야 하는 것이므로 과도한 부담이 될 것이다. 이와 같은 가상화폐 거래에 200달러의 규칙이 적용될수 있는가?

- **퇴직 계좌**: 퇴직 저축 계좌에 가상화폐 투자금을 보유할 수 있는지에 대한 지침이 요구된다.

- **가상화폐에 대한 외국인 보고 요건**: 가상화폐의 계좌 보고와 가상화폐에 대한 외국계좌 납세 의무준수법FATCA, Foreign Account Tax Compliance Act의 적용에 관한 지침이 요구된다.[62]

외국계좌 납세 의무준수법[63]

과세 결과는 여러 가지 요인에 따라 달라진다. 따라서 미국 이외 지역의 발행인이 미국 내에서 실체적 영향력을 갖지 않는 한 미국에서는 세금이 부과되지 않을 수 있으나, 외국계좌 납세 의무준수법 즉, FATCA가 실행될수는 있다. FATCA에 따르면 미국 이외 지역에서 금융 자산을 보유하고 있는 특정한 미국 납세자는 반드시 지정된 양식에 따라 해당 자산을 IRS에 신고해야 하며, 자산 보고 의무를 준수하지 않으면 중벌에 처해진다. 또한 납세자는 FinCEN이 지정한 양식으로 해외금융계좌를 신고해야 한다. 또한 외국금융기관은 미국 납세자가 보유한 금융계좌 또는 미국 납세자가 상당한 소유 지분을 갖는 외국기업이 보유한 금융계좌에 대한 정보를 IRS에 보고해야 할 수 있다. 외국금융기관에는 은행은 물론 투자기관, 중개업자, 특정 보험회사 등도 포함된다. 비금융 외국기업도 특정한 미국인 소유자들을 보고해야 한다.[64] FATCA는 2010년 고용 회복을 위한 채용 장려법HIRE, Hiring Incentives to Restore Employment의 일부로 제정됐다.[65]

탈세와 기타 부정행위를 우려한 한 평론가는 FATCA는 가상지갑 제공자에게 IRS 보고 의무를 요구하지 않으므로, IRS는 암호화폐와 가상지갑 그리고 가상지갑 제공자를 명시해 규제 감독 범위에 포함시켜야 한다고 주장했다. 이들은 각각 외국금융자산, 외국금융계좌, 외국금융기관으로 정의돼야 한다.[66]

미 국세청 시행 규칙

세금 사기 사건 조사 방법으로서 소환

가상화폐의 거래 과세에 대한 미 국세청 즉, IRS의 입장은 많은 혼란과 불확실성을 촉발시켰다. 가상화폐를 통화나 자산으로 취급해야 하는지에 대한 상당한 논쟁이 있지만, 가상화폐 거래의 회계처리 문제와 보고 의무를 판가름할 기준을 추적하는 것도 논란을 초래했으며, 이는 IRS의 명확성을 더욱 요구하고 있다. 우리는 암호화폐를 매매하는 당사자들의 익명성으로 인해 암호화폐 거래를 조사하기 어렵다는 점에 주목해왔다. 비록 현재 정부는 조사자들이 분권형 가상화폐 사용자의 신원을 확인할 방법이 없을지라도, 이러한 방어벽을 제거할 수 있는 입증된 기술이 여럿 존재하는 것도 사실이다. 그러한 방안 중 하나는 제삼자가 관여해 거래 기록을 보유하는 중앙집중식 가상화폐에 속한 것이긴 하지만, 전국적으로 뉴스화됐던 한 사건에서 논의된 바 있다. 인터넷의 사용이 전 세계적으로 확산됐을 때도 그러했지만 IRS가 코인베이스 계정 보유자들의 기록을 입수하고자 했을 때 가장 먼저 제기된 문제는 개인정보보호에 관한 것이었다. 해당 웹사이트에 따르면 2012년 설립된 코인베이스 샌프란시스코 컴퍼니^{San Francisco Company}는 상인과 소비자가 비트코인, 이더리움, 라이트코인, 다른 유사 화폐를 상호 거래할 수 있는 디지털 지갑과 플랫폼을 제공하고 있다. 이들은 500억 달러의 화폐 자산을 거래한 1천만 명 이상의 사용자를 확보했다고 알려졌다.

미국 대 코인베이스

미국 대 코인베이스^{U.S. v. Coinbase} 사건[67]을 보면, IRS는 2013년 1월 1일부터 2015년 12월 말까지 전환형 가상화폐 거래와 관련한 코인베이스의 거의 모든 고객에 대한 기록을 요구하는 소환장을 코인베이스사에 발부했다. 이번 소환의 목적은 코인베이스의 전송 서비스를 이용하는 사람들의 신원과 이들의 잠재적 연방소득세 납세 의무를 결정하려는 것이었다. 이는 IRS가 이러한 거래에서 발생한 자본 이득이 상당히 과소 보고됐다고 판단한 데 따른 것이다. IRS는 거래 당사자의 사용자 프로필, 거래 로그, 처리된 지급 결제 기록, 제삼자 접근, 계정 명세서 또는 청구 명세서, 지급 기록 및 그 밖의 문서 등 아홉 가지 범주의 문서를 요청했다. 코인베이스가 이러한 소환에 불응하자 이를 강행하고자 하는 IRS는 소송을 제기했다. IRS는 코인베이스의 허브 사이트의 사용자 정보와 거래 정보를 얻기 위해 코인베이스사의 "존 도$^{John Doe}$"에 대한 소환장 발부를 연방법원에 구했으며 이것이 받아들여졌다. 이 허브 사이트는 정교한 추적 소프트웨어를 사용해 비트코인 거래 및 유사 거래 참여자들의 보고되지 않은 손익을 확인한다.[68] 코인베이스는 "리액터^{Reactor}" 도구로 비트코인 거래를 추적하고 분석하는 도급업체 체인엘리시스를 이용했다. 해당 소프트웨어의 사용자에는 법 집행기관, 은행, 규제기관이 포함된다.[69] IRS는 그 후 그들의 요청을 890만 건의 거래와 관련된 약 14,355건의 코인베이스 계정 보유자로 수정했다.

캘리포니아주 샌프란시스코 연방지방법원은 정부 요청을 일부 승인했다. 법원은 이러한 수정 요청이 해당 연도에 최소 2만 달러 이상의 개별 비트코인 거래에 관한 것이라고 언급했다. 코인베이스는 IRS 대변인의 주장이 개인적인 지식$^{personal\ knowledge}$으로도 뒷받침되지 않고, 사실적 지식과 그 밖의 근거로도 뒷받침되지 않는 추단적 주장$^{conclusory\ allegation}$에 불과하다고 반박했다. 법원은 IRS 가상화폐 조사 팀의 수석 대표인 해당 대표자가 그러한 요청 권한을 갖는다는 주장에는 동의하지 않았으며, 정부가 소환 요구에 대한 최소한의 의무를 이행했다는 점을 지적하며 코인베이스의 다른 주장을 부인했다. 법원은 코인베이스에 2만 달러 이상의 비트코인을 거래하는 사람들의 신원 즉 납세자 ID 넘버, 성명, 생년월일, 주소, 거래 기록, 주기적인 입출금 내역과 청구명세서를 제출하도록 명령했다. 그러나 계좌 개설 기록, 여권 사본과 운전면허증 사본, 지갑 주소, 모든 지갑과 금고의 공개 키 등 그 밖의 다른 모든 정보에 대한 요청은 부인했다.[70]

이 결정의 결과로 IRS와 다른 정부기관의 집행 당국자들은 법을 준수하는 가상화폐 이용자와 법을 준수하지 않는 가상화폐 이용자 모두를 방어해오던 블록체인이라는 방패를 뚫을 수 있었다. 이에 따라 전 세계 법정통화는 물론 디지털 화폐 매매를 업으로 하는 미국 샌프란시스코의 디지털 자산중개업체 코인베이스가 고객의 사생활을 지키기 위한 사용자 능력은 크게 저해될 것으로 보인다. 거래는 비밀이며 타협될 수 없다고 믿었던 고객들은 IRS에 대한 공시가 전부 또는 많은 부분 허용될 경우 상당한 불이익을 받게 될 것이다.[71]

체인엘리시스와 IRS

비트코인 매매 고객의 납세 의무를 결정짓기 위해 IRS는 뉴욕에 사무소를 둔 스위스 회사 체인엘리시스Chainalysis Inc.와 계약을 맺고 디지털 지갑 소유자 식별에 도움을 받기로 했다.[72] 체인엘리시스는 전체 거래의 50%를 차지하는 비트코인 주소에서 25% 가량을 식별할 수 있다고 주장한다. 게다가 이들은 웹 포럼상의 비트코인 주소에 4백만 개 이상의 태그를 가지고 있고, 암시장의 포럼과 마운트곡스Mt. Gox의 입출금 정보에서 나온 데이터 소스를 밝혀냈다. 비트코인의 익명성이라고 하는 것은 점차 가명성pseudo-anonymity 범주에 위치하는 것으로 보인다.[73]

가상화폐 거래 과세를 위한 의회의 제안

미국 의회는 가상화폐 거래 과세를 포함해 가상화폐에 관한 여러 제안을 마련했다. 이 중에는 재러드 폴리스Jared Polis 콜로라도주 민주당 의원과 블록체인 간부회의Blockchain Caucus의 공동의장이자 애리조나주 공화당 의원인 데이빗 슈바이커트David Schweikert가 발의한 2017년 암호화폐 공정과세법안Cryptocurrency Tax Fairness Act of 2017도 들어가 있다.[74] 이 법안은 소규모 거래의 경우를 포함해서 디지털 화폐를 자산으로 보는 IRS의 분류법이 결국 고객이 상품과 서비스의 대가를 가상화폐로 지불하려는 동기를 감소시킨다는 점을 다루고 있다. 이 법안은 고객이 보고 요건을 준수하지 않아도 암호화폐로 소액 구매를 할 수 있게 함으로써, 흡사 외화 거래와 같이 암호화폐를 이용한 구매에 대한 과세 구조를 창안했다. 법안 발의자들에 따르면 이 법안은 과세 문제를 전혀 고려하지 않고 신문 구매와 기타 소액 구매에서 디지털 지급 결제 방식을 허용하는 것을 목적으로 한다.[75]

그 밖에 하원은 국가 안보에 대한 위협을 우려하는 법안을 제안했다. 법안은 테러 활동을 수행하거나 그러한 활동에 물질적 지원을 제공하기 위해 가상화폐를 사용하는 개인이 제기하는 실제적이고 잠재적인 위협에 대해, 국토안보부 정보분석국 차관이 다른 연방 기관, 주 및 지방 당국과 협력해 위협 평가를 개발하고 이를 보급하게 하고 있다.[76]

국제적으로 볼 때 외국의 세무 당국은 미국과 마찬가지로 전자 세금신고서를 요구하고 있다. 예를 들어 멕시코는 법인 소득세를 전자적으로 신고하도록 하고, 세무 당국은 전자 감사를 실시한다. 그러한 경우, 세무 당국은 납세자에게 사전 평가서를 전송하고 납세자는 15일 내에 반대 증거를 제출하거나 세금을 납부해야 한다. 세계적 추세는 블록체인 사용을 통해 더욱 신속하게 자료를 제출하고 투명성을 확보하는 방향으로 나아가고 있다. 미래에는 세금 계산과 송금, 조정, 품질 관리 및 기타 이점을 위한 자원의 사용이 훨씬 빠르고 효율적으로 이뤄질 것이다. 하지만 세무 전문가들은 향후 수정 또는 변경될 수 있는 블록체인 기술의 코딩 측면을 철저히 이해하도록 이 신기술을 학습해야 하는 것은 물론 세무 당국이 새로운 절차에 대한 준수를 요구할 때 신규 세칙을 배워야 할 과도기적 어려움에 봉착할 수 있다. 긍정적인 면은 추가 요건, 지급 및 환불에 관한 즉각적인 피드백이 있다는 점일 것이다.[77] 회계와 그 프로그램을 교육하는 대학들은 미래 전문가를 더 잘 양성하기 위해 정보 시스템과 이에 관련된 과정을 통합함으로써 새로운 기술에 적응해 나가야 한다.

8장, '해외 규정'에서는 가상화폐 거래의 국제화 및 익명성이 불법 행위에 대한 미국 정부의 집행을 실제 저해한다는 점을 언급한다. 전 세계적으로 일어나고 있는 범죄, 부정행위, 세금 회피 활동을 줄이기 위한 상호 협력은 정부에 지워진 의무다. 우리는 규제를 위한 최근의 노력 가운데 일부를 논의하고 새로운 혁명적 기술에 관련된 많은 참여자에게 해명을 요구할 것이다.

참고문헌

1. For a discussion, see Roy J. Girasa, Cyberlaw: National and International Perspectives, Ch. 2, Prentice-Hall, 2010.

2. Dong He, supra, note 24, Dong He, Karl Habermeier, Ross Leckow, Vikram Kyriakos-Saad, Hiroko Oura, Tahsin Saadi Sedik, Natalia Stetsenko, Concepcion Verdugo-Yepes, Virtual Currencies and Beyond: Initial Considerations, IMF Discussion Note SDN/16/03, Jan. 2016, at 30–31, https://www.researchgate.net/publication/298915094_Virtual_Currencies_and_Beyond_Initial_Considerations

3. The discussion on crowdfunding is, in part, from a paper originally written by this author and published in the North East Journal of Legal Studies 2017 and re-published with permission from Dr. Sharlene McEvoy.

4. Jim Manning, Vega Fund: Ethereum Venture Capital Crowdfunding Platform, ETH News, March 12, 2017, https://www.ethnews.com/vega-fund-ethereum-venture-capital-crowdfunding-platform

5. Massolution, 2015CF: The Crowdfunding Industry Report, http://www.crowdsourcing.org/editorial/global-crowdfunding-marketto-reach-344b-in-2015-predicts-massolutions-2015cf-industry-report/45376. See also commentary by Chance Barnett, Trends Show Crowdfunding to surpass VC in 2016, Forbes, June 9, 2015, http://www.forbes.com/sites/chancebarnett/2015/06/09/trends-show-crowdfunding-to-surpass-vc-in-2016/#18e99839444b

6. Nav Athwal, Real Estate Crowdfunding: 3 Trends to Watch in 2017, Forbes, Feb. 17, 2017, https://www.forbes.com/sites/navathwal/2017/02/17/real-estate-crowdfunding-3-trends-to-watch-in-2017/#40de83b93b4b

7. Securities and Exchange Commission v. W. J. Howey Co., 328 U.S. 293 (1946).

8. Pub.L. 112–106 enacted into law April 5, 2012.

9. Section 301 of the Act states that the full title of Title III is the Capital Raising Online While Deterring Fraud and Unethical Non-Disclosure Act of 2012 or the Crowdfunding Act.

10. 15 U.S.C. §77(d).

11. Securities Act of 1933, 15 U.S.C. §77(d)(a)(6).

12. §4(a)(6) of the Securities Act of 1933.

13. U.S. Securities and Exchange Commission, 17 C.F.R. 200, 227, 239, 240, 249, 269, 274 2016.

14. Rule 17 CF.R. §230.501.

15. 17 C.F.R. §227.100(a)(2)(ii).

16. Final Rule, §227.201(r).

17. Final Rule, §227.203.

18. Final Rule, §227.204.

19. Final Rule, §227.205.

20. Securities Act of 1934, §3(a)(4)(A).

21. Securities Exchange Act of 1934, §3(a)(80). The final rule, §227.300 (a)(2) defines a funding portal as "a broker acting as an intermediary in a transaction involving the offer or sale of securities in reliance on section 4(a)(6) of the Securities Act...that does not: (i) Offer investment advice or recommendations; (ii) solicit purchases, sales or offers to but the securities displayed on its platform; (iii) Compensate employees, agents, or other persons for such solicitation or based on the sale of securities displayed or referenced on its platform; or (iv) Hold, manage, process,

or otherwise handle investor funds or securities."

22. A "self-regulatory organization" is defined under the Securities Act of 1934, §3(a)(26) as "any national securities exchange, registered securities association, or register clearing agency."

23. Jobs Act, §302(b) which amends the Securities Act of 1933 (15 U.S.C. 77a et seq.) by adding a §4A, Requirements with Respect to Certain Small Transactions.

24. Final Rule, §227.303(b).

25. Id.

26. Final Rule, §227.300(b).

27. Final Rules, §227.301.

28. Final Rule, §227.302(b).

29. Final Rule, §227.302(c).

30. Final Rule, §227.302(d).

31. 17 CFR §240.15c2-4.

32. Final Rule, §227.302(e)(f).

33. Final Rule, §227.401.

34. Final Rule, §227.402.

35. Final Rule, §227.304(a)(c).

36. Final Rule, §227.304(b).

37. Final Rule, §227.404.

38. Final Rule, §227.501.

39. Final Rule, §227.503.

40. Platform is defined as "a program or application accessible via the Internet or other similar electronic communication medium through which a registered broker or a registered funding portal acts as an intermediary in a transaction involving the offer or sale of securities in reliance on section 4(a)(6) of the Securities Act" (15 U.S.C. 77d(a)(6), Final Rule §227.300 (4)).

41. Martin Zwilling, Will These 5 Models of Crowdfunding Replace Angel and VC Investors, Entrepreneur, Feb. 3, 2015, www.entrepreneur.com/article/242767

42. A "public benefit corporation" is a relatively new type of business corporation formed for the purpose of creating a "general public benefit" in addition to business purposes. A general public benefit" is one that has a "material positive impact on society and the environment, taken as a whole, assessed against a third-party standard, from the business and operations of a benefit corporation." "Specific public benefit" purposes include, but are not limited to: "(1) providing low-income or under-served individuals or communities with beneficial products or services; (2) promoting economic opportunity for individuals or communities beyond the creation of jobs in the normal course of business; (3) preserving the environment; (4) improving human health; (5) promoting the arts, sciences or advancement of knowledge; (6) increasing the flow of capital to entities with a public benefit purpose; and (7) the accomplishment of any other particular benefit for society or the environment." In New York it is governed by Article 17 of the New York Business Corporation Law. The purposes may be found in New York BCL §1702(e). http://www.dos.ny.gov/corps/benefit_corporation_formation. html. Approximately 20 states recognize public benefit corporations including Delaware, California, and New York.

43. https://www.kickstarter.com/about?ref=nav

44. For an excellent review for crowdfunding participants in making their selection of a crowdfunding platform to invest in together with a colorful diagram of possible choices, see Eric Markowitz, 22 Crowdfunding Sites (and How To Choose Yours!), http://www.inc.com/magazine/201306/eric-markowitz/how-to-choose-a-crowdfunder.html

45. Pace Crowd Funding, https://crowdfunding.pace.edu/

46. LexShares, https://www.lexshares.com/pages/plaintiffs?gclid=CMG22JCk u8sCFRMlgQodwSYG1Q

47. Markowitz, supra, note 44.

48. FTC v. Chevalier, No. 3:15-cv-01029 (D.C. Or., June 10, 2015).

49. 15 U.S.C. §45(a).

50. U.S. Federal Trade Commission, Crowdfunding Project Creator Settles FTC Charges of Deception, https://www.ftc.gov/news-events/ pressreleases/2015/06/crowdfunding-project-creator-settles-ftc- chargesdeception

51. FTC v. Chevalier, supra, note 48.

52. U.S. Internal Revenue Service, Letter. No. 2016-0036, March 30, 2016, https://www.irs.gov/pub/irs-wd/16-0036.pdf

53. U.S. Internal Revenue Service, IRS Virtual Currency Guidance: Virtual Currency is Treated as Property for U.S. Federal Tax Purposes; General Rules for Property Transactions Apply, March 24, 2014, Notice 2014-21, https://www.irs.gov/newsroom/irs-virtual-currency-guidance

54. Id.

55. Jose Andre Roman, Bitcoin: Assessing the Tax Implications Associated with the IRS's Notice Deeming Virtual Currency Property, 34 Developments in Banking Law, 2014–2015, at 451, 454–456, http:// www.bu.edu/rbfl/files/2015/07/Roman.pdf

56. Elizabeth E. Lambert, The Internal Revenue Service and Bitcoin: A Taxing Relationship, 35 Virginia L Rev., No. 1, Summer, 2015, https:// www.jmls.edu/academics/taxeb/pdf/lambert.pdf

57. Scott A. Wiseman, Property or Currency? The Tax Dilemma Behind Bitcoin, 2 Utah L Rev. 417–440 at 430–436, https://dc.law.utah.edu/ulr/ vol2016/iss2/5/

58. David Klasing, Virtual Currency and Section 1031- A Retraction and New Position, Sept. 1, 2017, https://klasing-associates.com/virtual- currencysection-1031-retraction-new-position/

59. Michaela Ross, Bitcoin, Cryptocurrency Trades Face New Liability in Tax Bill, Bloomberg Law Big Law Business, Dec. 20, 2017, https:// biglawbusiness.com/bitcoin-cryptocurrency-trades-face-new-liability-

intax-bill/

60. Rick Barlin, Bitcoin: Rise of Virtual Currency and its Downfalls: IRS Regulations and Other Drawbacks For Bitcoin, The CPA Journal, Oct. 2, 2017, https://www.cpajournal.com/

61. Id.

62. Troy K. Lewis, Comments on Notice 2014–21: Virtual Currency Guidance, AICPA Letter, June 10, 2016, https://www.scribd.com/doc/315796895/AICPA-Comments-on-Notice-2014-21-Virtual-Currency-Guidance

63. Some of the tax issues discussed herein relied on Elena Eyber, The Rise and Regulation of Virtual Currency (Jan. 23, 2017), CCH Group, http://news.cchgroup.com/2017/01/23/rise-regulation-virtual-currency/

64. U.S. Internal Revenue Service, Summary of FATCA Reporting for U.S. Taxpayers, https://www.irs.gov/businesses/corporations/summaryof-fatca-reporting-for-us-taxpayers

65. Pub.L. 111–147, 124 Stat. 71, enacted March 18, 2010, H.R. 2847.

66. Elizabeth M. Valentine, IRS, Will You Spare Some Change? Defining Virtual Currency for the FATCA. 50 Valparaiso U. L. Rev. 863–911 at 865, Sp. 2016.

67. U.S. v. Coinbase, No. 17-cv-01431-JSC (D.C.N.D.Ca. Nov. 28, 2017).

68. John Doe, No. 3:a16-CV-06658-JSC (N.D. Ca. Nov. 17, 2016). For a commentary, see Robert W. Wood, IRS Hunts Bitcoin User Identities With Software In Tax Enforcement Push, Forbes, Aug. 24, 2017, https://www.forbes.com/sites/robertwood/2017/08/24/irs-hunts-Bitcoin-useridentities-with-software-in-tax-enforcement-push/#534172159cd0

69. Joseph Cox, IRS Now Has a Tool to Unmask Bitcoin Tax Cheats, The Daily Beast, Aug. 22, 2017, https://www.thedailybeast.com/irs-now-has-atool-to-unmask-Bitcoin-tax-cheats

70. Id.

71. Joel Rosenblatt, Coinbase Likely to Lose Fight to Block IRS Customer Probe, Bloomberg, Nov. 9, 2017, https://www.bloomberg.com/news/

articles/2017-11-10/coinbase-likely-to-lose-bid-to-block-irsprobe-of-customer-gains

72. A copy of the contract may be found at https://assets.documentcloud. org/documents/3935924/IRS-Chainalysis-Contract.pdf

73. Jeff John Roberts, The IRS Has Special Software to Find Bitcoin Tax Cheats, Fortune, Aug. 22, 2017, http://fortune.com/2017/08/22/irs-tax-cheats-bitcoin-chainalysis/

74. H.R. 59 and H.R. 3210.

75. Jaren Polis, Creating tax parity for cryptocurrencies, Press Releases, Sept. 7, 2017, https://polis.house.gov/news/documentsingle.aspx? DocumentID=398438

76. Homeland Security Assessment of Terrorist Use of Virtual currency Act (An Act to direct the Under Secretary of Homeland Security for Intelligence and Analysis to develop and disseminate a threat assessment regarding terrorist use of virtual currency), H.R. 2433, https://www.comgress.gov/bill/115th-congress/house-bill/2433/text

77. Simon Jenner, Blockchain: The Digital Tax Function's Leading-Edge Technology?, Tax Notes International, at 1087–1089, Dec. 11, 2017, https://www.taxnotes.com/document-list/tax-topics/tax-policy

— 8 —

해외 규정

국제 결제 시스템의 혁신에 토대가 된 인터넷은 이것이 초기에 가져온 금융 혁신과 그 속도감 때문에 법 집행기관이 부득불 범죄적 활동에 대한 상당한 우려를 갖도록 만들었다. 각 나라의 중앙은행은 세계 금융망에 새로운 화폐가 편입되는 것을 우려했으며 국민들을 해로운 투자로부터 지키려는 정부 역시 염려의 목소리를 냈다. 이제 혁신적인 금융 활동은 장려하고 예상되는 유해 활동은 저지하기 위한 방안을 이해하고 알리려는 국가와 국제기관의 지속적 노력에 관해 이야기한다.

국제기구와 단체

국제 결제은행

2015년 11월 국제 결제은행^{BIS, Bank for International Settlements}[1]의 지급 결제 및 시장 인프라 위원회^{Committee on Payments and Market Infrastructures}는 디지털 화폐에 관한 보고서를 발표했다. BIS 보고서는 향후 화폐 개발에 영향을 미칠 수 있는 몇 가지 요인을 공급의 측면에서의 제시해 보였다. 즉, 다수의 디지털 통화의 유통으로 인한 단편화^{fragmentation}, 이 보고서 발행 당시 기존 결제 시스템보다 높지 않았던 확장성^{scalability}과 효율성^{efficiency}, 일반적으로 배포된 원장을 공개적으로 사용할 수 있다는 측면에서 익명성^{anonymity}이 아닌 가명성^{pseudonymity}, 위조 원장을 악용하는 자로 인해 발생하는 기술과 보안상의 문제, 실현이 어려운 비즈니스 모델의 지속 가능성 등을 주 요인으로 꼽았다. 또한 수요 측면의 문제로서는 보안, 비용, 사용성, 변동성, 손실 위험, 취소 불가능성, 처리 속도, 국경을 초월한 접근성, 데이터 프라이버시, 마케팅 및 평판 효과에 주목했다.

BIS는 글로벌 차원과 국가적 차원 각각에서 정비돼야 하는 규제 이슈를 다룬다. 이러한 정비를 위해 BIS가 제시한 다섯 부문의 조치에는 (1) 이용자가 화폐의 참여 위험을 인지하도록 하는 정보와 도덕적 권고 (2) 거래소, 상거래 허용 시설 및 디지털 지갑 애플리케이션과 같은 특정 기관에 대한 규제 (3) 신기술의 발현으로 기존 규정의 업데이트가 필요한지 여부에 대한 해석 (4) 기존의 지급 결제 방법과 중개인에게 적용되던 규제를 신규 화폐에 확대 적용하기 위한 규제의 확장 (5) 여러 국가에서의 금지 조항 등이 포함된다.[2]

BIS는 또한 가상화폐가 중앙은행에 미칠 영향과 가상화폐에 적응하는 과정에서의 중앙은행의 역할에 대해서도 다뤘다. BIS의 강조점은 소비자 보호와 이용자 인식에 입각한 가치 기반에 관한 것이다. 분권적 성격의 가상화폐로 인해 중앙은행들의 분열 가능성을 예측하기란 어렵다. 하지만 가상화폐의 사용을 통제할 법률 체계가 빈약하기 때문에 법률 위험은 존재하는 것이다. 금융 안정성과 통화 정책은 소매 지급 결제 시스템, 중앙은행의 유동성, 전통적 화폐 사용자와 비전통적 화폐 사용자들 간의 상호연계 정도에 영향을 받는다. 향후에는 지급 결제 시스템 영역에서 분산원장에 대한 은행의 자체 조사가 위에 BIS가 제시한 사항들에 포함될지 모른다.[3]

유럽연합

유럽중앙은행

2012년 10월 초 유럽중앙은행ECB, European Central Bank는 가상화폐 발행에 대한 우려를 즉각적으로 나타냈다. ECB는 가상화폐가 돈과 유사한 점과 자체적인 소매 결제 시스템을 소유하고 있다는 두 가지 측면에서 가상화폐를 "가상화폐 체계virtual currency schemes"로 칭했다. ECB는 가상화폐의 특징에 대해 설명했으며, 이 화폐에 대한 가상 커뮤니티 사용자의 참여, 가상화폐 소유자를 위한 수익 창출, 비즈니스 모델 및 전략에 따른 가상화폐 통제, 유로화 및 달러화 같은 전통적인 통화와의 경쟁 등으로 대변되는 가상화폐의 창조와 성장에 대한 사업상 이유에 주목했다.[4]

보고서 발표 시점인 2012년 10월, ECB는 사례 연구와 함께 중앙은행에 대한 위험과 그 밖의 고려 사항을 검토한 후 내린 결론에서 가상화폐가 상대적으로 낮은 수준에 머물러 있다면 가격 안정성에 위험은 초래되지 않을 것이고, 가상화폐는 통화량이 적고 수용성이 광범위하지 않으므로 본질적으로 불안정하며 위험이 낮은 경향이 있다고 보고했다. 또한 보고서 발행 시점에는 가상화폐에 대한 규제가 없고 가상화폐는 범죄나 자금세탁 및 사기에 이용됨으로써 공권력에 도전할 수 있으며 대중이 중앙은행의 개입 결여를 가상화폐의 남용의 원인으로 여긴다면 가상화폐는 중앙은행에 영향을 미칠 수 있음은 물론 가상화폐가 지급결제 시스템의 일부가 되는 범위에서 중앙은행의 권한 범위 내에 포섭된다고 보고했다.[5]

이후 ECB는 2015년 보고서를 통해 분산형 가상화폐의 급격한 수적 증가와 결제 시스템에 대한 위험도 증가를 지적했다. 더욱 중요한 것은 환율 위험, 변동성 위험, 수령인의 익명성과 관련된 거래 상대방 위험, 투자 사기 위험 및 기타 위험에 노출된 사용자 위험의 증가라고 말했다. ECB가 우려하는 바는 국가 당국들이 이 같은 위험을 완화하기 위한 조치로 가상화폐에 대한 경고와 성명서 발표, 법적 상태의 명확화, 관련 활동에 대한 허가와 감독 등 정부 차원에서 조직화된 노력이 부족하다는 점이었다. 따라서 이전 보고서에서 논의된 다양한 계획에 입각해 입법과 규제 및 감독 체계에 따른 조직적인 대응을 주문했다.[6]

EU 자금세탁방지지침

유럽연합[EU]은 2015년 5월 20일 제4차 자금세탁방지지침[Fourth Anti-Money Laundering Directive]을 제정했다. 이 지침이 가진 두 가지 목적은 (1) 범죄 목적에 이용되는 자금세탁에 대응하고 (2) 테러 활동의 자금 조달에 대처하기 위한 것이었다.[7] 회원국들은 2016년 12월 말까지 이 지침을 시행해야 했다. 이후 유럽연합집행위원회[European Union Commission]는 여타의 변화 중에서도 가상화폐 거래플랫폼을 해당 지침에서 다룰 것을 제안했다. 위원회는 가상화폐를 현실의 법화로 교환하는 화폐 교환소, 즉 가상화폐 거래 플랫폼을 고객의 가상화폐 계좌를 보관지갑 제공자가 대신 보유하는 가상화폐 보관지갑[virtual currency custodian wallets]과 구분했는데 이 보관지갑에서는 지급 결제가 가능하다.

가상화폐 거래 플랫폼은 가상화폐를 현실의 화폐(유로화 등 이른바 '신용'화폐)와 교환하는 '전자[electronic]' 환전소라고 할 수 있다. 반면 가상화폐 보관지갑의 제공자는 가상화폐로 지불하거나 지불 받을 수 있는 가상지갑을 제공함으로써 고객 대신 가상화폐 계정을 보유한다. "가상화폐" 세계에서 보관지갑 제공자는 결제 계좌를 제공하는 은행이나 결제 기관과 동등하다.[8] "회원국은 가상화폐와 법정화폐 간 교환 서비스 제공자, 보관지갑 제공자, 화폐 환전 및 수표 환전소, 신탁 제공자 및 회사 서비스 제공자의 면허 또는 등록을 확인해야 한다."[9]

흥미롭게도 유럽위원회가 발행한 한 보고서는 가상화폐의 익명성에도 범죄 조직은 가상화폐에 대한 지식이 부족하기 때문에 가상화폐가 범죄 조직에서 이용되는 예는 거의 없다고 봤다.[10] 그러나 2017년 5월 12일 랜섬웨어 공격이 있은 이후에는 전혀 다른 계획이 진행됐는데 그중 암시장 거래 수사를 위한 도구TITANIUM, Tools for the Investigation Transactions in Underground Markets 프로젝트는 4개법 집행 기관의 공동연구자들이 자금세탁과 기타 범죄 활동에 맞서는 동시에 개인의 프라이버시와 기본권을 보호하기 위한 도구들을 개발하고 구현하는 프로젝트였다. 이 프로젝트는 법률적·윤리적 요건을 분석하고, 범죄 수사에 필요한 데이터·정보·지식을 저장·처리하기 위한 가이드라인을 책정하는 것을 목표로 했다.[11]

유럽의회의 2016년 5월 26일 가상화폐 결의안은 가상화폐와 분산원장기술의 광범위한 사용으로 야기되는 규제적 측면의 과제를 제시함에 있어서 혁신을 억제하거나 비용을 증가시키지 않는 비례적 규제 접근법을 요구했다. 결의안은 인터넷 거버넌스 포럼Internet Governance Forum에 블록체인 기술에 관한 동적 연합체Dynamic Coalition를 창설할 것을 요청했으며, 인터넷 규제에 있어서 그동안 EU가 안고 있던 문제를 회피하려는 목적에서 공유적이고 포괄적인 DLT 거버넌스를 촉진할 것을 EU 위원회에 요청했다. 또한 유럽시장인프라규정EMIR, 중앙증권예탁규정CSDR, 사회개발기금SFD, 금융상품시장지침 및 규정MiFID/MiFIR, 집합투자증권업무UCITs, 대체투자펀드관리지침AIFMD 등 EU의 주요 법안이 기초 기술에 상관없이 수행되는 활동에 의거해 가상화폐 및 DLT의 거버넌스를 위한 규제 체계를 제공할 것을 제안했다. 가상화폐와 DLT 기반 애플리케이션이 신규 시장으로 확대되고 그 활동이 팽창되면, 좀 더 맞춤형의 법률이 필요할 수 있다. 유럽의회는 가상화폐 거래 플랫폼의 익명성을 종식시키려는 자금세탁방지지침에 관한 어떠한 제안이라도 가상화폐 관련 위험의 완전한 분석과 철저한 영향 평가에 기초한다면

그 목적성과 정당성을 인정받을 것으로 내다봤다.[12]

유럽증권시장감독청

유럽증권시장감독청ESMA은 투자자 보호를 강화하고 안정적이고 질서 있는 금융시장을 촉진함으로써 EU의 금융시스템 안정성을 보호하기 위해 설치된 EU의 독립 기관이다.[13] ESMA는 2015년 "입증 요구Call for Evidence"라는 표제하에 가상화폐에 관한 연구를 수행한 바 있다. 이 연구는 가상화폐 투자 상품이 집합투자계획CISs, Collective Investment Schemes과 다양한 가상화폐 파생상품을 제공하는 거래 플랫폼, 두 가지 유형으로 구성된다고 여겼다. 더불어 집합투자계획 12건, 유럽에 본사를 두고 비트코인과 라이트코인의 차액 결제 거래CFDs, Contracts For Difference를 제공하는 규제기업 2곳, 비트코인이나 라이트코인에 대한 차액금융 거래 또는 바이너리 옵션을 제공하는 활성 플랫폼 17곳, 규제되지 않고 위치도 파악할 수 없는 선물 및 기타 파생상품 제공 플랫폼을 다수 식별했다.

ESMA가 중점을 둔 사항은 (1) 자금 조달 플랫폼에서 가상화폐를 기초 자금으로 하는 투자상품, (2) 가상화폐를 기반으로 하는 자산 및 증권의 투자와 이전 (3) 투자와 관련된 분산원장의 용도 이 3가지였다. 해당 문서는 이 이슈를 제기하면서 투자자와 그 밖의 참여자들의 의견을 구했다. ESMA는 구체적으로 첫 번째 이슈와 관련해 집합투자계획이나 옵션 및 차액 거래 같은 잠재적 미등록 파생상품처럼 가상화폐에 노출될 가능성이 있는 전통적 투자가 있다고 봤다. 전통적 자산을 가상화폐로 교환하는 것에 관한 두 번째 이슈와 투자자가 활용할 수 있는 가상화폐 이외에 이것의 다른 용도에 관한 세 번째 논제, 기타 관련된 이슈에 대해서 ESMA는 DLT를 기반으로 하는 쓰임새의 규모와 크기에 관한 우려 섞인 질문을 던지면서 이에 대한 의견과 응답을 요청했다.[14]

이로부터 몇 달 후 2016년 6월, ESMA는 2015년 4월에 제기했던 질문에 대한 답변을 발표했다. 여기서 ESMA는 DLT가 EU 증권시장에 가져올 이점과 위험을 기술했다. 이점은 다음과 같다.

- **청산 및 결제**: 신속성과 효율성 증진, 복수의 제삼자를 배제, 청산 및 결제를 위한 원스텝one-step 프로세스의 가능성
- **소유권 기록 및 자산의 안전한 보관**: 고유한 데이터베이스 촉진, 스마트 컨트랙트를 통한 계약상의 모호성 제거, 자동화 증진, 디지털 증권의 직접 발행, 소유권 추적 및 신뢰 가능한 출처로서 기능 수행
- **보고 및 감독**: 단일 출처를 사용해 데이터 수집, 통합 및 공유를 실현
- **거래 상대방 위험의 감소**: 거래의 결제 주기를 단축하고 결제 신속성으로 인한 중앙청산소의 필요성을 제거할 수 있음
- **효율적인 담보 관리**: 현금/실물 거래에서 거래상대방 위험을 감소하거나 제거하고, 처리 과정을 개선하고 담보의 이전 필요성을 감소시킴
- **가용성**: 24시간, 7일 내내 트랜잭션을 허용함
- **보안 및 의존성**: DLT는 사이버 공격에 매우 안전하며 내성이 강함
- **비용**: 개별 원장과 사업연속성계획BCP, business continuity plans의 필요성을 줄임으로써 비용을 상당히 절감함
- **추가 이점**: 사전 거래pre-trade 정보를 향상, 광고의 용이성, 구매자와 판매자의 매칭, 소유권 확인[15]

2016년 발표 자료에 따른 주요 과제는 다음과 같다.

- **기술 이슈**: 기존 시스템과 다른 네트워크 간의 상호 운용성, 중앙은행 자금으로 해결할 필요성과 상환 메커니즘, 포지션의 상계, 마진 금융 및 단기 판매
- **거버넌스와 프라이버시 이슈**: 비허가 시스템과 허가된 시스템에 대한 규

칙의 필요성, 최소 자본 요건, 사기나 오류의 방지, 교정 메커니즘과 벌칙 및 지식재산권 침해 가능성에 초점을 둠, KYC 요건과 개인 데이터 보관에서 발생할 수 있는 개인정보 침해 가능성

- **규제 및 법률 이슈**: 기존 규제 체계에 DLT 적합성, DLT 기록에 대한 적법성 및 집행 가능성, DLT 네트워크에 대한 감독
- **주요 위험**: 사이버 위험, 사기 및 자금세탁으로 인한 운영 위험, 시장 변동성, 상호연결성, 공정 경쟁과 질서 있는 시장에 대한 새로운 위험
- **기타 위험**: 암호화 기법의 복잡성과 DLT를 새로운 환경으로 이식할 때 일어날 수 있는 불확실성[16]

EU 신(新)블록체인 이니셔티브

EU 의회의 지원으로 EU 위원회는 "블록체인 기술의 핵심 개발을 강조하고, 유럽의 플레이어들을 장려하며, 블록체인 활동에 참여하는 복수의 이해당사자와의 관계를 강화하기 위한" EU 블록체인 관측 포럼EU Blockchain Observatory and Forum을 발족시켰다.[17] 위원회는 블록체인 기술을 금융 분야의 수많은 비즈니스 모델을 필연적으로 변모시킬 "주요 돌파구"로 인식하고, 발생될 효익이 비용을 절감하는 동시에 신뢰성, 추적 가능성 및 보안을 증가시킬 것이라는 점에 주목했다. 관측 포럼은 블록체인 개발을 모니터링하고, 프로젝트 자금을 지원하며, 기존 EU 국가 및 기업의 이니셔티브에 협력할 뿐만 아니라 초국가적 협력을 보장하고, 전문성 강화시키며, 블록체인 사용으로 발생할 과제를 해결해 나갈 것이다. 관측 포럼은 블록체인 생태계에서 글로벌 리더로 자리매김한 콘센시스ConsenSys와 제휴한다.[18]

유럽사법재판소의 판단

법정통화를 동일한 가치의 비트코인 가상화폐와 맞바꾼다면 이는 과연 EU

국가 내에서 상품 및 서비스 공급에 세금을 부과하는 부가가치세지침^{VAT} Directive 제2조에 따른 부가가치세의 대상 거래를 구성하는가? 2015년 10월 22일 유럽사법재판소는 스웨덴 최고행정법원의 예심 요청에 대해 판결했다. 사법재판소는 부가가치세지침 제14조 제1항은 물품의 공급이란 소유자 개인의 유형자산의 처분권 양도를 뜻한다고 명시하고 있으며, 제24조 제1항은 서비스 공급을 물품의 공급을 구성하지 않는 거래로 정의하고 있다는 점을 지적했다.[19]

사법재판소는 판시에서 법화인 전통적 화폐와 비교했을 때 "우선, 교환 거래의 맥락에서 전통적 화폐와 양방향 교환이 가능한 '비트코인' 가상화폐는 지급 수단 이외의 목적이 없다는 점에서 해당 지침 제14조 제1항이 의미하는 '유형자산'으로 볼 수 없다"고 지적했다. 그러므로 화폐 교환과 관련된 거래는 제14조 제1항에 따른 "물품 공급"을 구성하지 않는다.

부가가치세의 대상이 되는 "서비스 공급"에 관해서는, 공급된 서비스와 과세 대상자가 받는 대가 사이에 직접적인 관련이 있어야 한다. 재판소는 나아가 해당 거래를 제24조 제1항의 서비스 공급이라고 봤지만, 이러한 화폐 교환은 지급 수단에서 부가가치세를 면제하고 있는 위의 부가가치세지침 제135조 제1항 e호에 명시된 면제 조항에 해당한다고 판결했다. 비트코인은 재산권을 수여하는 증권도 아니고 이와 유사한 성격의 증권도 아니며, 세금의 영역에 해당되는 당좌예금계좌나 저축예금계좌도 아니다.[20]

이번 결정의 의미는 비트코인에 대한 교환 서비스의 제공에는 외화를 교환하는 여타의 교환 서비스와 마찬가지로 부가가치세가 면제된다는 것이다. 한 논객은 비트코인 사용자와 비트코인 교환 참여자의 익명성 때문에 이 면제 조항은 검토의 여지가 있다고 지적했다.[21]

경제협력개발기구[22]

경제협력개발기구[OECD]가 가상화폐에 관해 공식적이거나 권고적 입장을 취한 것으로 보이진 않지만, OECD 관계자가 승인한 글을 통해 그 견해를 표출해왔다. OECD 사무총장은 한 문서에서 암호화폐의 성격과 가치 평가, 사건 발생 위험, 시장 변동성, 사기, 비트코인 대체물, 정부기관이 취하고 있는 다양한 규제 조치에 대해 논했다. 사무총장은 암호화폐의 익명성을 불법적이고 부당하게 이용할수록 정부에 개입 동기를 부여할 가능성이 높다는 점에서 역설적인 상황이라고 지적했다. 사무총장은 결론에서 암호화폐 금지 여부, 기술의 인정, 소비자 보호를 위한 모범 등록 사례, 금융분야의 모든 참가자를 위한 공정한 경기 필드, 화폐에 대한 정부 지원, 규정 미준수에 대한 해결 방안이 일반적으로 다뤄야 할 정책적 이슈라고 말했다.[23]

유엔

유엔[UN]은 테러리즘의 맥락에서 가상화폐에 대한 우려를 표명했다. 테러를 규탄하는 결의안 외에도 유엔 대테러위원회 사무국[UN Counter-Terrorism Committee Executive Directorate]과 스위스 비정부기구 ICT4Peace는 "테러 방지 기술[Tech against Terrorism]"이라는 합동 프로젝트를 시작했다. 이러한 민관의 노력은 인터넷을 이용하는 테러의 확산을 방지하기 위한 것이다. 테러 단체들의 가상화폐 사용에 관한 저지도 이러한 노력의 일환에 속한다.[24]

G20

2018년 11월 30일부터 12월 1일까지 아르헨티나 부에노스아이레스에서 열릴 차기 G20에서는 가상화폐, 특히 비트코인이 의제에 포함될 것으로 보인다.[25] 프랑스 재무장관 브루노 마리Bruno Le Maire는 비트코인과 그 밖의 가상화폐에 대한 규제는 신기술과 화폐가 국내외 경제에 미치는 영향에 관한 국제적 우려를 나타내는 의제가 될 것이라고 전망했다.

국제증권위원회기구

국제증권위원회기구IOSCO는 가상화폐 기반 기술이 가져올 효과와 영향에 대한 연구를 시작했다. 각국 증권위원회 수장이 모인 국제회의에서 분산 원장과 핀테크가 가져올 혜택과 위험은 각국 정부가 심사숙고하고 착수해야 할 도전 과제 및 규제적 노력이 함께 논의됐다.[27] 2018년 1월 18일, IOSCO 이사회는 성명서를 통해 일반적으로 비트코인이나 이더와 교환되지만 경우에 따라 신용화폐와도 교환되는 최초 코인 공모ICO에는 명백한 위험이 존재한다고 명시했다. 또한 이러한 공모는 많은 경우 고객의 사법관할권의 범위를 벗어나기 때문에 투자자 불안을 증가시킨다는 점을 우려했다. 2017년 10월 17일부터 19일까지 열린 IOSCO 이사회 회의에서는 자본 조달을 위한 ICO의 활용 증가가 우려되는 점으로 언급되기도 했다.[28] 다른 여러 국제기구도 가상화폐 개발과 그것이 주요 관련 분야에 미치는 영향에 대해 토론하며 실현 가능한 제안과 논평을 내놓기 시작했다. 다양한 정부와 비정부기구 간의 효과적인 협력만이 가까운 미래에 ICO와 가상화폐 교환의 부정적 측면을 감소시킬 수 있을 것으로 보인다.

가상화폐 허용국과 규제국[29]

아르헨티나

아르헨티나는 가상화폐 거래를 허용하면서도 가상화폐의 사용에 대해 자금세탁 방지 규정을 적용하기란 쉽지 않다는 점을 인정한다. 2014년 7월 4일, 아르헨티나 금융정보부는 P2P 거래가 주는 가림막을 이용해 금융 거래를 은폐하려는 범죄 위협으로 말미암아 모든 금융서비스 회사는 가상화폐 거래에 대한 보고를 실시해야 했다고 발표했다. 아르헨티나는 비트코인과 그 밖의 가상화폐를 규제의 대상이 되는 화폐로 취급한다.[30]

오스트레일리아

오스트레일리아는 2014년부터 가상화폐와 관련한 규제를 발표해왔다. 2014년 8월 20일 오스트레일리아 국세청$^{Australian\ Taxation\ Office}$은 가상화폐 세금 처리에 관한 결정을 발표하고, 2014년 12월 17일 이를 최종 확정했다. 비트코인은 금전이나 외화로 간주되지 않고 오히려 과세 목적상으로는 물물교환 약정으로, 양도소득세 목적상으로는 자산으로 처리된다고 판단했다. 디지털 화폐를 구매하는 개인은 오스트레일리아의 상품 및 서비스 과세의 대상이 되며 비트코인을 포함한 디지털 화폐 매매를 위한 교환 서비스에 종사하는 사업자는 파생 이익에 대한 소득세 부과 대상이 된다.

결제 시스템의 주요 규제 기관인 오스트레일리아 준비은행$^{Reserve\ Bank\ of\ Australia}$은 디지털 화폐의 용도 제한성 때문에 큰 우려를 발생시키진 않았다는 견해를 견지하고 있지만, 그럼에도 현재의 규제 체계가 새로운 대안적 교환 매체를 수용할 수 있을지에 대해서는 아직 평가 중이다. 오스트레일리아 증권투자위원회$^{Australian\ Securities\ and\ Investments\ Commission}$는 가상화폐 거래에 종사함으로 인한 위험에 대해 경고는 했으나 규제를 행하진 않았다.

비록 타인에게 금융상품에 대한 조언과 약정을 제공하는 회사들이 감독기관의 규제 대상이 될 수 있다 해도, 가상화폐 거래에 대한 종사를 금융 서비스의 제공으로 간주하지 않았기 때문이었다.[31]

오스트리아

오스트리아 금융시장감독국Financial Market Authority은 비트코인과 기타 가상화폐에 관한 어떠한 규제도 시작하지 않았다. 하지만 여러 나라의 국가중앙은행과 마찬가지로 암호화폐 사기의 가능성을 경고하고, 정부의 개입과 감독 부족으로 금전의 상환이 이뤄지지 않을 가능성에 대해 투자자들에게 극도로 주의할 것을 촉구했다. 감독국은 세르게이 마브로디Sergei Mavrodi의 폰지 유사 사기를 예로 들었다. 오스트리아 검찰은 사기 행위를 경감시키기 위해 감독국과 함께 수사를 진행하고 있다.[32]

벨기에

벨기에는 가상화폐 거래의 위험성은 경고하고 있지만, 가상화폐를 사용 금지하거나 관련 규제 규정은 공포한 바 없다. 벨기에 국립은행은 가상화폐가 지급 수단으로서의 합법성을 결여했으며, 어떠한 손실도 국가의 예금보증제도하에서 보장되지 않는다고 경고한다. 이러한 측면에서 벨기에는 개발 상황이 진전되기를 기다리고 있다.[33]

벨라루스

벨라루스는 알렉산더 루카셴코Alexander Lukashenko 대통령이 2017년 12월 22일 서명한 디지털 경제 개발Digital Economy Development에 관한 법령과 그보다 앞서 발표된 벨라루스 국립은행의 성명을 통해 암호화폐 특히 비트코인과

ICO를 인정하고, 가상화폐를 정부 발행 화폐로 교환하는 것을 허용했다. 이 법령으로 벨라루스는 유럽 국가 중 가상화폐를 합법적 화폐로 인정한 첫 번째 국가가 됐다. 모든 거래소는 5년 동안 세금이 면제된다.[34]

브라질

브라질 중앙은행은 대부분의 다른 국가 중앙은행과 마찬가지로 디지털 화폐 경고문을 통해 디지털 화폐의 보증 결여, 비금융기관에 의한 중개, 변동성, 불법적 활동에의 이용, 그 밖의 규범의 경고 등을 재차 언급했다. 디지털 화폐가 브라질의 금융 시스템에 위협이 되지는 않았지만, 규제의 정립으로 이어질 수 있는 개발 과정을 거치고 있다고 경고문은 언급했다.[35] 최근 개발 과정에서 브라질 증권거래위원회CVM는 암호화폐를 금융 자산으로 간주하지 않는다고 주장한 국내 투자펀드에 대해 암호화폐의 구매 금지를 명했다. 비록 현재까지 입법부가 관련 규제를 제정하지는 않았지만, 증권거래위원회는 2017년 12월 중앙은행과의 공동성명에서 암호화폐의 위험성을 경고한 바 있다.[36]

불가리아

불가리아는 가상화폐의 과세 처리에 대한 규정을 두고 있다. 비트코인과 기타 가상화폐는 해당 거래에서 파생된 소득을 매도 및 교환 소득으로 보고 이에 과세하도록 하는 과세 목적의 화폐로 취급된다. 그러한 소득은 납세자 연간 소득신고서의 보고 대상이다.[37]

캐나다

캐나다 증권관리협회CSA는 사원공지 46-307[38]에서 ICO, ITO 등의 암호화폐 공모의 증가 및 암호화폐 펀드의 판매 증가를 인정했다. CSA는 사업 자금 모금을 위한 새로운 기회를 제공하는 데 암호화폐가 미치는 영향을 인정하면서도 이들의 변동성, 투명성, 가치 평가, 보관 및 유동성 그리고 규제되지 않는 암호화폐 거래소의 이용에 대해 우려했다. 이에 따라 CSA는 규정에 대한 규제 당국의 승인이 필요하며, 투자자에게 사업 설명서가 제시돼야 한다고 조언한다. 특히 암호화폐에 관해 코인 및 토큰 거래를 촉진하는 플랫폼은 정부 규칙을 준수해야 하는 증권이 될 수 있다고 했다. 증권인 암호화폐를 제공하는 암호화폐 교환은 이것이 판매 시장인지 여부가 결정돼야 하고, 만약 그러하다면 거래소나 대체거래시스템^{ATS, Alternative Trading System}에 적용되는 규칙을 준수해야 한다.

또한 CSA는 인터넷을 통해 투자자들로부터 사업 자금을 조달하려는 목적으로 신용화폐나 비트코인 같은 암호화폐를 교환하는 ICO와 ITO는 사업 계획이 어떻게 운영돼 왔는지에 따라 그 가치가 증가하거나 감소할 수 있으므로 전통적인 회사 공모와 유사하다고 지적했다. 기업은 이와 같은 교환이 정부의 규제 준수 조치에서 면제된다고 생각할 수 있지만, 거래의 경제적 현실과 공모의 목표에 대한 목적론적 해석에 기초해 거래 전체를 검토하는 경우에는 코인이나 토큰은 증권으로 간주될 수 있다. 그러므로 정부는 투자 계약의 존부를 결정할 때 (1) 금전의 투자 (2) 공동기업에 투자 (3) 수익에 대한 기대 (4) 타인의 노력으로 현저히 얻어지는 수익이라는 미국 하위^{Howey} 테스트와 유사한 검증 방식을 적용해야 한다.[39]

공인투자자^{accredited investors}와 독점적으로 거래하는 경우나 발행인이 비공인투자자^{non-accredited investors}에게 제공한 모집 요강^{OM}의 활용에 의존하고 있는 경우와 같이 면제되는 경우가 아닌 이상 사업의 성격, 활용되는 생태계 유형, 최소 및 최대 공모금액, 사용 목적, 만료 시간 등의 특정한 세부 사항이 투자자에게 제공돼야 한다. 다음은 법인이 비즈니스 목적으로 증권 거래를 하는지 여부를 판단하기 위한 요소이자 등록을 위한 요건을 나타낸다. (1) 소매 투자자를 포함한 광범위한 투자자에게 권유함 (2) 다수의 잠재적 투자자에게 닿기 위해 공공 웹사이트 및 토론 게시판 등 인터넷을 활용함 (3) 컨퍼런스 및 밋업meetups 등 공공 행사에 참석해 코인 및 토큰의 판매를 적극적으로 홍보함 (4) 많은 투자자들로부터 상당한 금액의 자금을 조달함. 등록 요건의 범위 내에 포함된다고 여겨지는 자는 엄격한 규제 준수 기준을 적용받게 된다.[40]

콜롬비아

콜롬비아 중앙은행Banco de la Republica de Columbia은 오로지 콜롬비아 화폐 단위 페소peso만이 교환 매체로 사용될 수 있다는 견해를 표명하며 사실상 자국 내에서 암호화폐를 금지했다. 자국민이 해외에서 암호화폐를 구입하는 것을 투자로 보지만, 그에 수반되는 위험에 대해서는 경고한다.[41]

크로아티아

크로아티아 국립은행은 비트코인 거래가 이미 자국 내에서 이뤄져 왔다고 언급했다. EU의 권고를 따르고 있으며 가상화폐 사용을 합법으로 여기지만, 아직 법정화폐로 보는 것은 아니다. 크로아티아 정부는 향후 필요하다면 크로아티아 중앙은행으로부터의 추가 논의를 기대하고 있다.[42]

키프로스

키프로스는 자국 증권거래위원회가 가상화폐 위험에 대한 경고를 한 이후 비트코인과 기타 가상화폐를 환영하고 있는 모습이다.[43] 2018년 1월 키프로스에서 두 번째로 큰 도시 리마솔Limassol은 비트코인 캐시를 코인베이스와 지닥스^{Gdax}를 통해 론칭했으며, 핀테크 업체 헬로그룹^{Hello Group}의 전문
가들이 주최한 비트코인에 관한 토론에서 커뮤니티 센터로 활약했다. 또한
2017년 12월 리마솔의 첫 비트코인 ATM을 출시한 것으로 주목받았다.[44]
금융 중심지이자 조세 피난처로 알려진 키프로스에서 가상화폐가 번성해
야 한다는 사실은 전 세계 커뮤니티에 그리 놀라운 일이 아니다.

체코

체코에서는 비트코인은 물론 라이트코인 등 다수의 가상화폐가 합법적이
며, 식당에서부터 택시 서비스에 이르기까지 다양한 상품과 서비스 영역에
서 받아들여지고 있다. 이를 비트코인마니아^{Bitcoinmania}라 한다.[45]

덴마크

덴마크 금융감독국은 일찍이 암호화폐는 안전하지 않지만 암호화폐 자체
나 그 교환을 규제할 의도는 없다고 시사했다.[46] 그러나 감독국은 지급 결
제 대체 수단이 상품과 서비스 공급에 활용된다면, 이러한 지급 결제를 운
용하기 전에 컨슈머 옴부즈맨^{Consumer Ombudsman}에 통지해야 한다고 지적
했다. 지급 결제 서비스와 전자화폐^{e-money} 공급업자는 반드시 금융감독국
의 승인을 받아야 한다. 또한 이들은 지급 결제 대체 수단으로 가상화폐를
사용하는 사용자에 대한 정보 제공, 의무 규정, 부담금, 잔액 상환에 대한
요건을 담은 지급 결제 서비스법^{Payment Services Act} 규정을 준수해야 한다.[47]

에스토니아

비트코인과 그 밖의 암호화폐의 놀라운 성공을 지켜보던 에스토니아는
2017년 말 가상화폐를 독자적으로 출시하기로 결정하고 유로화에 연동될

일명, "에스트코인estcoin" 모델 3가지를 검토했다. 에스토니아의 이레지던시e-residency 프로그램 전무이사의 말을 빌리면, 에스토니아는 유럽중앙은행 ECB의 선언과 대립할 의도가 없으며, 다만 에스토니아 국민들이 세계 경제 커뮤니티의 일원으로써 그 참여를 용이하게 하려는 것이라고 했다.[48] 반면 마리오 드라기Mario Draghi ECB 총재는 이런 에스토니아의 계획에 대해 "유로존의 화폐는 유로"라는 점을 분명히 했다.[49]

핀란드

핀란드 은행Bank of Finland의 감독 책임자에 따르면 핀란드는 다른 여러 국가와 마찬가지로 가상화폐가 화폐의 정의에 부합하지 않는다는 점에서 이를 상품으로 보고 있다. 핀란드 거주민들은 비트코인을 자유롭게 구매하고 거래할 수 있지만, 그에 따른 위험에 대해서도 공지받았다.[50]

프랑스

프랑스 경제금융부Ministry for the Economy and Finance는 2014년 7월 11일 공동선언을 통해 비트코인과 기타 가상화폐의 불법 및 부정 사용의 위험을 막기 위한 4가지 조치를 취했다. 화폐의 익명성에 대응하기 위해 비트코인 유통업자들은 과세 최저 한도가 5천 유로인 양도소득세 대상 사용자를 식별하고 검증해야 하며, 화폐 사용자와 투자자를 보호하기 위해 수용 가능한 지출 상한제를 도입해야 한다.[51]

경제금융부는 가상화폐의 다수의 기능 가운데 위험에 대해 언급하고, 부정 행위와 자금세탁 방지를 위한 여러 권고 사항을 담은 보고서를 발행했다. 권고안은 (1) 가상화폐 사용 제한 (2) 규제 및 협력 (3) 정보 및 조사 이 세 가지 실현 가능한 전략을 제시했다. 가상화폐 사용 제한에 대해서는 가상화폐 계좌의 개설 시 신원의 증명, 계좌 신고 의무, 계좌로 지불이 가능한 총액에 대한 엄격한 상한 설정, 거래 당사자의 신원 확인 시 신뢰 가능한 수단의 사용 의무화가 제안된다. 규제 및 협력에 대해서는 EU와 국제적 수준에서 가상화폐 거래소에 관한 규제를 조화시키고, 프랑스 사용자들을 보유하는 해외 주재 가상화폐 거래소가 프랑스 법률을 회피하는 것을 방지하고, 서비스 제공업자가 계좌를 개설할 때 최소한의 요건을 설정할 것이 권고된다. 마지막 권고 사항인 정보와 조사에 대해서는 법적 체계와 조사 방법의 채택, 부문 지식의 향상과 위험에 대한 모니터링 개선이 권고된다.[52]

독일

독일은 가상화폐, 특별히 비트코인을 회계의 단위로 취급한다. 즉, 독일지급결제서비스감독법German Payment Services Supervision Act에 따라 비트코인을 외환거래에 버금가는 금융상품으로 취급하지만 법정화폐로 보진 않는다. 가상화폐는 물물교환 거래에서 사인 간 지급 결제 수단으로 이용될 수 있고 사법상 계약에 따른 대체 화폐로도 이용이 가능하다. 가상화폐는 전자화폐e-money 같은 디지털 화폐와는 구별되는데 전자화폐는 중앙 당국을 가지고 있으며 법정통화로 간주된다. 가상화폐를 현금의 대체제로 사적으로 이용하거나 거래소의 예치금으로 이용하는 경우, 화폐의 판매와 취득을 위해 이용하는 경우, 스스로 채굴해 이용하는 경우에는 정부의 허가를 받지 않는다. 그러나 가상화폐 거래가 거래소 플랫폼을 통해 상업적으로 이뤄지는 경우에는 과세 및 기타 정부 출원의 대상이 되는 것을 포함해 정부의 여러 승인을 받아야 한다.[53]

그리스

그리스는 잠재적 이용자에게 수반되는 위험을 경고하는 것 이외에 가상화폐에 관한 법률이나 규정을 제정하지 않았다. 적용 가능한 자금세탁 방지

법규를 가지고 있지만, 당분간 사기 및 기타 부정행위가 없다면 규제 우려 없이 가상화폐를 거래할 수 있다.[54]

홍콩 특별행정구

홍콩은 중국의 일부이긴 하지만 자치구역을 형성하고 있다. 홍콩은 중국의 가상화폐 금지를 기회로 활용한 것으로 보인다. 2015년 출범한 홍콩 거래소 티데빗^{Tidebit}은 홍콩의 가상화폐 환영 분위기를 좇아 중국 본토로부터 빠져나간 투자자들로 인해 많은 양의 비트코인을 처리하고 있다.[55] 홍콩 정부는 금융서비스재무국^{Financial Services and Treasury Bureau}과 증권선물위원회^{SFC}를 통해 ICO와 가상화폐에 대한 투자 위험을 대중에 알리기 위한 캠페인을 시작했다. 또한 SFC는 디지털 토큰은 증권이므로 자신의 관할에 해당될 수 있다고 봤다.[56]

2018년 2월 9일 SFC는 홍콩에 주재하거나 홍콩에 연계된 암호화폐 거래소에서 발생할 수 있는 잠재적 위험성에 대해 거듭 경고했다. 또 홍콩 내 거래소나 홍콩과 연계된 거래소 일곱 곳에 대해 증권선물조례^{SFO}에 규정된 '증권'인 암호화폐를 허가 없이 거래해서는 안 된다는 경고문을 발송했다. 대부분의 거래소는 암호화폐에 관여한 바 없음을 표하거나 플랫폼에서 암호화폐를 제거함으로써 그러한 일을 중단했음을 보여줬다. SFC 위원장 애슐리 앨더^{Ashley Alder}는 거래소와 시장 전문가들이 크라우드 펀딩을 통해 발생하는 사기적이고 수상한 모금 활동을 막는 문지기 역할을 해줄 것을 촉구했다.

홍콩 SFC에는 암호화폐 거래소에 개설된 본인 계정에서 법화나 암호화폐를 인출할 수 없었다고 하는 투자자들의 불만 사항이 여러 건 접수됐다. 투자자들은 상당한 손실을 초래한 자산 탈취 행위, 시세 조작 또는 기술적 와해를 두고 항의했다. SFC 부위원장 줄리아 릉^{Julia Leung}은 "투자자들이 암호화폐와 ICO의 위험을 완전히 이해하지 못하거나 상당한 손실을 각오하고 있지 않다면 투자를 하지 말아야 한다.… 규제되지 않은 암호화폐 거래소에 신용화폐와 암호화폐를 보관하는 투자자들은 해킹과 자산 탈취 행위로 인한 위험을 깨달아야 한다"고 말했다. 위원회는 또한 극심한 가격 변동성과 해킹, 거래소의 역외관할적 속성으로 인한 사기에 대한 기소 불능을 경고했다.[57]

헝가리

2018년 헝가리는 "블록체인과 가상화폐 규정Blockchain and Virtual Currency Regulation" 이라는 법안 작업에 착수했다.[58] 이 법안은 기술과 화폐에 영향을 미치는 모든 법적 문제를 상당히 상세히 다룬다. 이전에 헝가리중앙은행은 신기술에 관련된 위험을 알리는 전형적인 경고를 발표했다. 즉 통화의 도난 가능성, 변동성, 정부의 지원 부족에 대한 경고였다.[59]

아이슬란드

심각한 금융 위기를 겪었던 아이슬란드는 이로 인해 은행 시스템의 위기를 맞게 됐다. 외환법Foreign Exchange Act 제87/1992호에 따라 시행됐던 자본 통제는 2016년 말 법률 제826/2017호에 따라 아이슬란드 통화를 이용한 구매에 대해 거의 무제한적 투자를 허용하는 것으로 개정됐다. 이 법률은 상품으로 간주될 가능성이 있는 가상화폐의 구매를 포함하게 될 것으로 예상된다.[60]

인도

인도는 암호화폐 교환을 허가할 것인지 여부, 만약 허가한다면 규제 요건을 부과할지 여부에 대한 여러 혼란이 존재한다. 은행 관계자들은 우려의 목소리를 내고 있지만, 그럼에도 비트코인과 기타 암호화폐의 구입, 판매, 교환은 호황을 누리고 있는 것으로 보인다. 인도 중앙은행은 거래 버블에 의한 상당한 손실의 가능성과 인도 밖에서 구매하는 것보다 20% 이상의 프리미엄을 지불하게 될 가능성 때문에 비트코인을 구매하지 말 것을 여러 차례 경고했다.[61] 새로운 종류의 암호화폐 락스미코인Laxmicoin은 최근 디지털 화폐계에 투기적으로 진입한 것으로 보인다. 비트코인처럼 운영되는 락스미코인 역시 블록체인 기술을 기반으로 하고 있으며, 공급된 총 3천만 개 코인이 인도준비은행Reserve Bank of India의 승인을 기다리고 있다.[62]

인도네시아

인도네시아 은행은 비트코인을 포함한 가상화폐는 합법적 통화로 인식되지 않으며, 자국에서는 이를 지급 결제 수단으로 사용하는 것이 금지된다고 밝혔다. 인도네시아의 화폐에 관한 법 제7/2011호는 화폐란 인도네시아공화국이 발행한 돈이며, 지급 결제 목적을 가진 모든 거래와 금전 채무 또는 인도네시아공화국 내에서 행해지는 금융 거래는 루피Rupiah로 이행돼야 한다고 명시하고 있다. 인도네시아 은행은 이에 따른 위험을 명시한 후, 지급 결제 거래 처리의 이행에 관한 인도네시아 은행 규정 제18/40/PBI/2016과 금융 기술 이행에 관한 인도네시아 은행 규정 제19/12/PBI/2017에 언급된 것처럼, 인도네시아 내에서 은행과 비은행 기관 모두는 가상화폐를 이용한 거래 처리에서 모든 지급 결제 시스템과 금융 기술 사업자의 금지를 확인했다.[63] 비트코인과 기타 화폐는 매매할 수 있지만 상품이나 서비스에 대한 지급 수단으로 사용될 수는 없을 것으로 보인다.

이란

과거 이란은 암호화폐를 금지했지만 현재는 암호화폐를 재검토하고 있으며, 사용에 있어 좀 더 허용적 태도를 보이고 있다. 이란 중앙은행 부국장 나사르 하키미Naser Hakimi는 가상화폐 사용의 위험과 불확실성에 대해 경고하는 동시에 투자 자본을 확보함에 있어서 신용 대체 수단을 얻을 수 없는 거래자들에게 주어지는 긍정적인 면을 고려했다.[64] 이란은 국제적인 제재의 대상이 돼 왔고, 특히 현 미국 행정부로부터 그러한 위협을 계속해서 받고 있다.

아일랜드

아일랜드의 하원 다일 에리랜Dáil Éireann과 아일랜드 의회 에러크터스Oireachtas의 주요 회의실에서는 비트코인은 규제의 대상이 아니며 EU 내에서 법정 통화로 간주되지 않는다는 아일랜드 중앙은행의 견해가 인용됐다. 국세위원회는 비트코인 사용 수익에 대한 탈세 및 부가가치세 탈루에 대한 우려를 표명했다. 위원회는 현재는 탈세가 광범위하지는 않지만 이들의 사용을 지속적으로 모니터링할 것이라고 밝혔다.[65]

이스라엘

이스라엘은 자국민에게 새로운 화폐에 대한 투자에 신중하라는 경고는 했지만 가상화폐 규제 법안을 제정하지는 않았다. 이러한 불간섭 방침은 이스라엘의 첨단 기술에 대한 주도권 탓일 수 있다. 이스라엘은행Bank of Israel, 자본 시장, 이스라엘증권국Securities Authority, 이스라엘자금세탁및테러자금조달방지국Money Laundering and Terror Financing Prohibition Authority의 공동 성명서에 나타난 것처럼 이스라엘은 가상화폐의 사용과 거래, 이의 거시적 효과, 위

험성, 테러 자금 조달, 과세에 관한 모니터링하고 있다.[66]

이탈리아

이탈리아 중앙은행은 ECB의 권고에 따라 가상화폐에 관한 일련의 선언 문을 발표해왔다. 2015년 1월 30일 가상화폐 사용에 대한 경고와 가상화 폐 사용에 대한 공지는 모두 유럽은행국[EBA]과 자금세탁방지국제기구[FATF] 의 경고와 일치한다. 중앙은행은 또한 가상화폐 환전을 위한 공식적인 법 적 체계가 만들어질 때까지 금융기관에 가상화폐를 구매하거나 투자하 지 않도록 조언함과 동시에 가상화폐 사용과 비법화로의 교환을 인정한다 고 말했다. 2015년 2월 2일 이탈리아 중앙은행의 가상화폐 신고를 위한 중앙당국의 공지는 다른 규제 레짐과는 다르다. 즉, 금융기관들은 기존의 AML[Anti-Money Laundering]과 KYC 요건을 준수해야 하지만, 가상화폐에 관여 하는 기업은 해당 요건을 따를 필요가 없다.[67]

일본

일본 정부는 은행법에 "가상화폐법"으로 알려진 제3조를 추가함으로써 가 상화폐를 인정하고 2017년 4월 1일부터 시행하도록 했다. 해당 법은 가상 화폐를 일본통화, 외국통화, 통화표시 자산을 제외하고, "불특정 다수인"에 게 상품 및 서비스에 대한 지급 결제 수단으로 이용 가능하고, 전자정보처 리시스템으로 전송 가능한 전자적 방법으로 기록된 "자산적 가치"로 인식 한다.[68] 비록 법적인 통화로 간주되지는 않지만 가상화폐는 지급 결제 수단 이자 다른 자산의 교환과 견줘 과세 가능한 자산으로 인식된다. 이 법은 가 상화폐를 금전 채무나 변제에 사용 가능한 통화 표시 자산인 디지털 화폐 와 구분한다.[69] 가상화폐와 실물화폐의 전환 서비스를 제공하는 가상화폐

거래소도 인정되며, 개정 자금결제법에 따라 광범위한 등록 요건이 요구된다.[70]

요르단

요르단 중앙은행은 다른 여러 국가 은행과 마찬가지로 비트코인과 기타 가상화폐는 법정통화가 아니며 사용자를 상당히 큰 회수 불능 위험에 빠지게 할 수 있다고 경고했다. 중앙은행의 지급 결제 서비스 부국장 마하 바후Maha Bahu는 모든 은행, 거래소, 금융회사, 지급 결제 서비스 회사는 가상화폐를 취급할 수 없다는 내용의 회보를 발행했다. 거래소 두 곳이 해킹을 당했다는 증거가 있었고 이는 가상화폐 이용에 대한 불안을 야기했다.[71]

레바논

레바논 중앙은행장 리아드 살라메Riad Salameh 역시 가상화폐의 위험에 대해 경고하고 그 사용을 금지했으며, 요르단 중앙은행의 입장을 이야기했다. 살라메는 향후 전자화폐가 큰 역할을 할 것임을 언급하며 이에 따라 블록체인 기술에 기반한 은행 자체의 디지털 화폐 도입 계획을 발표했다.[72]

리투아니아

리투아니아 중앙은행은 가상화폐를 다소 포괄적으로 검토한 입장문을 발표했다. 결론은 다음과 같다. (1) 금융 서비스를 제공하는 금융 시장 참여자FMP, Financial Market Participants는 가상화폐 활동에 참여하거나 이와 관련된 서비스를 제공해서는 안 된다. (2) 금융 시장 참여자FMP는 금융 서비스 제공 활동을 가상화폐와 관련된 활동으로부터 실제 분리할 수 있도록 보장하고, FMP가 제공하는 서비스의 성격에 대해 적절하고 오해의 여지가 없는 통신을 보장해야 한다. (3) 가상화폐 관련 활동에 참여하는 고객에게 금융 서비스를 제공하는 경우 FMP는 자금세탁 및 테러 자금 조달 방지 법률의 요건을 준수하고, 자금세탁과 테러 자금 조달의 위험을 관리하기 위한 적절한 조치를 취해야 한다. ICO에 관해서는 중앙은행은 ICO가 증권의 성격을 갖는 경우라면 증권에 관한 자국법 적용을 받는다고 언급했다. 크라우드 펀딩, 집합투자업, 투자 서비스 또는 금융 상품의 성격을 갖는 경우에는 이를 규제하는 해당 법률의 적용을 받는다.[73]

룩셈부르크

룩셈부르크 금융규제국[CSSF]은 1993년 4월 5일 법 제14조에 따라 어느 누구도 재무장관의 허가 없이 금융 부문에서 활동할 수 없다는 입장을 취한다. 따라서 지급 결제, 설립 또는 교환의 수단으로 가상화폐를 거래하려면 장관의 승인을 받아야 한다. CSSF는 보도자료를 통해 룩셈부르크는 다른 국가들과 달리 비트코인을 상품이 아닌 금전으로 취급함으로써, 이 새로운 화폐를 규제하리라는 의지를 내보였다.[74] 이에 따라 가상화폐의 사용이 푸대접을 받지는 않을 것으로 보인다. 일부 평론가는 룩셈부르크가 새로운 통화의 허브 역할을 할 수 있을 것으로 내다보기도 했다.[75]

말레이시아

네가라 말레이시아 은행은 암호화폐 사용에 대한 규제를 실시 중이다. 중앙은행장은 2001년 자금세탁방지, 테러 자금 조달 및 불법 행위 수익금 금지 등에 관한 법률의 적용을 받게 될 암호화폐의 범죄적 사용과 기타 불법 사용 가능성에 대한 우려를 나타냈다. 암호화폐의 사용이 명백히 금지된 것은 아니지만 정부의 주요한 감독 대상이 될 것이다.[76]

멕시코

멕시코는 중앙은행의 입지 부족 때문에 비트코인 등의 가상화폐를 통화로 인정하지 않는다. 그럼에도 지금까지 멕시코는 암호화폐의 구입과 거래를 허용하는 데 관대했다. 현재 멕시코 금융 관계자들은 경제와 기술 금융 분야를 변화시키고 갱신함에 있어서 디지털 자산의 가치를 인정하는 여러 입법 조치를 제안하고 있다.[77] 멕시코 재무부와 중앙은행은 가장 최근 발표한 성명에서 투자자와 이용자에게 암호화폐의 위험성을 경고했다. 비록 지금까지는 ICO가 없었지만 ICO와 그러한 자금 조달 시도가 멕시코의 시장증권법을 위반할 수도 있다고 지적했다.[78]

네덜란드

2014년 5월 8일 네덜란드 은행Bank of the Netherlands은 "가상화폐는 실행 가능한 대안이 아니다Virtual Currencies Are Not a Viable Alternative"라는 성명을 발표하고, 현재의 금융 시스템과 신용통화(유로화)를 대체할 가능성이 없으며 본질적인 위험이 크다고 경고했다. 성명서는 "중앙은행이나 다른 공공기관 중 어느 곳도 비트코인 관련 사업자에게 면허를 취득하게 하거나 공식적인 조사를 받도록 요구한 적이 없다"고 적시했다. 네덜란드 은행들은 새로운 형태의 화폐로 기꺼이 거래해왔고 규제 당국은 비트코인 스타트업에 대한 권한을 행사하지 않고 있기 때문에 기술 개발이 일어나고 기술 확장이 일어날수 있었다. 네덜란드 정부는 신기술 개발의 선구자 역할을 하고 있는 것으로 보인다.[79]

뉴질랜드

뉴질랜드는 암호화폐에 관한 불간섭 정책을 취하고 있다. 뉴질랜드 준비은행^{New Zealand Reserve Bank} 의장 토비 페인스^{Toby Fiennes}는 2018년 초 랜섬웨어와 암호화폐의 사용으로 인한 위협을 감안하더라도 준비은행은 화폐와 관련한 부정행위를 규제하지 않을 것이라고 밝혔다. 페인스는 다음과 같이 말했다. "동적인 사이버 환경은 조직이 관례적인 컴플라이언스를 준수하기보다는 오히려 결과에 초점을 맞춰 사이버보안에 민첩하게 접근해야 한다는 것을 의미한다…. 앞으로 준비은행과 그 밖의 규제 당국은 혁신에 과도하게 해를 끼치지 않으면서 새로운 비즈니스 모델이 체계화될 경우 뉴질랜드의 규제 체제가 이에 적응할 수 있도록 해야 할 것이다."[80]

노르웨이

노르웨이는 비트코인과 그 밖의 가상화폐에 대해 수용적 태도를 취하고 있는 것으로 보인다. 적어도 노르웨이의 은행 중 한 곳인 노르웨이 스칸디안뱅켄^{Norwegian Skandianbanken}은 고객이 보유하고 있는 비트코인 지갑과 법정 예치금을 통합할 수 있게 허용함으로써 고객이 보유한 자산의 가치를 동시에 검토할 수 있게 하고 있다.[81] 2013년 노르웨이 국세청은 가상화폐 판매로 얻는 수익은 자본 자산이므로 이에 과세할 수 있다고 말했다.[82]

필리핀

2017년 필리핀 중앙은행^{Bangko Sentral Ng Pilipinas}은 필리핀 내 가상화폐 거래소에 지침을 제시한 회람을 발행했다. 이 회람은 중앙은행의 정책은 혁신을 장려하는 환경을 제공함과 동시에 자금세탁이나 테러 자금 조달에 이용되지 않도록 하는 것은 물론 고객들을 보호하는 것이라고 명시했다. 특히 가상화폐가 국내외 모두에서 더 빠르고 경제적인 자금 이전을 통해 금융 서비스 제공에 혁명을 일으킬 가능성이 있음을 인식했다. 이에 따라 필리핀 중앙은행은 이러한 정책 목표가 충족되도록 규제를 해 나갈 계획이다. 거

래소가 통화 이전 업무를 하기 위해서는 중앙은행으로부터 등록 증명서를 발급받아야 한다.[83]

폴란드

폴란드 국립은행과 폴란드 금융감독국은 암호화폐 사용을 금지하진 않았지만 이의 위험에 대한 상당한 우려를 표명하고 자국민의 거래를 막기 위한 캠페인을 벌여 왔다.[84] 폴란드 국립은행은 화폐 투자에 대한 위험을 경고하고 정부의 보호와 보증의 부족, 다른 여러 위협에 대한 기본적 논평을 담은 "암호화폐 주의"라는 웹사이트를 운영하고 있다.[85]

포르투갈

포르투갈 은행은 가상화폐에 수반되는 위험에 대한 표준 경고를 발표했다. 이들은 EU 의회의 지침을 준수하는 것으로 보인다. 은행의 한 중역은 비트코인 등 가상화폐는 매우 강력한 기술, 환상적인 네트워크, 블록체인 등에 기반한 협약이자 컴퓨터화된 솔루션으로 중개인 없이 지급 결제를 할 수 있다고 지적하며 이에 대한 우려를 표했다. 그는 은행이 가상화폐의 불법적 사용을 규제하기 위해 새로운 현실을 평가하는 조치를 검토하고 있다고 말했다.[86]

사우디아라비아

사우디아라비아는 ICO, 비트코인 및 기타 가상화폐가 규제하기에는 아직 국내 시장에서 성숙하지 못했다고 판단하고, 이에 대한 불간섭 접근 방식을 취해왔다. 사우디아라비아 통화국은 가상화폐를 모니터링하고 있으며, 향후 좀 더 적절한 시기에 규제 조치를 취하리라고 본다.[87]

세르비아

세르비아 국립은행은 표준 경고를 발행한 유럽 은행국의 견해를 참고해 디나르^{dinar}가 세르비아의 통화이며 모든 지급 결제는 디나르로 표시된 수단으로 할 것을 권고했다. 가상화폐는 지급 결제 거래에 관한 법률^{Law on Payment Transactions}과 외환사업에 관한 법률^{Law on Foreign Exchange Operations}의 적용을 받는다. 외환시장에서 매입·매각되는 외환 및 외환의 종류에 대한 결정^{Decision on Types of Foreign Exchange and Foreign Cash to be Purchased and Sold in the Foreign Exchange Market}에 따라 은행과 허가된 외환중개업자는 본 결정문에 명시된 통화로만 외화를 사고 팔 수 있다. 비트코인과 기타 가상화폐를 사적으로 구입할 수도 있지만 세르비아의 법정통화로 환전하는 것은 법령 및 규제 조항에 위배될 수도 있다.[88]

싱가포르

싱가포르 통화국^{MAS, Monetary Authority of Singapore}은 디지털 토큰이 증권선물법에 따라 "상품"으로 간주될 경우 디지털 토큰의 공모나 발행이 MAS의 규제 대상이 된다고 언급했다. 다른 모든 국가기관과 마찬가지로 싱가포르가 우려하는 것은 자금세탁과 테러 자금 조달이다. 2014년 3월 13일 첫 번째 선언문을 살펴보면, 가상화폐는 그 자체로 규제의 대상은 아니라는 점을 알 수 있다. 2017년 8월 1일 성명서는 화폐의 상승과 위험 그리고 요구되는 규제의 정도에 대한 정부의 우려를 상세히 기술하고 있다. 이 성명서는 디지털 토큰의 기능이 가상화폐의 기능을 뛰어넘어 발전해왔으며, 가령 토큰이 발행인의 자산이나 부동산에 대한 소유권 혹은 증권 지분을 나타낼 수도 있다고 명시했다. 따라서 디지털 토큰은 싱가포르 증권선물법^{Securities and Futures Act}의 적용을 받게 될 주식 공모 또는 집합투자계획으로 간주될 수 있다. 또한 디지털 토큰은 빚이 될 수 있고 따라서 법정 채무를 구성할 수 있다. 만약 그렇다면 디지털 토큰 발행은 면허와 기타 법령 및 규제 요건을 준수해야 한다. 발급자는 등록 요건이 적용 가능한지에 대한 적절한 법률적 조언을 구해야 한다.[89]

슬로베니아

슬로베니아 또한 가상화폐의 위험에 관해 광범위한 경고를 해왔다. 슬로베니아가 우려하는 것은 비트코인과 기타 가상화폐 관련 거래의 과세 문제다. 기본적으로 국세청은 가상화폐가 자국법에 따른 금전 자산이 아니기 때문에 비트코인을 판매하는 개인은 양도소득세나 소득세의 대상이 아니라는 입장이다. 그러나 보상과 유사 보상을 받는 채굴자들은 거래와 비트코인 채굴에서 발생한 이익에 대해 다른 소득과 마찬가지로 세금을 부과할 수 있을 것이다.[90]

남아프리카

남아프리카공화국 준비은행South African Reserve Bank은 가상화폐에 관한 입장문을 발표했다.[91] 준비은행법에 따르면 은행만이 지폐와 주화를 발행할 수 있다. 아울러 해당 입장문은 가상화폐 수반 위험, 법정통화로서의 지위 부족, 정부의 지원 부족을 재차 지적한다. 또한 상호 연계를 확인하기 위한 모니터링이 요구되겠지만 현재로서는 가상화폐가 국가 통화에 큰 위협이 되진 않는다는 점에 주목한다. 입장문은 신기술 및 신규화폐가 잠재적으로 가진 긍정적인 측면을 강조한다. 준비은행의 입장은 바뀔 수 있지만, 현재 은행은 가상화폐 거래소에 지장이 되는 어떠한 규제도 보류 중이다.

대한민국

대한민국은 중국처럼 가상화폐를 완전히 금지할지, 아니면 엄격한 제한을 둘지를 저울질하며 모호한 태도를 보이고 있다. 2017년 9월 수원지방법원은 4년 동안 불법 음란물 사이트를 운영한 개인에 대한 경찰의 비트코인 압수에 대해 정부를 상대로 심리를 열었다. 법원은 비트코인은 전자파일의 형태로 현금과 같은 물리적 실체가 없기 때문에 객관적 표준 가치를 가질 수 없으며 이에 따라 당국이 비트코인을 압수한 것은 적법하지 않다고 말했다.[92] 박상기 법무부 장관은 탈세 목적의 가상화폐 거래 혐의를 받는 은행들에 대한 잇단 압수수색 이후, 암호화폐 거래를 금지하는 법안이 마련되고 있다고 말했다. 이는 즉각적으로 한국 내 비트코인 가치의 폭락으로 이어졌다.[93] 탈세 문제 외에도 금융위원회와 금융감독원은 6개 은행을 합동 점검하고 자금세탁 활동의 존부, 계좌의 허위 성명 사용 여부 등을 확인하고, 은행의 더 나은 감독 행위 방안에 대한 지침을 제공했다.[94]

암호화폐는 법정통화가 아니라 경제적 가치가 있는 상품을 교환하듯 합법적인 화폐로 교환되는 재산 또는 자산이라고 주장하는 한국 정부의 반가상화폐 규제가 시행된 직후, 헌법소원이 제기됐다.[95]

스페인

스페인 국세청General Directorate of Taxes은 2015년 3월 30일 가상화폐, 즉 비트코인 매매는 금융서비스에 속하기 때문에 부가가치세를 면제받는다는 구속력 있는 결정을 내렸다. 이 결정은 그러한 거래 면제에 대해 2006년 11월 28일 EU 이사회 지침 2006/112/EC를 인용했다. 이에 대해서는 위의 '유럽연합' 절에서 논했다.[96]

스웨덴

스웨덴 중앙은행 스베리어 릭스뱅크^{Sveriges Riksbank}는 비트코인과 이더리움은 특별한 형태의 화폐로 규제 대상이 아니며, 발행인은 금융 감독을 받지 않는다고 밝혔다. 비트코인과 기타 가상화폐 거래는 스웨덴의 재정에 거의 영향을 미치지 않는 경미한 것이어서 개입할 필요가 없다는 것이다. 은행은 개인 투자자에게 가상화폐의 위험성을 경고한 바 있다.[97] 법정통화의 사용이 현저하게 감소함에 따라 스웨덴은 크로나^{krona}를 보완하고 지급 결제 거래에 대한 사용자 선택을 제공하기 위해 새로운 국가 디지털 화폐인 e-크로나를 고려하고 있다.[98]

스위스

가상화폐에 관한 연방의회의 보고서는 "현재는 지불 수단으로서의 가상화폐의 경제적 중요성이 상당히 미미하며, 연방의회는 가까운 장래에도 이러한 상황이 지속될 것으로 생각한다"고 결론지었다. 스위스 국립은행은 그러한 거래를 제한하려는 규제 의지를 갖고 있지 않다. 계약 당사자와 실질 소유자의 신원에 대한 검증이 필요한 범죄 행위와 자금세탁 방지는 기존 법령에 계속적으로 의존하게 될 것이다. 또한 가상화폐에 기초한 특정 사업 모델은 금융시장법의 적용을 받으며, 금융시장의 감독을 받을 수 있다. 다른 모든 논의에서처럼 의회는 소비자에게 위험을 알리고 손실을 방지하기 위한 적절한 조치의 권고 필요성에 주목했다. 스위스는 추후 정부의 개입이 필요할 수 있는 가상화폐의 사용을 계속 모니터링할 것이다.[99]

대만

2015년 대만이 가상화폐를 금지한 이후[100] 대만 금융감독위원장 웰링턴 구

Wellington Koo는 ICO와 가상화폐를 금지한 중국과 한국의 조치를 본받지 말고 오히려 "암호화폐를 증권처럼 고도로 규제하고 감시하는 산업"으로 취급하는 일본의 선례를 따라야 한다고 밝혔다. 현재 대만에는 ICO를 정부의 주요 감독 대상이 되도록 허용하는 금융기술실험법Financial Technology Experimentation Act이 계류 중에 있다. 대만은 2만 5천 명의 사용자를 보유한 디지털 자산 교환 플랫폼 마이코인MaiCoin 및 메이저 투자자들을 보유한 마이코인의 연계 회사인 블록체인 컨설팅 업체 아미즈AMIS와 함께 암호화폐 부문에서 활발하게 참여하고 있다.[101]

태국

2013년 태국 은행Bank of Thailand은 비트코인과 기타의 암호화폐를 불법으로 보고 이를 금지한 바 있다. 비트코인사Bitcoin Co. Ltd는 태국 내에서 비트코인을 거래할 수 있는 권한에 대한 협상을 시도한 적 있으나, 태국 외환관리정책부Foreign Exchange Administration and Policy Department는 그러한 거래가 기존 규정을 위반하는 재정적 결과를 초래할 수 있다고 지적했다.[102] 이듬해 2월 태국은행 측은 비트코인사의 영업 재개를 허용하는 쪽으로 태도를 전환했다. 은행은 비트코인사에 보낸 서한에서 외국환이 거래소에서 제공되지 않는 한 회사의 교환 업무는 재무부 규정에 해당되지 않는다는 뜻을 내비쳤다. 비트코인과 같은 암호화폐는 화폐나 법정통화가 아닌 본질적으로 가치를 지니지 않는 전자정보로 간주된다.[103]

터키

터키 은행규제감독청BRSA은 2013년 11월 25일 보도 자료를 통해 비트코인 범죄 행위, 디지털 지갑 도난, 변동성 등 비트코인 및 유사 가상화폐에 대한 위험에 대해 표준 경고를 발했다. 더불어 "가상화폐가 전자화폐로 간주되지 않기 때문에 '지급 결제 및 증권 결제 시스템, 지급 결제 서비스 및 전자펀드기관에 관한 법률'의 적용을 받는 감시와 감사는 불가능해 보인다"고 언급했다.[104]

아랍에미리트연합

아랍에미리트연합도 애당초 가상화폐 금지에 나서면서 2017년 1월 1일부터 시행된 규칙에서 "모든 가상화폐(및 그 거래)가 금지된다"라는 문구를 명시했다. 아랍에미리트 중앙은행은 비트코인을 포함한 가상화폐는 그 사용 여부를 검토하고 있으며, 향후 이에 관한 명시적인 규제가 발표될 것이라고 말했다. 통화 사용자의 법률 대리인들은 규정이 명확해질 때까지 주의를 기울여야 한다.[105]

영국

런던 경찰국Scotland Yard에 따르면 영국에서도 특히 상업 활동이 활발한 런던은 가상화폐를 이용한 자금세탁의 중심에 서 왔다. 이에 따라 경찰국은 가상화폐 불법 사용에 대한 규제 정비를 요구해왔다.[106] 지금까지 가상화폐는 세계적 금융 중심지인 미국에 필적하는 영국의 지불 시스템 범위 밖에 있었던 터라, 현재까지 가상화폐를 직접적으로 규제하는 법률은 없는 것으로 보인다. 미국과 마찬가지로 영국 역시 자금세탁 방지 규정을 갖고 있다. 이 규정은 EU가 수정을 제안한 제4차 EU 자금세탁방지 지침에 부합되는 화폐에 적용되도록 고안됐다. 영국의 은행들은 위협을 느낀 것이 분명한데, 이들은 새로운 화폐의 규제 환경을 제공하는 영국 정부의 실용적 조치에 반대하고 나선 것은 물론 영국 중앙은행의 실시간 결제 시스템을 통해 검토될 자체 가상화폐를 만들 방안을 강구해왔다. 영국은 EU처럼 가상화폐 채굴에 부가가치세를 부과하지는 않지만, 가상화폐를 취득하고 처분해 손익을 실현한 개인과 기업에게 과세 결과를 부여함으로써 법정통화 거래에서의 손익과 유사하게 취급할 수 있다.[107]

2015년 영국 재무부는 정보 요청에 대한 응답으로 가상화폐의 유익성과 위험성을 개략적으로 설명한 보고서를 발표했다.[108] 유익성에 관해서는 다른 자료에서 언급된 것들(속도, 보안, 증권의 이전 및 기록을 위한 DLT의 광범위한 사용 등)을 반복했으므로, 이를 다시금 상술할 필요는 없을 것이다. 주목할 만한 것은 보고서가 제시한 위험성이다. 보고서는 범죄 행위의 익명성, 불법 행위의 통제를 어렵게 하는 국경을 초월한 이전, 컴퓨터 장애로 금전을 갈취하는 랜섬웨어, 자금세탁, 세금과 벌금의 회피, 영국과 EU의 금융 및 통화 안정성에 대한 위협을 가상화폐의 위험으로 봤다. 끝으로 이 보고서는 다음과 같은 결론을 도출했다. DLT가 제기하는 위험에도, 영국은 새롭고 혁신적인 지급 결제를 장려하고 기술을 개발하는 데 전념했다. 정부는 자금세탁 방지 규정을 집행하고자 하며 DLT가 범죄에 이용되는 것을 막기 위한 법 집행 도구를 제공하고 지원할 것이다. 또한 영국규격협회[BSI, British Standards Institution] 및 디지털 업계와의 협력을 통해 소비자 보호를 위한 선구적이고 자발적 표준의 개발을 시도하고 기존 DLT에 견줘 혁신적인 지급 결제 수단을 제공하기 위해 노력할 뿐만 아니라 신기술로 야기되는 과제를 해소하기 위해 과학 및 엔지니어링 회사들과 협력한다. 한편 영국 중앙은행은 디지털 통화의 발행을 위한 작업에 착수했다.[109]

베트남

베트남 역시 자국민에게 가상화폐 투자에 관한 표준 경고를 발했다. 베트남 공안부는 세계적으로 막대한 재정 손실을 초래한 폰지 유사 사기에 대해 경고하고, 불법 행위를 저지른 기업에 대한 차압과 폐쇄를 초래한 거래 플랫폼과 투자 계획을 모니터링해왔다. 그럼에도 베트남에는 정부의 개입

없이 공개적인 영업이 허용되는 비트코인 커뮤니티 은행과 에어비틀클럽 Airbitclub, 비트킹덤BitKingdom 등의 거래소가 존재한다.[110] 현재 가상화폐에 상당한 영향을 미칠 수 있는 규제가 검토되고 있다.[111]

비트코인과 기타 가상화폐 금지국

방글라데시

방글라데시은행Bangladesh Bank과 정부기관들은 가상화폐의 합법성을 인정하지 않으며, 자국 내에서 지급 결제 또는 다른 목적으로의 사용을 허용하지 않는다고 선언했다. 비트코인 교환에 관여한 거래자들은 최대 12년의 징역형에 처해질 수 있다.[112]

볼리비아

볼리비아 중앙은행BCB은 가상화폐의 유통과 사용을 금지해왔다. 결의안 제044/2014호에 따라 2014년 5월 6일 발효된 규정은 이같은 사용을 불법으로 본다. 볼리비아 금융시스템감독국Bolivian Supervisory Authority of the Financial System은 경찰에 의해 체포됐던 60여 명의 암호화폐 발기인들을 구금했다. 그들은 사람들을 금지된 거래에 참여하도록 훈련시키고 있던 것으로 알려졌다.[113]

중국

중국 중앙은행이 디지털 토큰 판매를 위한 ICO가 불법이라고 선언하자 중화인민공화국의 비트코인 가치는 하락했다. 중국에서 코인을 디지털 토큰으로 전환하는 것은 금지된다. 이러한 공모에 관여한 회사들은 판매로 얻은 모든 수익을 환불해야 했고 공모로 인한 벌금을 물었다.[114] 이와 같은 조치는 중국이 다음의 두 가지 공지를 발표함으로써 수행됐다. (1) 토큰 공모 및 자금 조달 위험 대비 중국인민은행 포함 7개 부처 공지(공동고시) (2) 토큰 공모 및 자금 조달 활동 시정고시가 그것이다. 7개 부처 공동고시는 가상화폐 사용을 통한 자금 조달 활동이 토큰, 증권의 불법 판매와 불법적 자금 조달 및 비법정통화에 관련된다고 명시했다.[115] 따라서 모든 종류의 토큰 공모는 불법이며, 이에 참여하는 기업과 개인은 공모와 자금 모금을 철회해야 하는 것은 물론 정부 당국은 그 위반을 조사하고 기소해야 한다. 거래소에서 진행한 모든 거래는 즉시 중단돼야 하고 그러한 거래에 관한 어떤 서비스도 제공돼선 안 된다. 금융기관과 비금융지급기관은 계좌의 제공 또는 인수 및 보험이 금지돼 있으며, 가상화폐와 관련된 모든 거래를 신고해야 한다.[116]

토큰 공모 및 자금 조달 활동의 시정 고시에서, 인터넷금융위험 조정작업반Internet Financial Risks Rectification Working Group의 지역 사무소들은 ICO 공모와 활동을 조사해 관할 지역 사무소에 보고하고, 2017년 9월 4일까지 은행규제위원회China Banking Regulatory Commission와 보험규제위원회China Insurance Regulatory Commission, 증권규제위원회China Securities Regulatory Commission에 보고서 사본을 발송해야 한다. 만일 지역 사무소의 위반 사항이 발견될 경우 인터뷰, 계좌 모니터링, 플랫폼의 임원에 대한 자산 동결 등을 통한 위반 행위 조사와 기소가 이뤄질 것이다.[117] 가상화폐 판매 금지 조치로 중국 내 가상화폐 거래소에서의 거래를 금지당한 중국 투자자들은 디지털 자산의 이전을 인정하는 일본과 그 밖의 국가에 눈을 돌리고 있다.[118]

에콰도르

에콰도르 국회는 비트코인을 비롯한 분산형 가상화폐를 금지시키는 대신 새로운 국영 전자화폐를 만들었다. 에콰도르 정부에 따르면 국영 전자화폐의 창설 목적은 저소득층을 돕기 위한 것이지만, 아마도 미국 달러화에 대한 자국 통화의 의존성을 약화시키려는 노력일 것이다. 중앙은행이 개발할 전자화폐는 에콰도르 중앙은행Banco Central del Ecuador의 자산으로 뒷받침될 것이다.[119]

키르기스스탄

키르기스공화국 국립은행The National Bank of the Kyrgyz Republic은 공화국 유일한 법정통화는 자국 화폐이며, 가상화폐 특히 비트코인을 지급 결제 수단으로 사용하는 것은 자국법 위반이라고 선언했다. 가상화폐 사용에 관여하는 자는 "키르기스공화국의 법률을 위반할 가능성이 있는 모든 부정적 결과"에 적용 대상이 된다.[120]

모로코

모로코는 가상화폐 기반 기술에 관한 관심을 표명한 적이 있음에도 가상화폐는 외환 규정을 위반하는 것이며 이로 인해 이용자에게 벌칙과 벌금이 부과될 것임을 선언했다. 알마그립은행Bank Al-Maghrib과 모로코 교환사무소(외환사무소)는 모로코의 은행 전문가 그룹과 협력을 통해 모로코의 공인중개인을 활용함이 없는 해외 국가에 연계된 가상화폐의 이용은 형사 처벌의 대상이 된다고 지적했다.[121]

네팔

네팔 라스트라은행Nepal Rastra Bank은 비트코인 금지 공시를 발행하고 자국의 비트세와Bitsewa 디지털 화폐 거래소를 폐쇄시켰다. 이미 많은 사람들이 비트코인 거래 혐의로 체포됐고 관련해서 3년 이하의 징역에 처해졌다.[122]

대안적 국가 가상화폐

러시아와 베네수엘라

가상화폐 제재국인 러시아와 베네수엘라는 가상화폐의 대체 가능성을 모색하고 있다. 두 나라는 가상화폐를 전면적으로 금지하는 대신 비트코인과 그 기반 기술의 성공을 본보기로 삼아 국가 후원 형식의 암호화폐를 만들기 위한 가능성을 탐구 중이다. 이러한 구상은 미국 달러화의 힘과 미국 중앙은행 및 그간 금지 조치에 참여했던 서유럽 주요국 중앙은행의 중앙 통제를 무시할 수 있는 새로운 화폐를 만들기 위해서다. 러시아와 베네수엘라는 석유와 기타 자원으로 보증되는 새로운 화폐 페트로Petro와 러시아의 크립토루블crypto-ruble을 통해 국가에 부과된 금지 사항을 우회함으로써 지배적 통화에 대한 서구 중앙 은행의 통제력에서 벗어날 것을 제안한다.[123] 비록 다른 국가들이 이와 같은 디지털 화폐 개념에 찬성하고 있긴 하지만, 가치를 지닌 가상화폐의 기본은 신뢰와 수용이므로 이러한 점들은 국가 차원의 채택을 저해할 수 있다.

한 걸음 더 나아가, 러시아 중앙은행 제1부총재 올가 스코로보가토바Olga Skorobogatova는 브라질, 러시아, 인도, 중국으로 구성된 BRICs와 유라시아 경제연합EEU이 개별 국가의 가상화폐가 아닌 이들 자체의 연합 디지털 화폐를 만들 것을 제안했다.[124] 연합 디지털 화폐의 개념에 대한 BRICs와 EEU 회원국의 공식 논의가 2018년 중에 있을 것으로 예상된다. 2017년 9월, 러시아 직접투자펀드Russian Direct Investment Fund 대표 키릴 드미트리예프 Kirill Dmitriev도 유사한 제안을 했었다. 이 제안은 BRICs와 남아프리카공화국은 부채 결산을 위해 사용될 주요 통화로서 미국 달러 및 기타 경상 통화를 중국 위안화로 대체하도록 하기 위해 BRICS 은행 간 협력 메커니즘BRICS Interbank Cooperation Mechanism을 활용하고 있는 신개발은행New Development Bank을 통해 연합 가상화폐를 보유하자는 것이었다.[125]

참고문헌

1. The Bank for International Settlements, headquartered in Basel, Switzer land, was established on May 17, 1930 and is an international financial organization owned by 60 member national central banks and Hong Kong SAR, that make up about 95 percent of global GDP. Its mission is to serve central banks in their pursuit of monetary and financial stability, to foster international co-operation in those areas, and to act as a bank for central banks. https://www.bis/org/cpmi/publ/d137.htm

2. Committee On Payments and Market Infrastructures, Digital currencies, Bank for International Settlements, Nov., 2015, https://www.bis.org. cpmi/publ/d137.htm

3. Id.

4. European Central Bank, Virtual Currency Schemes, Oct. 2012, http://www. ecb.europa.eu/pub/pdf/other/virtualcurrencyschemes201210en.pdf

5. Id. For a discussion of the ECB's report and the EU's concern and regulation of virtual currencies, see Aneta Vondrackova, Regulation of Virtual Currency in the European Union, Prague Law Working Papers Series 2016/III/3, 2016, http://prf.cuni.cz/en/workingpapers-1404048982. html

6. Virtual currency schemes – a further analysis, European Central Bank, Feb. 2015, http://www.ecb.europa.eu/pub/pdf/other/virtualcurrency schemesen.pdf

7. Directive (EU) 2015/849 of the European Parliament and of the Council of 20 May 2015 on the prevention of the use of the financial system for the purposes of money laundering or terrorist financing, amending Regulation (EU) No 648/2012 of the European Parliament and of the Council, and repealing Directive 2005/60/EC of the European Parliament and of the Council and Commission Directive 2006/70/EC, http://eur-lex.europa.eu/legal-content/EN/TXT/?uri=celex%3A32015L0849

8. European Commission, Fact Sheet, Memo 16/2381, http://europa.eu/

rapid/press-release_MEMO-16-2381_en.htm

9. Proposed amendments to the Fourth Anti-Money Laundering Directive, http://www.europarl.europa.eu/RegData/etudes/BRIE/2017/607260/ EPRS_BRI(2017)607260_EN.pdf. The text of the proposal for an amendment to (EU) 2015/849 is Eur. Parl. Doc. (COD) 2016/0208, http:// ec.europa.eu/justice/criminal/document/files/aml-directive_en.pdf

10. Stan Higgins, EU Report: Digital Currency Use by Organized Criminals is Rare, CoinDesk, July 18, 2017, https://www.coindesk.com/eu-report-digital-currency-use-by-organized-criminals-is-rare/

11. European Commission, Project to prevent criminal use of the dark web and virtual currencies launched by international consortium, Cordis News and Events, http://cordia.europa.eu/news/ren/141335-html

12. Eur. Parl. Doc. (2016/2007(INI)) (May 26, 2016).

13. European Securities and Markets Authority, About ESMA, https://www. esma.europa.eu/about-esma/who-we-are

14. European Securities and Markets Authority, Call for Evidence: Investment using virtual currency or distributed ledger technology, April 22, 2015, ESMA/2015/532, https://www.esma.europa.eu/sites/default/files/ library/2015/11/2015-532_call_for_evidence_on_virtual_currency_ investment.pdf

15. European Securities and Markets Authority, Discussion Paper: The Distributed Ledger Technology Applied to Securities Markets, Feb. 6, 2016, ESMA 2016/773, https://www.esma.europa.eu/press-news/esma-news/esma-assesses-usefulness-distributed-ledger-technologies

16. Id.

17. European Commission, European Commission launches the EU Block chain Observatory and Forum, Press Release, Feb. 1, 2018, http:// europa.eu/rapid/press-release_IP-18-521_en.htm

18. ConsenSys, https://new.consensys.net/

19. European Court of Justice, Judgment, October 22, 2015, ECLI:EU:C: 205:718, http://curia.eu/juris/document/document.jct?docid=170305

&doclang=EN

20. Id.

21. Mirko L. Marinc, Koert Bruins, Roger van de Berg, and Esteban van Goor, European Court of Justice decides on landmark case regarding the VAT treatment of bitcoin, Lexology, Oct. 28, 2015, https://www.lexology.com/library/detail.aspx?g=f67931b0-9136-4a53-8b7c-47b762fe12f6

22. The OECD is composed of 35 countries, almost all from the developed world, the United States, Canada, Japan, South Korea, countries that are also members of the EU, Mexico, Chile, and other economic powers, OECD About, http://www.oecd.org/about/

23. Adrian Blundell-Wignall (2014), The Bitcoin Question: Currency versus Trust-less Transfer Technology, OECD Working Papers on Finance, Insurance and Private Pensions, No. 37, (2014), https://doi.org/10.1787/5jz2pwjd9t20-en

24. United Nations Security Council Counter-Terrorism Committee, Official Launch of Knowledge-sharing platform in support of the global tech industry tackling terrorist exploitation of the Internet, (2017), https://www.un.org/sc/ctc/blog/event/official-launch-of-knowledge-sharingplatform-in-support-of-the-global-tech-industry-tackling-terroristexploitation-of-the-internet/

25. The G20 (Group of Twenty) consists of central bank governors of the leading industrial nations plus the EU. The nations represented are Argentina, Australia, Brazil, Canada, China, France, Germany, India, Indonesia, Italy, Japan, South Korea, Mexico, Russia, Saudi Arabia, South Africa, Turkey, the UK, the United States, and the EU.

26. French finance minister calls for bitcoin debate at G20, Reuters, Dec. 17, 2017, https://www.reuters.com/article/uk-markets-bitcoin-g20/french-finance-minister-calls-for-bitcoin-regulation-debate-atg20-idUSKBN1EB0SZ

27. IOSCO Plans to Research Blockchain Technology, News BTC, Feb.

22, 2016, http://www.newsbtc.com/2016/02/22/iosco-plans-to-researchrobo-advisors-and-the-blockchain-technology/

28. OICU-IOSCO, IOSCO Board Communication on Concerns Related to Initial Coin Offerings (ICOs), Media Release, Jan. 18, 2018, http://www.iosco.org/news/pdf/IOSCONEWS485.pdf

29. For an excellent guide, see Robin Arnfield, Regulation of Virtual Currencies: A Global Overview (2015), Virtual Currency Today, http://www.nfcidea.pl/wp-content/uploads/2015/02/Regulation-if-Virtual-Currancies-by-Jumio.pdf

30. La Unidad de Informacion Financiera, https://www.argentina.gob.ar/uif

31. Chapter 2, Overview and recent developments: What is digital currency?, Parliament of Australia, https://www.aph.gov.au/Parliamentary_Business/Committees/Senate/Economics/Digital_currency/Report/c02

32. FMA in Austria Issues Warning against Fraudulent Virtual Currency Schemes, News BTC, Nov. 15, 2016, http://www.newsbtc.com/2016/11/15/fma-in-austria-issues-a-warning-against-fradulentvirtual-currency-schemes/

33. Simont Braun, Virtual Currency in Belgium, http://www.simontbraun.eu/fr/news/1954-virtual-currency-in-belgium

34. E-Money and virtual currencies, Digitalwatch, Dec. 22, 2017, https://dig.watch/issues/e-money-and-virtual-currencies. For an untranslated copy of the press release from the National Bank of Belarus, see decree, see https://www.nbrb.by/Press/?id=6534, cited in Coinformer, State Bank in Belarus Builds on Blockchain, Coinfirmation, July 19, 2017, http://coinfirmation.com/state-bank-of-belarus-builds-on-blockchain/

35. Nermin Hajdarbegovic, Brazilian Central Bank Outline Digital Currency Risks, CoinDesk, Feb. 20, 2014, https://www.coindesk.com/brazilian-central-bank-outlines-digital-currency-risks/

36. Brazil regulator bans funds from buying cryptocurrencies, Reuters, Jan. 12, 2018, https://uk.reuters.com/article/brazil-bitcoin/brazil-regulator-bans-funds-from-buying-cryptocurrencies-idUSL1N1P71DV

37. r/bitcoin, Tax authorities in Bulgaria say bitcoin is "virtual currency", Reddit, April 2, 2014, https://www.reddit.com/r/Bitcoin/comments/220ek1/tax_authorities_in_bulgaria_say_bitcoin_is/

38. Canadian Securities Adminsitrators, Cryptocurrency Offerings, Staff Notice 46-307, Aug. 24, 2017, http://www.osc.gov.on.ca/en/Securities Law_csa_20170824_cryptocurrency-offerings.htm

39. Id.

40. Id.

41. Opinion No. JDS 14696, July 12, 2016, cited in Carlos Fradique-Mendez and Sebastian Boada Morales, Columbia: Virtual currency regulation, Intn'l Financial L. Rev., Sept. 26, 2016, http://www.iflr.com/Article/3588434/Colombia-Virtual-currency-regulation.html

42. Maria Santos, Croatia considers Bitcoin legal: 45 members of the Swiss parliament want the same, Bitcoins, March 17, 2015, https://99bitcoins.com/croatia-considers-bitcoin-legal-45-members-of-the-swiss-parliament-want-the-same/

43. CYSEC Announcement on Virtual Currency, Global Banking and Finance Review, Nov. 21, 2017, https://globalbankingandfinance.com/cysec-announcement-on-virtual-currencies/

44. Bitcoin Cash Embassy to Open in Limassol, Cyprus, Bitcoin.Com, Dec. 20, 2017, https://news.bitcoin.com/bitcoin-cash-embassy-open-limassol cyprus/

45. tom93, The Czech Republic is a Paradise for virtual currencies. You will pay Bitcoin in the village, Steemit, 2017, https://steemit.com/bitcoin/@tom93/the-czech-republic-is-a-paradise-for-virtual-currenciesyou-will-pay-bitcoin-in-the-village

46. 'We Don't do Bitcoin': Denmark's finance director exempts cryptocurrencies from its function, RT, Dec. 17, 2013, https://www.rt.com/news/bitcoin-denmark-regulator-unsafe-395/

47. Denmark's National Bank, Virtual Currencies, http://www.nationalbanken.dk/en/publications/Documents/2014/03/Virtual_MON1_2014.pdf

48. Peter Teffer, Estonia to launch own virtual currency, EUobserver, Dec. 19, 2017, https://euobserver.com/economic/140344

49. Francesco Canepa, ECB'sDraghi rejects Estonia's virtual currency idea, Reuters, Sept. 7, 2017, https://www.reuters.com/article/us-ecb-bitcoin estonia/ecbs-draghi-rejects-estonias-virtual-currency-ideaidUSKCN 1BI2BI

50. Kati Pohjanpalo, Finland Central Bank Rules Bitcoin Is Not A Currency, Bloomberg, Jan. 20, 2014, https://mashable.com/2014/01/20/bitcoin-commodity-finland/#9wUWMiSqYPqp

51. Tanaya Macheel, French Government Outlines New Regulations for Bitcoin Market Transparency, Coindesk, July 11, 2014, https://www.coindesk.com/french-government-outlines-new-regulations-bitcoinmarket-transparency/

52. Virtual Currencies Working Group, Regulating Virtual Currencies, Ministry for the Economy and Finance, June, 2014, https://www.economie.gouv.fr/files/regulatingvirtualcurrencies.pdf

53. BaFin, Virtual Currencies (VCs), Federal Financial Supervisory Authority, https://www.bafin.de/EN/Aufsicht/FinTech/VirtualCurrency/virtual_currency_node_en.html

54. The Legal Framework of Currency Exchange Licensing and Operation in Greece, Law and Tech, Nov. 29, 2017, http://lawandtech.eu/en/2017/11/29/virtual-currency-exchange-licensing-in-greece/

55. Samuel Haig, Hong Kong Exchange Tidebit Seeks to Capitalize Upon Chinese Cryptocurrency Crackdown, Bitcoin.Com, Oct. 4, 2017, https://news.bitcoin.com/hong-kong-exchange-tidebit-seeks-to-capitalize-upon-chinese-cryptocurrency-crackdown/

56. Jong Kong launches public education campaign on cryptocurrency and ICO risks, Ecotimes, Feb. 2, 2018, https://www.econotimes.com/Hong-Kong-launches-public-education-campaign-on-cryptocurrency-and-ICO-risks-1130103

57. Hong Kong Securities and Futures Commission, SFC warns of crypto

currency risks, Feb. 9, 2018, https://www.iosco.org/library/ico-state ments/Hong%20Kong%20-%20SFC%20-%20Warning%20of%20Crypto currency%20Risks.pdf

58. Hungary: Blockchain and Virtual Currency Regulation 2018, Global Legal Insights, https://www.globallegalinsights.com/practice-areas/ blockchain-laws-and-regulations/hungary

59. Jonathan Millet, Hungarian National Bank Considers Virtual Currency Like Bitcoin Risky, NEWSBTC, Feb. 19, 2014, http://www.newsbtc. com/2014/02/19/hungarian-national-bank-considersvirtual-currency- like-bitcoin-risky/

60. Ernst & Young, Iceland Amends Foreign Exchange Act, Global Tax Alert, http://www.ey.com/gl/en/services/tax/international-tax/alert-- iceland-amends-foreign-exchange-act

61. Dan Falvey, 'DON'T invest in Bitcoin' warns Indian central bank despite surge in cryptocurrency value, Express, Dec. 9, 2017, https://www. express.co.uk/finance/city/890101/bitcoin-cryptocurrencyinvestment- india-bank

62. Tarun Mittal, What is Laxmicoin, possibly the first legal Indian crypto currency? Yourstory, Nov. 22, 2017, https://yourstory.com/2017/11/ what-is-laxmicoin-indian-cryptocurrency/

63. Bank Indonesia, Bank Indonesia Warns All Parties Not To Sell, Buy, or Trade Virtual Currency, Press Release, Jan. 18, 2018, http://www.bi.go. id/en/ruang-media/siaran-pers/Pages/sp_200418.aspx

64. Joshua Althauser, Central Bank of Iran Plans Comprehensive Review of Cryptocurrency Policy, Cointelegraph, Nov. 15, 2017, https:// cointelegraph.com/news/central-bank-of-iran-plans-comprehensivere view-of-cryptocurrency-policy

65. Regulation of Bitcoin in Selected Jurisdiction, Library of Congress Law Library, https://www.loc.gov/law/help/bitcoin-survey/

66. Moti Bassok, Shelly Appleberg, and Reuters, Bitcoin Is Risky, Israel Warns Amid Talk of Regulating Virtual Currency, Haaretz, Feb. 20, 2014,

https://www.haaretz.com/israel-news/business/1.575233

67. Stefano Capaccioli, Central Bank of Italy Declares Virtual Currency Exchanges Are Not Subject to AML Requirements, Bitcoinmagazine, Feb. 4, 2015, https://bitcoinmagazine.com/articles/central-bank-italydeclares-virtual-currency-exchanges-not-subject-aml-requirements-1423096093/

68. Article 2, §5 of Act on Financial Transactions that is part of the Virtual Currency Act. The Virtual Currency Act explained, Bitflyer, https://bitflyer.jp/en/virtual-currency-act

69. Id.

70. Act on Settlement of Funds as amended (Act No. 59 of 2009 as amended) cited by Makoto Koinuma, Koichiro Ohashi, and Yukari Sakamoto, New Law & Regulations on Virtual Currencies in Japan, Lexology, Jan. 24, 2017, https://www.lexology.com/library/detail.aspx?g=b32af680-1772-4983-8022-a2826878bcd5

71. Omar Obeidat, Central bank warns against using bitcoin, The Jordan Times, Feb. 22, 2014, http://www.jordantimes.com/news/local/central-bank-warns-against-using-bitcoin

72. Lisa Froelings, Lebanese Central Bank Criticizes Bitcoin as "Unregulated" Commodities, Cointelegraph, Oct. 29, 2017, https://cointelegraph.com/news/lebanese-central-bank-governor-criticizes-bitcoin-as-unregulated-commodities

73. Board of Bank of Lithuania, Position of Bank of Lithuania On Virtual Currencies and Initial Coin Offering, Oct. 10, 2017, https://www.lb.lt/uploads/documents/files/Pozicijos%20del%20virtualiu%20valiutu%20ir%20VV%20zetonu%20platinimo%20EN.pdf

74. Josee Weydert, Jad Nader, Vincent Wellens, and Nicolas Rase, Luxem bourg and European Developments on Bitcoins, Lexology, June 26, 2014, https://www.lexology.com/library/detail.aspx?g=78bd56d2-bf6b-4823-a23f-332d13f827ba

75. Patrick Murck, Luxembourg To Become European Virtual Currency Hub, LuxembourgForFinance, Sept. 7, 2014, http://www.luxem

bourgforfinance.com/en/luxembourg-become-european-virtual-currency-hub

76. Joshua Althauser, Malaysian Central Bank To Issue Cryptocurrency Regulation in Early 2018, Cointelegraph, Nov. 24, 2017, https://cointelegraph.com/news/malaysian-central-bank-to-issue-cryptocurrency regulation-in-early-2018

77. Bank of Mexico Rejects 'Virtual Currency' as Legal Classification for Bitcoin, News Bitcoin.Com, Jan. 6, 2018, Bitcoin.com, https://news.bitcoin.com/bank-of-mexico-rejects-virtual-currency-as-legal-classification-for-bitcoin/

78. Mexican authorities warn cryptocurrency offerings could be a crime, Reuters, Dec. 13, 2017, https://www.reuters.com/article/us-markets bitcoin-mexico/mexican-authorities-warn-cryptocurrency-offeringscould-be-a-crime-idUSKBN1E72GV

79. Wendy Zeldin, Netherlands: Central Bank Statement on Virtual Currencies, Library of Congress Global Legal Monitor, June 4, 2014, http://www.loc.gov/law/foreign-news/article/netherlands-centralbank-statement-on-virtual-currencies/

80. Samuel Haig, New Zealand Reserve Bank Lax on Cyber and Crypto Regulations, Bitcoin.Com, July 23, 2017, https://news.bitcoin.com/new-zealand-reserve-bank-rejects-need-for-expansive-cryptocurrencycyber-crime-regulations/

81. Norway's Largest Online Bank Adopts Direct Bitcoin Integration, CCN, May 16, 2017, https://www.ccn.com/banking-bitcoins-age-norwaybank-adopts-direct-bitcoin-integration/

82. Elin Hofberberg, Bitcoins Are Capital Property, Not Currency, Says Norwegian Tax Authority, Library of Congress Global Legal Monitor, Dec. 11, 2013, http://www.loc.gov/law/foreign-news/article/norway bitcoins-are-capital-property-not-currency-says-norwegian-tax-authority/

83. Bangko Sentral NG Pilipinas, Guidelines for Virtual Currency Exchanges, Circular No. 944, Jan. 17, 2017, http://www.bsp.gov.ph/downloads/

regulations/attachments/2017/c944.pdf

84. Alan, The Central Bank of Poland Starts Campaign Against Virtual Currencies, bitGuru, Jan. 2, 2018, http://bitguru.co.uk/polish-central bank-starts-campaign-against-virtual-currencies/

85. Maryam Manzoor, Polish Central Bank Creates Website Warning Investors Against Cryptocurrencies, Cryptovest, Jan. 2, 2018, https://cryptovest.com/news/polish-central-bank-creates-website-warning-investorsagainst-cryptocurrencies/

86. Francisco Memoria, Portugal's Central Bank Director: Bitcoin Isn't A Currency, CCN, Nov. 9, 2017, https://www.ccn.com/portugals-central bank-director-bitcoin-isnt-currency/

87. Gola Yashu, Saudi Arabia's Regulators Not Looking to Regulate Bitcoin, News BTC, Oct. 23, 2017, http://www.newsbtc.com/2017/10/23/saudi-arabia-not-looking-regulate-bitcoin/

88. NBA Warns That Bitcoin is Not Legal Tender in Serbia, National Bank of Serbia, Oct. 10, 2015, http://www.nbs.rs/internet/english/scripts/showContent.html?id=7607&konverzija=no

89. Monitory Authority of Singapore, MAS clarifies regulatory position on the offer of digital tokens in Singapore, Media Release, Aug. 1, 2017, http://www.mas.gov.sg/News-and-Publications/Media-Releases/2017/MAS-clarifies-regulatory-position-on-the-offer-of-digital-tokens-in-Singapore.aspx

90. Nermin Hajdarbegovic, Slovenia Clarifies Position on Cryptocurrency Tax, CoinDesk, Dec. 24, 2013, https://www.coindesk.com/sloveniaclarifies -position-cryptocurrency-tax/

91. South African Reserve Bank, Position Paper on Virtual Currencies, Position Paper No. 02/2014, Dec. 3, 2014, https://www.resbank.co.za/RegulationAndSupervision/NationalPaymentSystem(NPS)/Legal/Documents/Position%20Paper/Virtual%20Currencies%20Position%20Paper%20%20Final_02of2014.pdf

92. Korean Court Rules Bitcoin Seizure as Illegal Confiscation, Bitcoin Law,

Sept. 11, 2017, https://www.ccn.com/korean-court-rulesbitcoin-seizure-illegal-confiscation/

93. Why The Government Plans To Ban Cryptocurrency Trading, And What It Mean For Bitcoin, Reuters quoted in Newsweek, Jan, 11, 2018, http://www.newsweek.com/why-south-korea-plans-ban-crypto currencytrading-and-what-it-means-bitcoin-777782

94. Christine Kim, South Korea inspects six banks over virtual currency services to clients, Reuters, Jan. 8, 2018, https://www.reuters.com/article/us-southkorea-bitcoin/south-korea-inspects-six-banks-over-virtualcurrency-services-to-clients-idUSKBN1EX0BG

95. Nam Hyun-woo, Constitutional Court to decide on digital token, The Korea Times, Jan. 1, 2018, http://www.koreatimes.co.kr/www/biz/2018/01/488_241850.html

96. Alajandro Gomez de la Cruz, Bitcoin is exempt from VAT in Spain, Law & Bitcoin, April 16, 2015, http://lawandbitcoin.com/en/bitcoinis-vat-exempt-in-spain/

97. Virtual Currencies, Sveriges Riksbank, https://www.riksbank.se/en-gb/financial-stability/the-financial-system/payments/virtual-currencies/

98. Sweden could be first with national digital currency, RT, Nov. 16, 2016, https://www.rt.com/business/367141-sweden-digital-currency-launch/

99. Swiss Confederation, Federal Council report on virtual currencies in response to the Schwaab (13.3687) and Weibel (13.4070) postulates, June 25, 2014, http://www.news.admin.ch/NSBSubscriber/message/attachments/35355.pdf

100. Leyva Guillermo Beltran, Taiwan Declares Bitcoin an Illegal Asset, Nov. 2, 2015, http://www.newsbtc.com/2015/11/02/taiwan-declaresbitcoin-illegal-asset/

101. David Green, UPDATE: Taiwan Must Be Brave on Cryptocurrency Stance, The News Lens, Oct. 7, 2017, https://international.thenewslens.com/article/80463

102. Kavitha A. Davidson, Bank of Thailand Bans Bitcoins, TheWorldPost,

July 31, 2012, https://www.huffingtonpost.com/2013/07/31/
thailandbans-bitcoins_n_3682553.html

103. Cristoph Marckx, Bank of Thailand issues another statement on Bitcoin, CCN, March 18, 2014, https://www.ccn.com/bank-ofthailand-issues-another-statement-on-bitcoin/

104. Gonenc Gurkaynak, Ceren Yildez, and Ecem Elver, Banking Regulation And Supervision Agency's Guidance: How To Deal With Global Players And Bitcoin In Turkey?, Elig, Oct. 6, 2015, http://www.mondaq.com/turkey/x/432212/Financial+Services/Banking+Regulation+And+Supervision+Agencys+Guidance+How+To+Deal+With+Global+Players+And+Bitcoin+In+Turkey

105. Ed Clowes, UAE Central Bank clarifies virtual currency ban, Gulf News, Feb. 1, 2017, http://gulfnews.com/business/sectors/banking/uaecentral-bank-clarifies-virtual-currency-ban-1.1971802

106. Bitcoin and other virtual currencies on Scotland Yard's radar because of money laundering, MercoPress, Dec. 5, 2017, http://en.mercopress.com/2017/12/05/bitcoin-and-other-virtual-currencies-on-scotlandyard-radar-because-of-money-laundering

107. Peter Howitt, David Borge, John Pauley, and Subherwal Patel, Virtual Currencies in the UK, Ramparts Lexology, Oct. 16, 2017, https://www.lexology.com/library/detail.aspx?g=20736649-246a-4526-8ad0-3b4f309fc88d

108. HM Treasury, Digital currencies: response to the call for information, March, 2015, https://www.gov.uk/government/uploads/system/uploads/attachment_data/file/414040/digital_currencies_response_to_call_for_information_final_changes.pdf

109. Id.

110. Virtual Currencies and Ponzi Schemes in Vietnam, News BTC, Oct. 7, 2016, https://www.newsbtc.com/2016/10/07/virtual-currenciesponzi-schemes-vietnam/

111. Jamie Redman, Vietnam May See Virtual Regulation Soon, Bitcoin.Com,

Dec. 6, 2016, https://news.bitcoin.com/vietnam-virtual-currencyregu lation-soon/

112. Why Bangladesh will jail Bitcoin traders, The Telegraph, Sept. 14, 2017, http://www.telegraph.co.uk/finance/currency/11097208/Why-Bangladesh-will-jail-Bitcoin-traders.html

113. Dan Cummings, Bolivian Officials Detain Users of Virtual Currency, ETHNews, May 31, 2017, https://www.ethnews.com/bolivianofficials-detain-users-of-virtual-currency

114. Yulu Yilun Chen and Justina Lee, Bitcoin Tumbles as PBOC Declares Initial Coin Offerings Illegal, Bloomberg, Sept. 4, 2017, https://www. bloomberg.com/news/articles/2017-09-04/china-central-banksays-initial-coin-offerings-are-illegal

115. Notice of Seven Ministries Including the People's Bank of China on Guard against Risks of Token Offering and Finance (Joint Notice) (Sept. 2, 2017). Notice on the Rectification of Token Offering and Financing Activities (Zheng Zhi Ban Han (Sept. 4, 2017), No. 99. The notices in Chinese may be found in Michael House, Geoffrey Vance, and Huijie Shao, China Halts ICOs and Token Sales and China-Based Trading Platforms Suspend Trading Amid Reports, Perkins Coie Virtual Currency Report, Sept. 18, 2017, https://www.virtualcurrencyreport.com/2017/09/china-halts-icos-and-token-sales-and-china-based-tradingplatforms-suspend-trading-amid-reports-of-additional-governmentrestrictions/of Additional Government Restrictions.

116. Id.

117. Id.

118. Lulu Yilun Chen and Yuji Nakamura, China's bitcoin barons seek new life in Japan and Hong Kong, Bloomberg, Oct. 29, 2017, https://www. japantimes.co.jp/news/2017/10/29/business/chinas-bitcoin-baronsseek-new-life-japan-hong-kong/#.Whq-Kk2WzIU

119. Stan Higgins, Ecuador Bans Bitcoin, Plans Own Digital Money, Coin Desk, July 25, 2014, https://www.coindesk.com/ecuador-bansbitcoin

-legislative-vote/

120. Kyrgyz Bank, Warning of the National Bank of the Kyrgyz Republic on the spread and use of the 'virtual currency', in particular, bitcoins (bitcoin), July 18, 2014, http://www.nbkr.kg/searchout.jsp?item=31&material=50718&lang=ENG

121. Jon Southurst, Using Bitcoin and Virtual Currencies Is Illegal, Says Morocco Central Bank, Bitsonline, Nov. 20, 2017, https://t.me/bitsonline

122. Bitsewa Exchange Closes as Nepal Takes Hard Line on Bitcoin, DCEBrief, Oct. 9, 2017, https://dcebrief.com/bitsewa-exchange-closes-as-nepaltakes-hard-line-on-bitcoin/

123. Nathaniel Popper, Russia and Venezuela's Plan to Sidestep Sanctions: Virtual Currencies New York Times, Jan. 3, 2018, https://www.nytimes.com/2018/01/03/technology/russia-venezuela-virtual-currencies.html?_r=0

124. Eurasian Economic Union (EEU) is composed of member countries comprising Belarus, Kazakhstan, and Russia pursuant to a treaty that was signed on May 29, 2014, which became effective as of January 1, 2015 and to which Armenia and Kyrgyzstan acceded in late 2014.

125. Russia suggest creating single virtual currency for BRICS and EEU, Reuters, Dec. 28, 2017, https://www.rt.com/business/414444-bricseeu-joint-cryptocurrency/

— 나가며 —

암호화폐의 미래

과거 종이신문과 오프라인 쇼핑의 쇠락에서 목격했듯이 기술 세계의 복잡성 증가로 인해 지폐와 주화의 사용은 통신 부문에 있어서 과도기를 맞이할 것이란 사실에는 의심의 여지가 없어 보인다.

JP 모건 체이스^{JP Morgan Chase}의 CEO로 명성을 떨친 제이미 디몬^{Jamie Dimon}이 비트코인과 신흥 화폐를 사기로 규정하고 이것이 마치 실패한 운명인 듯 비트코인을 한탄하고 폄하하는 동안,[1] 은행과 그 밖의 금융기관은 신흥 화폐들의 효율성과 보안성을 향상시키기 위해 기술력과 잠재적인 활용 가능성을 검증하고 평가하는 데 리소스를 모으고 힘을 합치기 시작했다. 모건 스탠리^{Morgan Stanley}의 CEO 제임스 고먼^{James Gorman}은 비트코인의 익명성과 프라이버시적 특성을 들어 비트코인은 유행 그 이상이라고 말하면서 좀 더 신중한 입장을 취하고 있다.[2]

연방준비제도이사회 의장으로 임명된 제롬 파월^{Jerome H. Powell}이 인정했듯이 최근의 기술적 혁신을 맞이한 지급 결제 시스템은 정보보안과 프라이버시는 물론 법률, 경영, 금융 부문에서의 상당한 위험 요소를 나눌 수 있어야 한다. 분산원장기술이 이용된 이 간소화된 시스템은 좀 더 신속한 처리와 중재 절차의 단축과 함께 운영상의 필요 자본과 유동 비용이 감소하도록 도울 것이다. 파월 의장은 모든 혁신적 발전이 그러하듯, 디지털 화폐는 자금세탁과 같은 글로벌 범죄 활동의 잠재적 매개체로서 요주의 대상이며 프라이버시에 대한 우려를 불러일으키고 은행이 민간 부문의 제품이나 시스템과 경쟁하게 만든다고 말했다.[3] 앞선 제이미 디먼의 주장은 해킹을 거의 불가능하게 만듦으로 금전 거래의 보호를 강화하려는 DLT의 제삼자 구조 회피적 특성 때문에 금전 거래에서 은행의 필요성이 크게 감소하리라는 두려움에서 기인한 것으로 보인다. 그러므로 은행과 금융기관은 신기술을 비난하기보다는 이에 적응하고 여기서 이익을 얻어야 한다.[4]

각국 중앙은행은 혁신을 채택해야 함은 물론 현 세기의 지폐와 유사하게 자신들의 디지털 화폐를 발행해야 한다는 목소리가 있다. 하지만 연방준비제도이사회 이사 랜달 퀼스Randal K. Quarles는 다음과 같이 경고한다. 중앙은행, 특히 매우 선진화된 은행 시스템을 갖추고 실체를 가진 현금에 대한 강력한 수요가 있는 미국의 경우에는 법률 문제, 즉 디지털 화폐 발행에 수반되는 내재적 위험, 입증되지 않은 기술의 배포, 프라이버시 문제, 자금세탁, 그 밖의 여러 어려움에 대해 폭넓은 검토와 논의를 차분히 진행해야 한다고 말이다. 디지털 화폐의 발행은 사이버 공격과 테러 자금 조달의 대상이 될 수 있고 글로벌 은행업계에 지장을 줄 위험이 크다. 어쩌면 상당히 줄어든 은행 예금 때문에 은행 대출과 금융 부문에 유동성 공급이 막힐 수 있다. 은행은 자체 가상화폐를 발행하기보다는 오히려 인터넷 기반의 24시간 계좌 접근, 모바일 뱅킹과 지급 결제 기능을 제공함으로써 점진적으로 혁신돼야 하고 경쟁력을 갖춰야 한다.[5]

변호사들은 곧 새로운 중대 변화들을 겪게 될 것이다. 법원은 사무실에서 출력한 서류뭉치가 아닌 온라인으로 관련 자료를 제출하는 인터넷 기술을 채택해왔고, 재판은 대부분의 법정이 과거에 사용했던 느린 방식보다는 전자적으로 증거를 제출하도록 변화하고 있다. 최소 비용으로 좀 더 신속하게 정보를 처리하는 스마트 컨트랙트용 템플릿을 만드는 새로운 DLT 플랫폼 R3의 코다^{Corda}를 도입한 바클레이스은행이 좋은 본보기가 돼 주듯이, 현재 스마트 컨트랙트는 낡은 방식을 교체하고 있다. 바클레이스는 또한 11곳의 R3 회원 은행과 함께 이더리움 블록체인을 이용한 신속한 은행 서비스를 실험하고 있다.[6] 미 국방부는 안전하고 뚫을 수 없는 메시징 서비스를 만들기 위해 블록체인 기술을 연구하고 있다.[7]

IMF 총재 크리스틴 라가르드^{Christine Lagarde}는 테러리즘에 맞서기 위해 IMF는 "금융 기술의 힘 강화"에 우선순위를 둘 필요가 있다고 지적했다. 가상 화폐를 식별 불가하게 만드는 데 사용돼 온 금융 기술은 공격에 한층 덜 취약한 금융 시스템을 만들고 테러 자금의 흐름을 식별하는 데도 사용될 수 있다고 봤다.[8]

혁신이 새로운 산업 기회와 고용 시장을 창출하지만 동시에 가장 영향이 큰 경제 부문에서는 재훈련과 재교육의 요구라는 손실을 남긴다는 사실도 충분히 이해할 수 있다. 초기 비트코인 버블을 점친 디몬과 같이 매우 뛰어난 경영자들 조차도 새로운 전략을 수행함으로써 기하급수적으로 증대되는 기술 혁명에 적응해야 한다. 이것은 상당한 혼란을 야기하지만 긍정적인 이익을 수반할 것이다. 규제 당국이 계속해서 직면하게 될 문제 중 하나는 기술의 변화를 좇을 능력에 있다. 기하급수적으로 일어나고 있는 기술의 변화를 그저 바라만 본다면 비참한 결과를 맞이할 것이다.[9] 미래에 일어날 일을 예측한다는 것은 지난 20년 동안 야기된 변화를 고려할 때 거의 쓸데없는 노력이다. 블록체인 기술의 시나리오를 예상해보면 어떤 논객의 주장대로 2015년 탐구 및 개발에서 전환돼 2016년에서 2017년 사이 조기 채택, 2018년에서 2024년까지 성장기를 거쳐 성숙기를 맞이하지 않을까 한다.[10]

정부는 블록체인 디지털 전환 절차와 암호화폐의 사용을 어느 정도까지 허용할 것인지 결정해야 한다. 한 저자가 언급했듯이 정부가 신기술의 성장을 저해할 수 있는 방법은 여러 가지다. 그중에는 현재 중국처럼 암호화폐를 금지하는 극단적인 시각도 있다. 암호화폐에 과세함으로써 재정적인 독자 생존이 불가능하도록 하는 것, 개발될 다른 기술로 공격하는 것, 주로 불법 행위를 저지르는 데 사용된다는 견해를 확산시킴으로써 암호화폐 유용성에 대한 의문을 제기하는 것, 암호화폐 매매에 재정적 힘을 사용함으로써 가격 구조에 상당한 혼란을 야기하는 것은 정부가 신기술 성장을 저해하는 예가 될 수 있다.[11] 그러나 각국 정부들은 암호화폐를 저지하기보다는 오히려 암호화폐의 이용법을 익히고 장려하고 있으며, 특히 거래 보고와 세금의 투명성을 높이는 데 있어서 암호화폐가 유익하다고 생각하는 것 같다. 도널드 트럼프[Donald Trump] 대통령은 북미자유무역협정[NAFTA]의 갱신에 대해 심각한 의구심을 표명하고 상당 부분 재협상을 희망하고 있다. 멕시코는 바네사 루비오[Vanessa Rubio] 재무부 차관을 통한 재협상에서 새로운 핀테크 회사와 이들이 가져올 새로운 서비스에 초점을 맞춰야 한다고 했다.[12] 암호화폐는 탈중앙적이고 더욱 평등한 특징들을 가졌다고 주장한 한 논객의 말대로 이 새로운 기술들은 전 세계 정치 지형을 좀 더 민주적으로 이어나갈 수 있을까?[13]

인터넷이 중국 혹은 구소련의 일부였던 러시아 같은 과거 폐쇄적 사회에 급진적인 변화를 가져왔다는 사실에는 의심의 여지가 없다. 세계 국가들이 과학 기술의 돌파구를 마련하거나 새로운 형태의 화폐와 자산의 이전 방법의 확산에 동참하는 동안, 미래 세계 경제의 개발에 어떤 일이 일어날 것인지는 추측만 할 수 있을 뿐이다.

더욱 흥미롭고, 가능성 있어 보이는 미래지향적 트렌드는 양자 컴퓨팅이 비트코인과 이에 버금가는 암호화폐를 대체할 것인가 하는 것이다. 한 관찰자는 SHA-265 알고리즘(예를 들어 비트코인)의 사용자 개인 키를 무작위로 추측할 가능성은 115의 10의 75승(115×10^{75})분의 일이지만, 양자 컴퓨팅은 이 확률을 1/14로 줄일 수 있다고 한다.[14] 비트코인은 물론 모든 암호화 기술이 10년 안에 위태해질 수 있다는 평가도 존재한다. 그렇다면 현재는 불가능하지만 양자 컴퓨팅은 공개 키를 사용해 개인 키를 계산해낼 수 있다는 것이다.[15] 이에 대해 비트코인은 양자 컴퓨터를 만드는 것은 과학적, 공학적으로 엄청난 일이 될 것이라고 반응한다. 현재 양자 컴퓨터는 10 큐비트 qubits 미만인 반면 비트코인을 공격하려면 1500 큐비트가 필요하다. 양자 컴퓨터가 2030년에서 2040년 사이에 만들어질 것 같지는 않은데, 그러는 동안 실패 증명 fail proof 알고리즘에 대한 현재의 연구는 양자 컴퓨팅이 암호 시스템을 파괴할 수 없도록 만들 것이다.[16]

참고문헌

1. Hugh Son, Hannah Levitt, and Brian Louis, Jamie Dimon Slams Bitcoin as a 'Fraud', Bloomberg, Sept. 12, 2017, https://www.bloomberg.com/news/articles/2017-09-12/jpmorgan-s-ceo-says-he-dfire-traders-who-bet-on-fraud-Bitcoin

2. Hugh Son, Bitcoin 'More Than Just a Fad', Morgan Stanley CEO Says, Bloomberg, Sept. 27, 2017, https://www.bloomberg.com/news/articles/2017-09-27/bitcoin-more-than-just-a-fad-morgan-stanleyceo-gorman-says

3. Governor Jerome H. Powell, Innovation, Technology, and the Payments System, Mar. 3, 2017, https://www.federalreserve.gov/newsevents/speech/powell20170303a.htm

4. Nick Bolton, Should Jamie Dimon Be Terrified About Bitcoin?, Hive, Vanity Fair, Sept. 13, 2017, https://www.vanityfair.com/news/2017/09/should-jamie-dimon-be-terrified-about-Bitcoin

5. Randal K. Quarles, supra at c. 4, note 92.

6. Pete Rizzo, How Barclays Used R3's Tech to Build a Smart Contracts Prototype, Coindesk, Apr. 26, 2016, https://www.coindesk.com/barclays-smart-contracts-templates-demo-r3-corda/

7. Joshua Althauser, Pentagon Thinks Blockchain Technology Can Be Used as Cybersecurity Shield, Cointelegraph, Aug. 20, 2017, https://cointelegraph.com/news/pentagon-thinks-blockchain-technology-can-be-usedas-cybersecurity-shield

8. Christine Lagarde, Working Together to Fight Money Laundering & Terrorist Financing Speech at FATF Plenary Meeting, June 22, 2017, http://www.fatf-gafi.org/media/fatf/documents/speeches/Speech-IMFMD-Christine-Lagarde-22June2017.pdf

9. See, for example, comments by Gary Coleman citing World Economic Forum agenda, How we can regulate the digital revolution? Reuters, Mar. 29, 2017, https://www.weforum.org/agenda/2017/03/how-can-we-regulate-the-digital-revolution/

10. Divya Joshi, How the laws & regulation affecting blockchain technology can affect its adoption, Business Insider, Oct. 20, 2017, http://www.businessinsider.com/blockchain-cryptocurrency-regulations-us-global-2017-10

11. Tim Lea. Tim Lea, Could quantum computing make crypto currencies valueless? Quora, https://www.quora.com/Could-quantumcomputing-make-crypto-currencies-valueless

12. Emerging Technology, Quantum Computers Pose an Imminent Threat to Bitcoin Security, MIT Technology Review, Nov. 8, 2017, https://www.technologyreview.com/s/609408/quantum-computers-pose-imminent-threat-to-bitcoin-security/

13. Quantum computing and Bitcoin, Bitcoinwiki, https://en.bitcoin.it/wiki/Quantum_computing_and_Bitcoin

14. Steemit, 10 Ways Government Could Stop Cryptocurrencies, https://steemit.com/cryptocurrencies/@thehutchreport/10-ways-governments-could-stop-cryptocurrencies

15. Anthony Esposito, NAFTA talks must include discussion on fintech: Mexican negotiator, Reuters, Aug. 16, 2017, https://www.reuters.com/article/us-trade-nafta-mexico/nafta-talks-must-include-discussion-onfintech-mexican-negotiator-idUSKCN1AX03Z?il=0

16. Steven Johnson, Beyond the Bitcoin Bubble, New York Times Magazine, Jan. 21, 2018, 37–41, 52

비트코인은 어떻게 유통되고
거래에 이용되는가[*]

비트코인 채굴자

비트코인 채굴자들은 기본적으로 두 가지 목적이 있다.
1) 새로운 비트코인을 만들어 유통시키고 2) 거래가 발생했으며 비트코인 이중지불이 없었다는 점을 확인해 거래를 검증한다. 시간이 흐르면서 신규 비트코인을 채굴하는 데 필요한 컴퓨터 처리 능력은 채굴에 특화된 컴퓨터 하드웨어가 필요로 할 정도로 증가했으며, 점차 대규모 채굴 풀로 통합되고 있다.

① 채굴

비트코인이 생성되면 먼저 채굴이라고 알려진 과정을 통해 순환이 시작된다. 비트코인 채굴자들은 비트코인 네트워크의 거래를 검증할 복잡한 수학 문제를 풀기 위해 사용될 소프트웨어를 컴퓨터에 설치한다. 이 문제 풀기에 성공한 채굴자나 채굴 풀은 새롭게 만들어진 비트코인으로 보상을 받는다.

② 주소와 지갑

빌의 비트코인 잔액은 그의 비트코인 주소(긴 숫자와 문자 열)와 연계돼 있으며, 빌은 자신의 비트코인 주소를 자신의 가상지갑(사용자 컴퓨터나 기타 데이터 저장 장치에 비트코인 주소를 저장하는 프로그램, 또는 교환 제공자나 제삼의 가상지갑 제공자의 지갑 서비스를 통해 온라인으로 비트코인 주소를 저장하기도 한다)에 저장한다. 비트코인 사용자는 지갑을 여러 개 가질 수 있고, 각각의 지갑에는 여러 개의 비트코인 주소가 들어 있을 수 있다.

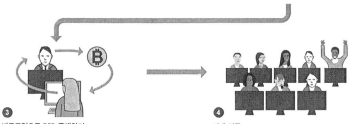

③ 비트코인으로 P2P 구매하기

빌은 비트코인을 수락하는 캐롤의 티셔츠를 사고 싶어 한다. 기래를 위해 캐롤은 빌에게 비트코인 주소를 제공하고 빌은 자신의 개인 키(기본적으로 빌이 비트코인 주소를 통제한다는 사실을 증명하는 비밀 코드)로 거래를 허가한다.

④ 거래 검증

빌과 캐롤의 거래는 다른 거래와 함께 블록으로 묶여 비트코인 채굴지들에 의해 검증된다. 몇 분 안에 빌의 비트고인이 캐롤의 주소에 할당되고 거래는 "블록체인"이라는 공공 장부에 등록된다. 빌과 캐롤의 거래를 포함하는 블록을 검증하기 위해 수학 문제를 성공적으로 푼 채굴자나 채굴 풀은 새로 만들어진 비트코인으로 보상을 받는다.

---

[*] Government Accountability Office, Virtual Currencies: Emerging Regulatory, Law Enforcement, and Consumer Protection Challenges, Report to the Committee on Homeland Security and Governmental Affairs, U.S. Senate, GAO-14-496 (May, 2014), at 42, https://www.gao.gov/ assets/670/663678.pdf

SEC 의장 제이 클레이튼의
암호화폐 참여 전 반드시 해야 할
투자자 질문 목록[1]

계약 상대는 정확히 누구인가?

- 누가 상품을 발행하고 후원하고 있으며, 그 배경은 무엇인가? 그들이 상품에 대한 전체적이고 완벽한 설명을 제공했는가? 그들은 내가 이해한 서면으로 된 분명한 사업 계획을 갖고 있는가?

- 누가 상품을 홍보하거나 마케팅하고 있으며, 그 배경에는 무엇이 있는가? 그들은 상품 판매에 관한 허가를 받았는가? 그들이 그 상품을 홍보하기 위해 돈을 썼는가?

- 회사의 위치는 어디인가?

내 돈은 어디로 이동하며 어디에 쓰일 것인가? 내 돈이 타인에 대한 "현금 지불^{cash out}"에 쓰이는가?

내 투자에는 어떠한 특정 권리가 있는가?

재무제표가 있는가? 있다면, 그들은 감사를 받았는가? 누구에게 감사를 받았는가?

거래 자료가 있는가? 있다면, 이것을 검증할 방법이 있는가?

어떻게, 언제, 어떤 비용으로 내 투자를 판매할 수 있는가? 이를테면 토큰이나 코인을 회사에 돌려주거나 환불을 받을 권리가 있는가? 코인이나 토큰을 재판매할 수 있는가? 있다면, 나의 재판매 권리에 제약이 있는가?

디지털 지갑이 연계된 키를 잃어버리면 어떻게 되는가? 그때에도 나는 여전히 내 투자물에 접근할 수 있는가?

블록체인을 사용한다면 블록체인이 개방되고 공개되는가? 코드가 발표됐는가? 독립적인 사이버보안 감사가 있었는가?

공모가 증권법을 준수하도록 구조화됐는가? 그렇지 않다면, 기업의 안정성과 내 투자의 가치에 어떤 영향을 미칠 것인가?

사기, 해킹, 악성 프로그램 또는 사업 전망의 하락 시 어떤 법적 보호가 제공되며, 보호가 안 되는 것은 무엇인가? 만약 문제가 생기면 누가 내 투자금에 대한 환불 책임이 있는가?

만약 내가 법적 권리를 갖고 있다면, 그것들을 효과적으로 집행할 수 있는가? 만약 내 권리가 침해된다면 보상 가능한 충분한 자금이 준비돼 있는가?

참고문헌

1. Jay Clayton, Statement on Cryptocurrencies and Initial Coin Offerings (Dec. 11, 2017), SEC Public Statement, https://www.sec.gov/news/public-statement/statement-clayton-2017-12-11

약어

| AICPA | American Institute of Certified Public Accountants ^{미국 공인회계사협회} |

AICPA   American Institute of Certified Public Accountants ^{미국 공인회계사협회}

AIFMD   Alternative Investment Fund Managers Directive ^{대체투자펀드관리지침}

AML   Anti−Money Laundering ^{자금세탁방지}

API   Application Programming Interface ^{응용 프로그래밍 인터페이스}

ASIC   Specific Integrated Circuit ^{주문형 반도체}

ATM   Automated Teller Machine ^{자동현금인출기}

B2B   Business−to−business ^{기업 대 기업}

BSA   Bank Secrecy Act ^{은행비밀법}

BIS   Bank for International Settlements ^{국제 결제은행}

BRICs   Brazil, Russia, India, and China ^{브릭스−브라질, 러시아, 인도, 중국}

BTC   Unit of Currency or Amount ^{화폐단위}

CBOE   Chicago Board Options Exchange ^{시카고 옵션거래소}

CEA   Commodity Exchange Act ^{상품거래법}

CFD   Contract for Difference ^{차액 결제 거래}

CFE   CBOE Futures Exchange ^{CBOE 선물거래소}

CFPB   Consumer Financial Protection Bureau ^{소비자금융보호국}

CFTC   Commodity Futures Trading Commission ^{상품선물거래위원회}

CIS   Collective Investment Scheme ^{집합투자계획}

CME   Chicago Mercantile Exchange ^{시카고상품거래소}

CPU   Central Processing Unit ^{중앙처리상지}

CSA   Canadian Securities Administrators ^{캐나다 증권관리청}

CSBS   Conference of State Bank Supervisors ^{주은행감독협의회}

CSDR   Central Securities Depositories Regulation ^{중앙증권예탁규정}

DAO	Decentralized Autonomous Organization 분산형자율조직	
d.b.a.	doing business as ~로 사업하는	
DCM	Designated Contract Market 지정 계약 시장	
DCO	Digital Clearing Organization 디지털청산소	
DLT	Distributed Ledger Technology 분산원장기술	
ECB	European Central Bank 유럽중앙은행	
EEU	Eurasian Economic Union 유라시아경제연합	
EMIR	European Market Infrastructure Regulation 유럽시장인프라규정	
ENISA	European Union Agency Network and Information Security 유럽정보보안기구	
ESMA	European Securities and Markets Authority 유럽증권시장감독청	
EU	European Union 유럽연합	
FATCA	Foreign Account Tax Compliance Act 외국계좌납세 의무준수법	
FATF	Financial Action Task Force 자금세탁방지 국제기구	
FBI	Federal Bureau of Investigation 연방수사국	
FDIC	Federal Deposit Insurance Corporation 연방예금보험공사	
Fed	Federal Reserve Board 연방준비제도이사회	
FIA	Futures Industries Association 선물산업연합회	
FinCEN	Financial Crimes Enforcement Network 금융범죄단속네트워크	
FINRA	Financial Industry Regulatory Authority 금융산업감독기구	
FMP	Financial Market Participant 금융 시장 참여자	
FOREX	Foreign Exchange 외국환거래소	
FPGA	Field-Programmable Gate Array 필드 프로그램 가능 게이트 어레이	
FSOC	Financial Stability Oversight Council 금융안정감독위원회	
FTC	Federal Trade Commission 연방통상위원회	
GPU	Graphics Processing Unit 그래픽 처리 장치	
GSA	Government Services Administration 정부서비스청	
HSI	Homeland Security Investigations 국토안보조사실	
ICE	Immigration and Customs Enforcement 이민세관집행국	
ICO	Initial Coin Offering 최초 코인 공모	

IFPCU	Illicit Finance and Proceeds of Crime Unit 불법금융 및 범죄수익반
IMF	International Monetary Fund 국제통화기금
IOSCO	International Organization of Securities Commissions 국제증권위원회기구
IP	Intellectual Property 지식재산
IPO	Initial Public Offering 기업공개
IT	Information Technology 정보기술
ITO	Initial Token Offering 최초 토큰 공모
KYC	Know Your Customer 고객신원확인
MiFID	Markets in Financial Instruments Directive 금융상품시장지침
MiFIR	Markets in Financial Instruments Regulation 금융상품시장규정
MSB	Money Services Business 화폐서비스업
NAFTA	North American Free Trade Agreement 북미자유무역협정
NASAA	North American Securities Administrators Association 북미증권관리자협회
NDF	Non Deliverable Forward 역외선물환시장
NFA	National Futures Association 전국선물협회
NYSE	New York Stock Exchange 뉴욕증권 거래소
OCC	Office of the Comptroller of the Currency 통화감독청
OECD	Organisation for Economic Co-operation and Development 경제협력개발기구
OM	Offering Memorandum 모집요강
P2P	Peer-to-Peer 개인 대 개인
PCAST	President's Council of Advisers on Science and Technology 대통령 과학기술자문위원회
PCS	Payment, Clearing, and Settlement 지급 · 청산 · 결제
SDRs	Special Drawing Rights 특별인출권
SEC	Securities and Exchange Commission 증권거래위원회
SEF	Swap Execution Facility 스왑 실행 시설
SFD	Social Fund for Development 사회개발기금

SQL	Structured Query Language 구조화 질의 언어
TITANIUM	Tools for the Investigation of Transactions in Underground Markets 암시장 거래 수사를 위한 도구
UCITs	Undertakings for Collective Investments Securities 집합투자증권업무
UN	United Nations 유엔
U.S.	United States 미국
VAT	Value Added Tax 부가가치세
WEF	World Economic Forum 세계경제포럼

사건 목록

Asahi Metal Industry Co. v. Superior Court, 480 U.S. 102 (1987).

BFXNA Inc. d/b/a BITFINEX, CFTC Docket No. 16 - 19 (June 2, 2016).

CFTC v. Dean, No. 18-cv-00345 (E.D.N.Y., Jan. 18, 2018).

CFTC v. Gelfman Blueprint, Inc. No. 1-17-cv-07181 (S.D.N.Y., Sept. 21, 2017).

CFTC v. McDonnell, No. 18-cv-0361 (E.D.N.Y., Jan. 18, 2018).

CFTC v. My Big Coin Play, No. 18-cv-10077-RWZ (D.C. Ma., Jan. 16, 2018).

Chino v. N.Y. Dept. of Fin. Services, Claim N. 124835. Index No. 101880-15 (NY Ct. Cl. 2015).

Chino v. N.Y. Dept. of Fin. Services, 2017 NY Slip Op 51908 (N.Y. Sup. Ct. 2017).

Doran v. Petroleum Mgmt. Corp., 545 F.2d. 893 (1977).

FTC v. BF Labs, Inc., No. 4:14-cv-00815-BCW (D.C. Mo., Sept. 14, 2014).

FTC v. Chevalier, No. 3:15-cv-01029-AC (D.C. Or. June 10, 2015).

Gordon v. Dailey, No. 14-cv-7495 (D.C.N.J., July 25, 2016).

In re Caviar and Kirill Bensonoff, Docket No. E-2017-0120 (Ma. Adm. Proceeding, Jan. 17, 2018).

In re Coinflip d/b/a Derivavit, CFTC Docket No. 15 - 29 (Sept. 17, 2015).

In rc John Doe, No. 3:16-cv-06658-JSC (N.D.Ca. Nov. 17, 2016).

In re TeraExchange LLC, CFTC Docket No. 15 - 33, (Sept. 24, 2015).

In re Virtual Mining, Corporation, Mo. Sec. State, Case No. AP-14-09 (June 2, 2014).

In re Voorhees, SEC No. 3–15902 (June 3, 2014).

International Shoe Co. v. Washington, 326 U.S. 310 (1945).

Long v. Shultz Cattle Co., 881 F.2d 129 (1989).

Ripple Labs Inc. v. R3 LLC, No. CGC 17–561205 (Sup. Ct. San Fran, Sept. 8, 2017).

R3 Holdco v. Ripple Labs, Inc., No. 655781/17 (Sup.Ct. N.Y.Cty.)

SEC v. Arisebank, 3:118–cv–00136–M (N.D. Tx. Jan. 25, 2018).

SEC v. PlexCorps, No. 17 Civ–7007 (E.D.N.Y. Dec. 1, 2017).

SEC v. REcoin Group Foundation, LLC, No. 17 Civ 0725 (E.D.N.Y. Sept. 29, 2017).

SEC v. Shavers, No. 4:13–CV–416 (S.D. Tex. Aug. 6, 2013).

SEC v. Sand Hill Exchange, SEC 3–16598 (2015).

SEC v. UBI Blockchain Interrnet, SEC Release No. 82452 (Jan. 5, 2018).

SEC v. W.J. Howey & Co., 328 U.S. 293 (1946).

SEC v. Willner, 1:17–cv–06305 (E.D.N.Y. Oct. 30, 2017).

U.S. v. Benthall, No. 14 MAG 2427 (S.D.N.Y. 2016).

U.S. v. Bridges, No. 1:15–mj–02125–BPG (D.C. Md. Dec. 17, 2016).

U.S. v. BTC–e, No. CR 16–00227–SI (N.D. Ca. Jan 17, 2017).

U.S. v. Cazes, No. 1:17–at–00597 (N.D. Ca. July 17, 2017).

U.S. v. Coinbase, No. 17–cv–01431–JSC (D.C.N.D. Ca. Nov. 28, 2017).

U.S. v. Faiella, No. 14–MAG–0164 (S.D.N.Y. Jan. 24, 2013).

U.S. v. Force, No. 3:15–cr–01319–RS–2 (N.D. Ca. Oct. 20, 2015).

U.S. v. Lord, Cr. No. 15–00240–01 (W.D. La., Apr. 20, 2017).

U.S. v. Liberty Reserve, 13cr368 (DLC) (S.D.N.Y. Sept. 23, 2015).

U.S. v. Murgio, No. 15–MAG–2508 (S.D.N.Y. July 17, 2015).

U.S. v. Ulbricht, No. 15–1815 (2d Cir. March 31, 2017).

Zippo Mfr. Co. v. Zippo Dot Com, Inc., 952 F. Supp. 1119 (W.D. Pa. 1997).

찾아보기

ㅇ

암호화폐와 블록체인 기술 규제
글로벌 현황과 전망

발 행 | 2020년 10월 29일

지은이 | 로사리오 기라사
옮긴이 | 이 규 옥

펴낸이 | 권 성 준
편집장 | 황 영 주
편 집 | 조 유 나
디자인 | 박 주 란

에이콘출판주식회사
서울특별시 양천구 국회대로 287 (목동)
전화 02-2653-7600, 팩스 02-2653-0433
www.acornpub.co.kr / editor@acornpub.co.kr

한국어판 ⓒ 에이콘출판주식회사, 2020, Printed in Korea.
ISBN 979-11-6175-461-1
http://www.acornpub.co.kr/book/regulation-cryptocurrencies

이 도서의 국립중앙도서관 출판시도서목록(CIP)은 서지정보유통지원시스템 홈페이지(http://seoji.nl.go.kr)와
국가자료공동목록시스템(http://www.nl.go.kr/kolisnet)에서 이용하실 수 있습니다.(CIP제어번호: CIP2020044205)

책값은 뒤표지에 있습니다.